Le Retour

Le Retour

Parabole de Kryeon

L'histoire de Michaël Thomas et des sept anges

ARIANE ÉDITIONS

Titre original anglais :
The Journey Home – A Kryeon Parable
© 1997 par Lee Carroll
Publié par Hay House, P.O. Box 5100, Carlsbad, CA 92018-5100

© 1998 pour l'édition française
Ariane Éditions Inc.
1209, Bernard Ouest., bureau 110, Outremont, Qc., Canada H2V 1V7
Téléphone : (514) 276-2949, télécopieur : (514) 276-4121
Courrier électronique : ariane@mlink.net

Traduction : Danielle Delisle
Révision linguistique : Monique Riendeau, Marielle Bouchard
Illustration : Christy Allison
Graphisme : Carl Lemyre

Première impression : août 1998

ISBN: 2-920987-29-1
Dépôt légal : 3e trimestre 1998
Bibliothèque nationale du Québec
Bibliothèque nationale du Canada
Bibliothèque nationale de Paris

Diffusion
Québec : ADA Diffusion – (514) 929-0296
www.enter-net.com/apprivoiser
France : D.G. Diffusion – 05.61.62.63.41
Belgique : Rabelais – 22.18.73.65
Suisse : Transat – 23.42.77.40

Imprimé au Canada

Table des matières

À tous ceux et celles qui savent que l'être humain a le pouvoir de changer sa vie et que les apparences sont parfois trompeuses !

Introduction

Le 8 décembre 1996, en fin de journée, Kryeon s'adressait à plus de 500 personnes réunies à Laguna Hills, en Californie. Dans un récit qui se prolongea pendant plus d'une heure, il raconta le voyage de Michaël Thomas, un périple né du désir d'un homme de retrouver sa famille spirituelle et de rentrer *chez lui*. Le nom même de Michaël Thomas réunit les attributs incroyablement sacrés et saints de l'archange Michaël et les propriétés de l'énergie ancienne de Thomas l'Incrédule. Cette alliance représente plusieurs d'entre nous qui nous reconnaissons comme êtres divins en doutant toutefois de nos aptitudes à avancer vers le prochain millénaire aux exigences spirituelles croissantes et aux défis issus de la peur.

Le retour de Michaël s'accomplit progressivement par la visite de sept demeures colorées, toutes régies par un ange grandiose. Chacune d'elles représente un attribut du Nouvel Âge et offre la sagesse, l'enseignement et l'humour ainsi qu'un regard sur ce que Dieu souhaite que nous sachions de nous-mêmes. C'est là une percée sur le mode de fonctionnement du paradigme naissant qui accompagne le Nouvel Âge.

Dans un cheminement vers un aboutissement émouvant et inattendu, le voyage de Michaël Thomas révèle à l'homme un ensemble de tendres directives provenant d'une source spirituelle qui, inlassablement, nous « lave les pieds ».

Si vous avez déjà demandé à Dieu ce qu'il attendait de vous, sans jamais recevoir de réponse, vous pourriez fort bien la trouver ici. Accompagnez Michaël Thomas dans son merveilleux voyage. Il pourrait bien ressembler au vôtre.

CHAPITRE UN

Michaël Thomas

Mike poussa sa corbeille de documents avec un peu trop de vigueur sur la cloison de son bureau. Des morceaux de plastique éclatèrent ici et là. Encore une fois, un objet à portée de sa main subissait l'expression de sa colère. La situation qu'il vivait lui semblait de plus en plus exaspérante. Tout à coup, une tête se pointa à travers les feuilles vertes d'une plante artificielle trônant à sa gauche.

– Tout va bien ? demanda John, du module voisin.

Les cloisons de chaque module étaient juste assez hautes pour donner l'impression que chacun disposait d'un bureau privé. Mike avait placé plusieurs articles en hauteur sur sa table de travail. Ainsi, il avait l'illusion d'être à plus de deux mètres de ses collègues. D'ailleurs, tous partageaient ce leurre d'être seuls et de pouvoir converser sans oreilles indiscrètes autour. Le reflet blanc des tubes fluorescents suspendus au-dessus des modules baignait Mike et les autres d'un éclairage artificiel que l'on ne trouve que dans les grands établissements ou les usines. La lumière absorbait tout le rouge du spectre et pâlissait tout ce qu'elle touchait, même sur le territoire de la Californie ensoleillée. Des années sans soleil direct avaient donné à Mike un teint blafard.

– Un petit saut aux Bahamas pourrait tout régler rapidement, répondit Mike sans même se tourner vers John, qui reprit sa conversation téléphonique en haussant les épaules.

Tout en prononçant ces paroles, Mike savait pertinemment qu'il n'irait pas aux Bahamas avec le salaire de commis aux commandes qu'il gagnait dans ce « trou », ce moulin à ventes dans lequel tous les employés travaillaient. Il commença à ramasser les morceaux de plastique éparpillés et soupira... comme il le faisait de plus en plus souvent depuis quelque temps. Que faisait-il ici ? Pourquoi n'avait-il ni l'énergie ni la volonté de rendre sa vie plus intéressante ? Son regard se posa sur le stupide ourson en peluche qu'il s'était offert. Au cou du petit animal, on pouvait lire : « Serre-moi ». Tout près, Mike avait déposé sa caricature préférée : une illustration montrant un oiseau qui s'échappait d'un personnage qui le faisait toujours rire. Quant à lui, il se sentait plutôt habité par un oiseau de malheur.

Mike avait beau épingler des visages souriants et des blagues autour de lui, il se sentait coincé. Son existence ressemblait à la reproduction répétée d'une même photocopie. Chaque journée se répétait inlassablement et semblait dépourvue de sens. La frustration et l'inutilité qu'il ressentait le mettaient en colère et le déprimaient. De plus, on commençait à le remarquer. Son supérieur y avait même fait allusion.

Michaël Thomas était dans la mi-trentaine. Comme plusieurs de ses collègues, il était en « mode de survie ». Il occupait le seul poste qu'il avait pu trouver où il n'avait pas vraiment à se préoccuper de son rendement. Il n'avait qu'à être là pendant huit heures durant, puis à retourner chez lui, dormir, régler ses factures durant ses jours de congé et retourner au travail chaque lundi. Mike se rendit compte qu'il connaissait les noms de quatre personnes seulement dans ce bureau de Los Angeles, qui en comptait un peu plus de trente. Il s'en fichait. Pourtant, il était là depuis plus d'un an, depuis la rupture qui avait détruit sa vie pour toujours. Il n'en parlait jamais, mais ses souvenirs le hantaient presque toutes les nuits.

Mike vivait seul, avec son poisson. Il aurait aimé avoir un chat, mais son propriétaire l'interdisait. Il se savait en train de jouer le rôle de la victime, mais son estime personnelle était nulle. Il continuait d'entretenir cette blessure, qui était toute sa vie, la gardant intentionnellement ouverte et vive de façon à pouvoir la ressentir à volonté. Il croyait ne pouvoir rien faire d'autre et n'était pas certain d'avoir l'énergie de changer quoi que ce soit, même en le souhaitant ardemment. Trouvant l'idée amusante, il avait appelé son poisson « Le Chat » et lui parlait chaque fois qu'il quittait l'appartement ou il y entrait.

– Aie confiance, Le Chat, lui disait-il avant de partir. Bien sûr, le poisson ne répondait jamais.

Mesurant plus d'un mètre quatre-vingt, Mike en imposait, jusqu'à ce qu'il sourie. Aussitôt, il faisait fondre tous les préjugés des gens d'abord impressionnés par sa stature. Ce n'était pas un hasard si son principal outil de travail était le téléphone. Ainsi, les clients ne pouvaient le voir. C'était là une façon commode de renier son meilleur attribut. En fait, il s'était emmuré pour mieux se donner le loisir de se délecter du mélodrame à l'image de sa situation actuelle. Il excellait en relations humaines, mais il utilisait rarement ses talents, sauf en cas de nécessité absolue dans le cadre de son travail. Mike n'entretenait pas facilement d'amitiés, et le sexe opposé n'avait aucune place dans son champ d'intérêt actuel, même si certaines de ses représentantes auraient souhaité le contraire !

– Mike, lui disaient parfois ses collègues masculins, quand as-tu été chanceux la dernière fois ? Tu as besoin d'une femme ; cesse de te ronger les sangs !

Puis, ils rentraient chez eux retrouver leur famille, leur chien, leurs enfants... parfois même un poisson ! Mais Mike ne pouvait envisager l'idée de reconstruire sa vie affective. Ça n'en valait pas la peine, se disait-il. *J'avais déjà trouvé ma compagne, mais elle ne le savait pas.* Il avait été très amoureux et avait misé gros sur cet amour. Pour elle, ça n'avait été qu'un jeu. Quand Mike en avait finalement pris conscience, son avenir s'était en quelque sorte effondré. Il avait aimé cette femme d'une passion qu'il ne croyait jamais pouvoir revivre un jour. Il lui avait tout donné, mais elle avait tout rejeté.

Élevé par ses parents sur une ferme du Minnesota, Mike avait fui une situation qu'il jugeait sans issue. Les récoltes étaient vendues en pays étranger ou entreposées indéfiniment dans d'énormes silos, tant elles étaient abondantes. Il avait vite su qu'il n'était pas fait pour l'agriculture. Même son propre pays ne valorisait pas cette activité. À quoi servait-elle ? D'ailleurs, ce cadre ne lui plaisait pas. Il préférait travailler auprès des hommes plutôt que de fréquenter des animaux et des tracteurs. Il réussissait bien en classe et excellait dans tout ce qui avait trait à la communication. Il était donc normal qu'il ait choisi la vente comme métier et il n'avait jamais de difficulté à décrocher de bons emplois où il pouvait honnêtement vendre une multitude de produits et de services. Les gens adoraient acheter de Michaël Thomas.

Ses parents, aujourd'hui décédés, lui avaient légué sa croyance en Dieu. Il se demandait d'ailleurs amèrement quel avantage il en tirait. Mike avait été fils unique et ses parents avaient péri lors d'un accident de voiture tout juste avant son vingt et unième anniversaire. Il les pleurait encore aujourd'hui et gardait toujours près de lui des photos d'eux afin de ne pas les oublier ni oublier leur décès. Mike continuait à fréquenter l'église et se plaisait dans la dévotion. Lorsque son pasteur l'avait interrogé sur sa santé spirituelle, il n'avait pas hésité à affirmer sa foi et sa croyance en sa nature divine. Il était certain que Dieu était juste et bon, quoique peut-être loin de lui pour l'instant, surtout depuis quelques années. Mike priait souvent pour que sa situation s'amé-liore, mais il conservait peu d'espoir de voir réellement les choses changer.

Ayant hérité du teint rougeaud de son père, Mike n'était pas particulièrement bel homme. Mais il possédait un charme bourru que les femmes trouvent irrésistible. Son sourire radieux, ses cheveux blonds, sa forte mâchoire et ses yeux bleus le rendaient séduisant. Les gens intuitifs percevaient son honnêteté et lui accordaient immédiatement leur confiance. Il aurait pu profiter amplement de la situation, en affaires comme en amour, mais il ne l'avait jamais fait. Mike était le produit d'une éducation rurale, un des seuls attributs valables qu'il avait gardés du pays glacial de son enfance.

Il était incapable de mentir et percevait intuitivement les besoins des autres. Il ouvrait volontiers la porte aux gens qu'il rencontrait à l'entrée du supermarché, respectait et aidait les personnes âgées et donnait toujours quelques billets aux itinérants qui s'adressaient à lui dans la rue, même s'il soupçonnait qu'ils seraient échangés contre de l'alcool. Il estimait qu'il fallait travailler ensemble à l'amélioration des choses. Il ne comprenait pas pourquoi les gens ne se parlaient pas dans sa ville d'adoption, même entre voisins. Peut-être que le beau climat éliminait-il le besoin d'aide ! Quelle ironie, pensait-il.

Le seul modèle féminin qui l'avait marqué était sa mère. D'ailleurs, il traitait toutes les femmes avec le même respect éprouvé pour cette femme merveilleuse et sensible qui lui manquait terriblement. Une partie de la souffrance qui l'étouffait maintenant provenait de ce qu'il considérait comme une trahison envers ce respect qu'il avait manifesté dans la seule véritable relation qu'il avait vécue. En fait, l'expérience de Mike résultait d'un choc culturel : les attentes de l'un n'avaient pas été comblés par l'autre, et vice versa. La Californienne qui avait brisé son coeur ne faisait qu'obéir à sa propre conception de l'amour, mais Mike ne l'entendait pas ainsi. Ce n'est pas ce qu'on lui avait appris, et il n'avait aucune tolérance pour les opinions des autres en matière d'amour.

$$*****$$

C'est ici que débute vraiment l'histoire de Michaël Thomas. Nous le retrouvons un vendredi, en fin de journée, plutôt mal en point, alors qu'il se prépare à rentrer dans son petit appartement de deux pièces, salle de bain comprise. Il était passé à l'épicerie afin de se procurer le peu d'aliments dont il avait besoin pour subsister pendant les prochains jours. Depuis longtemps, il avait découvert qu'il pouvait réaliser des économies substantielles en achetant les produits sans marque et en utilisant judicieusement ses bons achats. Son meilleur truc ? Ne pas trop manger !

Il achetait des aliments qu'il n'avait pas besoin de cuire : il évitait ainsi d'utiliser la cuisinière et de faire grimper les factures d'électricité. Cette habitude le laissait insatisfait, légèrement sur son appétit et toujours privé de dessert, petit plaisir qu'il se refusait et qui cadrait parfaitement avec le rôle de victime dans lequel il semblait se complaire. D'autre part, il avait découvert que s'il mangeait au-dessus de l'évier, directement dans l'emballage, il s'épargnait d'avoir à laver la vaisselle ! Il détestait cette corvée et se vantait souvent devant John, son collègue et seul ami, de la façon dont il avait résolu le problème. Connaissant les habitudes de Mike, John l'avait taquiné en lui disant que d'ici peu il aurait trouvé la solution à tout et même un moyen de ne pas entretenir d'appartement : une maison d'hébergement. Mike avait ri en lui donnant une tape dans le dos, mais en réalité, il y avait déjà songé ! Lorsque Mike arriva chez lui, la noirceur était venue. Une brume épaisse avait régné sur la ville toute la journée sans se transformer en pluie véritable. Les rayons jaunes des réverbères atteignant les marches de l'appartement faisaient scintiller des reflets luisants. Mike se réjouissait de vivre en Californie et se rappelait souvent les rudes hivers de son Minnesota natal.

Durant sa jeunesse, tout ce qui touchait la Californie l'avait passionné. Il s'était juré qu'il s'échapperait d'un climat rigoureux que d'autres semblaient accepter très facilement. « Quelle idée a-t-on de s'établir dans un endroit où le froid peut vous tuer en dix minutes », demandait-il à sa mère. D'un sourire énigmatique, elle lui disait : « Les familles doivent demeurer où sont leurs racines. Et puis d'ailleurs, on est en sécurité ici. » C'était là son discours habituel sur les dangers de Los Angeles et sur la beauté du Minnesota, ce qui pouvait sembler logique si l'on ne tenait pas compte de la mort par congélation ! Mike n'arrivait pas à la convaincre que le risque de subir un tremblement de terre se comparait à la chance de gagner à la loterie. Dans les deux cas, la chose pouvait se produire ou non. Par contre, on pouvait compter sur les rudes hivers du Minnesota ; ils étaient infailliblement au rendez-vous.

Il était donc prévisible que Mike fuie son État natal à la fin de ses études secondaires. Il s'inscrivit à un collège californien, se servant de ses talents de vendeurs pour faire son chemin. Aujourd'hui, il regrettait d'avoir quitté ses parents si tôt et de ne pas avoir été là durant les années qui avaient précédé l'accident. Il s'était privé d'un temps précieux auprès d'eux dans son désir d'échapper au froid, croyait-il. Il jugeait avoir agi égoïstement.

Sous la lumière tamisée, Mike grimpa péniblement les marches menant à son appartement du rez-de-chaussée et chercha ses clés. Il tint fermement son sac d'épicerie et glissa sa clé dans la serrure. Celle-ci pénétra normalement dans la fente, mais, au même moment, en ce vendredi soir, la « normalité » prit fin pour Michaël Thomas. De l'autre côté de la porte une surprise l'attendait – sans doute une partie de son destin – un événement qui allait changer le cours de sa vie à tout jamais.

L'encadrement déformé de la porte lui avait fait prendre l'habitude de se servir du poids de son corps pour l'enfoncer. Elle s'ouvrait donc toujours avec force. Mike avait mis au point une méthode consistant à appuyer son sac d'épicerie sur une hanche, à glisser sa clé dans la serrure, à la tourner et à enfoncer la porte en se servant également de son pied. La manoeuvre exigeait un mouvement de la hanche plutôt bizarre qui donnait par contre d'excellents résultats et qui faisait toujours sourire son ami John.

La porte s'ouvrit toute grande sous le mouvement de la hanche de Mike, surprenant le voleur qui s'affairait dans la pièce sans lumière. Avec la souplesse d'un chat effrayé et des années d'expérience avec l'inattendu, le visiteur non désiré, beaucoup plus petit que Mike, se précipita aussitôt sur lui, le prit par le bras et le tira brusquement dans la pièce. Déjà dans la position qui lui servait à ouvrir la porte récalcitrante, Mike se trouvait en mouvement vers l'avant. Le geste du voleur projeta facilement l'imposante stature de Mike sur le plancher de l'appartement, faisant valser les aliments à l'autre bout de la pièce, où les emballages se fracassèrent sur le mur. Avant de heurter le plancher, Mike, dont toutes les défenses s'étaient estompées sous l'effet du choc, entendit la porte se refermer bruyamment derrière lui, sachant le voleur toujours à l'intérieur ! Mike eut le temps d'apercevoir les éclats de verre laissés par la fenêtre que le voleur avait fracassée pour entrer et sur lesquels se dirigeait sa tête.

Il arrive que ce genre d'événements, lorsqu'on se les rappelle après coup, semble s'être déroulé au ralenti. Ce n'est pas ce qu'éprouva Michaël Thomas. Les secondes volèrent comme si elles avaient été compressées et enrobées d'une panique accablante. L'homme qui s'était glissé dans l'appartement était résolu à atteindre son but : s'emparer du téléviseur et de la chaîne stéréo sans aucunement se préoccuper du sort de sa victime. À peine Mike était-il par terre que l'homme se rua sur lui afin de l'empoigner par la gorge avec ses mains moites. Ses yeux plongeaient dans ceux de Mike. Son haleine chaude et fétide se répandait sur son visage pendant que son poids écrasait son l'estomac. Mike réagit instinctivement, comme toute personne sur le point de mourir, et amorça un mouvement digne d'un film de série B. En dépit de la surprise et à l'aide de toutes ses forces, il fit un rapide mouvement de la tête, heurtant celle de son assaillant. Surpris par la force du mouvement, ce dernier relâcha son étreinte suffisamment longtemps pour que Mike réussisse à rouler sur le côté et tente de se relever. Mais avant qu'il n'y parvienne, le voleur s'acharna de nouveau, lui assénant un coup violent dans l'estomac. Mike se plia en deux sous le choc puis retomba vers la gauche, heurtant un objet qui se révéla être son aquarium. Dans un fracas terrible, le meuble, l'aquarium et le poisson rejoignirent les aliments étalés le long du mur au fond de la petite pièce.

Mike avait le souffle coupé et souffrait terriblement. Au moment où il essayait de se ressaisir et de soulager ses poumons brûlants à cause d'un manque d'air, il aperçut une botte d'une ampleur qui lui sembla démesurée s'abattant sur lui. Son assaillant grimaçait. Tout se passa très vite. La botte trouva son chemin. Mike sentit et entendit le bruit des os de sa gorge et de son cou qui se rompaient d'une façon abominable. Il respira d'horreur, sachant très bien que l'air ne pouvait plus entrer et que sa colonne était sans doute broyée. Son corps entier réagit au bruit du choc de son cou mutilé. Sa conscience ressentit la situation dont l'horreur commençait à prendre forme. Ça y était... la mort approchait. Il essaya de crier, mais en vain. Il était sans voix. Il ne lui restait plus d'air et les choses commençaient à s'assombrir. Tout était calme. Le voleur se dépêchait de finir son oeuvre sans se préoccuper du sort de l'homme étendu sur le plancher. Mais il fut interrompu par un bruit provenant de la porte.

– Qu'est-ce qui se passe ici ? Est-ce que ça va ? clamait un voisin en frappant violemment la porte de son poing.

Le voleur maudit son sort et se dirigea en maugréant vers la fenêtre fracassée. Pour faciliter sa sortie, il enleva les pièces encore accrochées au cadre et se glissa habilement vers l'extérieur.

Le voisin de Mike, qui ne l'avait en fait jamais rencontré, entendit les bruits de verre cassé à l'intérieur et décida de tourner la poignée. La porte n'étant pas verrouillée, il entra et trouva l'appartement sens dessus dessous et un homme qui s'échappait par la fenêtre brisée. Avançant silencieusement dans la noirceur presque totale pour éviter le téléviseur et la chaîne stéréo étrangement empilés au milieu de la pièce, le voisin tourna un interrupteur, et une ampoule nue s'alluma au plafond.

– Oh mon Dieu ! s'entendit-il prononcer avec stupeur.

En moins d'une seconde, il prit le combiné du téléphone, composa un numéro et demanda de l'aide. Michaël Thomas gisait sur le plancher, inconscient et grièvement blessé. La pièce était redevenue silencieuse. On entendait seulement le bruit d'un poisson qui se débattait à un mètre de la tête de Mike. Le Chat avait rejoint la laitue et les nouilles précuites sur le plancher, un mélange peu alléchant qui se teintait lentement du sang des blessures de Mike.

CHAPITRE DEUX

La Vision

Mike se réveilla en milieu inconnu. Puis, soudain, la mémoire lui revint. Il scruta les lieux autour de lui et se rendit compte qu'il ne se trouvait pas dans son appartement ni dans un hôpital de la ville. Il régnait là un calme plat, un silence tellement envahissant qu'il en ressentit un malaise. Il ne percevait que le bruit de sa respiration. Aucun bruit de voiture ou de climatiseur, absolument rien. Il parvint à s'accouder.

Il baissa le regard sur lui et constata qu'il était étendu sur un étrange petit lit blanc. On ne lui avait pas donné de couverture, mais il portait exactement les mêmes vêtements qu'au moment de l'attaque. Il dirigea la main à son cou. Il se rappelait avoir été blessé mais, à son grand soulagement, il ne pouvait déceler aucune blessure. En fait, il se sentait bien ! Il se tâta avec précaution en plusieurs endroits et ne trouva ni blessure ni même de douleur. Mais quel silence ! C'était presque à en devenir fou. Et l'éclairage : tellement bizarre. Il semblait émaner de partout et de nulle part à la fois. Il était d'un blanc éclatant, un blanc tellement dépourvu de toute couleur qu'il blessait les yeux. Mike décida de mieux examiner son environnement.

Étrange ! Il n'était ni dans une pièce ni à l'extérieur. Il était là sur ce petit lit, et sous lui, le plancher blanc s'étendait à perte de vue. Mike se recoucha, comprenant ce qui s'était passé. Il était mort. Nul besoin d'être un expert en sciences pour constater que ce qu'il voyait et ressentait ne s'appliquait pas au monde réel. Mais pourquoi avait-il encore son corps ?

Mike décida d'essayer quelque chose de stupide. Il se pinça

pour vérifier s'il ressentirait ou non une douleur. En sursautant, il laissa échapper un « Aie ! » retentissant.

– Comment vas-tu, Mike ? demanda une voix masculine rassurante.

Mike se tourna immédiatement dans la direction de la voix et vit quelque chose qu'il n'était pas près d'oublier. Il sentit une présence angélique, un grand sentiment d'amour. Il se fiait toujours à ses émotions d'abord, puis à ce qu'il voyait ensuite. Du moins, c'est ainsi qu'il expliquait ses expériences et, cette fois, il vit une silhouette blanche à la fois inquiétante et splendide. Quelles belles ailes blanches ! pensa-t-il. Mike sourit à la vision, croyant difficilement à sa réalité.

– Suis-je mort ? demanda-t-il stoïquement, mais respectueusement, à l'être qui se trouvait devant lui.

– Absolument pas ! Tu es en plein rêve, Michaël Thomas, lui dit la silhouette en s'approchant. L'apparition s'approcha encore plus près, sans vraiment marcher. Mike vit que le grand « homme » qui se trouvait maintenant près de son lit avait un visage voilé et flou mais, curieusement, il sentait qu'on le réconfortait et qu'on prenait soin de lui. L'impression était on ne peut plus agréable.

La silhouette était recouverte d'un vêtement blanc, mais ce n'était ni une robe ni un costume. La tenue semblait presque vivante et bougeait avec cette forme, comme si elle en avait été la peau. Le visage était également indistinct. Mike ne pouvait discerner ni plis ni boutons, ni voir clairement la limite entre la peau et l'habillement. Pourtant, tout était fluide, léger et même rayonnant. Devant cette vision, Mike parvenait mal à distinguer le blanc de l'habillement de l'homme et l'arrière-plan incroyablement blanc de l'environnement. Il était difficile de départager la silhouette et ce qui l'entourait.

– Où suis-je ? semble peut-être une question stupide, mais je suppose que j'ai le droit de la poser ? dit Mike d'une voix peu assurée.

– Tu es dans un endroit sacré, répondit la silhouette. Une place de ton cru, un lieu rempli d'un grand amour. C'est ce que tu ressens présentement. La silhouette angélique s'inclina devant

Mike, et le mouvement sembla remplir l'endroit d'une plus forte lumière encore.

– Et à qui ai-je l'honneur ? demanda respectueusement Mike d'une voix tremblante.

– Tu as sans doute deviné que je suis un ange.

Mike ne sourcilla même pas. Il savait que la vision devant lui disait la vérité absolue. Il sentait nettement que la situation, dans toute son étrangeté, était tout à fait réelle.

– Tous les anges sont-ils des mâles ? demanda Mike, regrettant sa question aussitôt après l'avoir posée. Quelle demande stupide ! Il était évident que la circonstance était particulière. S'il était en plein rêve, ce dernier était aussi réel que d'autres expériences qu'il avait déjà pu vivre.

– Je suis seulement ce que tu désires voir, Michaël Thomas. Je ne suis pas de nature humaine, et ce que tu vois devant toi a pris une forme qui te rend à l'aise. Et bien non, tous les anges ne sont pas des mâles. En fait, nous n'avons pas de genre. Nous ne portons pas tous des ailes non plus.

Mike sourit encore, se rendant compte qu'il regardait une vision surgissant de sa propre imagination.

– À quoi ressembles-tu vraiment ? demanda Mike, commençant à se sentir un peu plus à l'aise de s'exprimer librement devant cet être tout aimant. Et pourquoi ton visage est-il caché ? La question était appropriée, compte tenu des circonstances.

– Ma forme te surprendrait et, en même temps, elle te rappellerait un étrange souvenir puisque c'est ce dont *tu* as l'air lorsque tu n'es pas sur terre. C'est au-delà de toute description possible. Voilà pourquoi je vais garder cette forme pour l'instant. Quant à mon visage, tu le verras bien assez tôt.

– Pendant que *je ne suis pas sur terre* ? risqua Mike.

– L'existence terrestre est temporaire. Mais tu le sais déjà, n'est-ce pas ? Je sais qui tu es, Michaël Thomas. Tu es un homme spirituel et tu comprends la nature éternelle des humains. Tu as maintes fois rendu grâce pour ta nature spirituelle et les membres de mon espèce ont entendu chacune de tes paroles de remerciement.

Mike demeurait silencieux. Bien sûr, il avait prié à l'église et chez lui, mais constater que tout avait été entendu dépassait son entendement. Cette entité à laquelle il rêvait le connaissait !

– D'où viens-tu ? demanda Mike.

– De *chez nous.*

La tendre entité rayonnait directement devant le lit étroit de Mike. Elle penchait la tête sur le côté et semblait attendre patiemment que Mike saisisse ce qu'il venait d'entendre. Il sentit des fourmillements le long de son échine. Il avait le sentiment puissant que la vérité se tenait devant lui et qu'il lui suffisait d'interroger pour voir jaillir une merveilleuse connaissance.

– Tu as raison, dit l'ange, faisant écho aux réflexions de Mike. Ce que tu es en train de faire transformera ton avenir. Tu le sens bien, n'est-ce pas ?

– Tu peux lire dans mes pensées ? rétorqua Mike, tout décontenancé.

– Non, nous les ressentons. Ton coeur est relié au tout, tu sais, et nous te répondons quand tu as besoin de nous.

– Nous ? *La situation devenait de plus en plus étrange !* Mais je ne vois personne d'autre !

L'ange lança un éclat de rire d'une sonorité inouïe et d'une énergie intense. Mike ressentait tout l'humour exprimé par l'ange dans chaque cellule de son corps. Chacune des actions de cet être était remplie de fraîcheur, plus grande que nature, et titillait quelque souvenir agréable au plus profond de l'inconscient de Mike, qui fut remué par le rire mais n'en laissa rien paraître.

– Je te parle avec une seule voix, mais j'en représente bien d'autres, proclama l'ange, étendant ses bras, ce qui laissa voir son vêtement flotter et onduler. Nous sommes plusieurs au service de chaque être humain. Tu le comprendras vite si tu le veux.

– JE LE VEUX ! s'écria Mike. Comment pouvait-il laisser passer une telle occasion ? Puis il se sentit un peu embarrassé, sentant qu'il avait agi tel un enfant en admiration devant son idole. Silencieux, il regardait l'ange se déplacer doucement de haut en bas, comme s'il avait été placé sur un mini-ascenseur. Il se demandait rêveusement si ce qu'il voyait n'était pas le résultat d'un certain désir de perception suscité par le cinéma, la fréquentation de l'église ou les grandes oeuvres d'art. Tout restait silencieux. Et quel silence ! De toute évidence, l'ange n'allait pas communiquer d'information. Il attendait les questions.

— Dans quel genre de situation suis-je ? demanda Mike d'un ton respectueux. S'agit-il d'un rêve ? Tout cela semble tellement réel.

— Qu'est-ce qu'un rêve humain, Michaël Thomas ? demanda l'ange, en se rapprochant un peu. C'est une visite dans votre esprit biologique et spirituel qui vous permet de recevoir de l'information provenant de mon côté par le biais, parfois, d'une métaphore. Le savais-tu ? Le rêve peut sembler éloigné de ta réalité mais, en fait, il est plus près de la réalité de Dieu que tout ce que tu expérimentes habituellement. Chaque fois que tu as vu tes parents en rêve, comment te sentais-tu ? Avais-tu l'impression que c'était vrai ? Eh bien, ça l'était. Rappelle-toi la semaine après l'accident, lorsqu'ils sont venus te voir. Tu as réagi en pleurant pendant des jours. C'était leur réalité. Les messages qu'ils te communiquaient étaient réels. Ils continuent à t'aimer encore aujourd'hui, Michaël, parce qu'ils sont éternels, tout comme toi. Quant aux questions que tu te poses sur ta situation, pourquoi crois-tu que tu fais ce rêve ? C'est le seul but de cette visite, et elle se produit au bon moment.

Mike se régalait du long discours de cette merveilleuse entité avec qui il se sentait de plus en plus à l'aise.

— Vais-je m'en sortir ? Il me semble être grièvement blessé et inconscient. Peut-être même suis-je en train de mourir !

— Tout dépend, répondit l'ange.

— De quoi ?

— Que veux-tu vraiment, Michaël ? demanda l'ange avec empathie. Dis-nous ce que tu veux vraiment. Réfléchis bien avant de répondre, Michaël Thomas, parce que l'énergie divine doit souvent être prise au pied de la lettre. Et puis, nous savons ce que tu sais. Tu ne peux pas tromper ta véritable nature.

Michaël voulait donner une réponse honnête. Chaque instant écoulé rendait la situation encore plus réelle. Il se rappelait claire-ment les rêves qu'il avait faits à propos de ses parents peu après leur accident. Son père et sa mère s'étaient présentés tous les deux à lui durant les seuls instants où il avait pu trouver le sommeil au cours de la semaine qui avait suivi et lui avaient démontré leur amour en le serrant contre eux. Ils lui avaient dit qu'il était temps pour eux de se retirer, mais il n'était pas certain d'avoir bien compris et ne l'avait pas accepté.

Ses parents avaient également ajouté qu'une partie de l'entente à propos de leur mort consistait à lui laisser un souvenir de leur passage. Mike s'était toujours demandé de quoi il s'agissait, mais comme ce n'était qu'un rêve... L'ange confirma que tout cela était bel et bien réel. En tout cas, l'expérience qu'il était en train de vivre lui semblait bien vraie. De ce point de vue, les messages de ses parents l'étaient aussi, tout comme cet ange. Michaël commençait à n'éprouver que confusion et frustration dans son rêve ou sa vision.

Qu'est-ce que je veux vraiment ? se demanda-t-il. Il songea à sa vie et à toutes les choses qui lui étaient arrivées. Il savait ce qu'il voulait, mais avait l'impression qu'il n'était pas correct de le demander.

– Il ne sied pas à ta magnificence de retenir tes désirs les plus profonds, murmura l'ange à Mike.

Bon sang ! s'exclama Mike intérieurement... *L'ange perçoit tout de moi. Je ne peux rien cacher.*

– Si tu le sais déjà, pourquoi me le demandes-tu ? rétorqua Mike. Et qu'est-ce que c'est que cette histoire de magnificence ?

Pour la première fois, l'ange laissa voir autre chose qu'un sourire. Il exprimait davantage du respect, de l'honneur !

– Tu n'as pas la moindre idée de ce que tu représentes ni de qui tu es, Michaël Thomas, dit sérieusement l'ange. Tu crois que je suis magnifique ? Tu devrais *te* voir ! Un jour, tu y arriveras. Bien sûr, je connais tes pensées et tes sentiments. Je suis ici pour t'appuyer et je t'accompagne d'une façon toute personnelle. J'ai l'honneur de me présenter à toi, mais c'est ta propre intention qui provoquera le changement dès maintenant Tu as le choix de me dire ou non ce que tu souhaites le plus en tant qu'humain maintenant. La réponse doit surgir de ton coeur et être énoncée de vive voix, afin que tous l'entendent, même toi. Ce que tu choisiras de faire maintenant aura une influence énorme.

Mike prit le temps de réfléchir. Il devait répondre selon sa propre vérité, même si ce n'était pas ce que l'ange voulait entendre. Il resta un peu songeur avant de parler.

– Je veux rentrer *CHEZ MOI* ! J'en ai assez de cette vie d'être humain. Voilà, il l'avait dit. Mais je ne veux pas me retirer d'un plan que Dieu jugerait important. Mike était animé par la passion. La vie semble tellement vide ! Mais on m'a appris que j'avais été créé à l'image de Dieu dans un but défini. Que dois-je faire ?

L'ange se plaça sur le côté du lit, permettant ainsi à Mike de mieux le voir. C'était ahurissant cette vision, ce rêve ! Mike avait l'impression de sentir les effluves de violettes ou de roses. Pourquoi des fleurs ? L'ange avait, bel et bien, une odeur ! Plus cet être s'approchait, plus il lui semblait magnifique. Mike prenait conscience du plaisir engendré par ce dialogue. Il le sentait, même s'il ne parvenait pas à distinguer d'expression particulière sur le visage de l'ange.

– Dis-moi, Michaël Thomas, ton intention est-elle pure ? Veux-tu réellement ce que Dieu veut ? Tu veux rentrer *chez toi*, mais tu sais aussi qu'il existe un plan plus élevé et tu ne veux pas nous décevoir ni agir d'une façon qui ne serait pas appropriée sur le plan spirituel ?

– Oui, c'est bien ça. Je veux quitter ma situation mais mon désir m'apparaît étrange et me semble égoïste.

– Que dirais-tu si je t'apprenais que tu peux peut-être obtenir les deux ? ajouta l'ange, en souriant. Et que ton désir de rentrer *chez toi* n'est pas égoïste, mais naturel, et qu'il n'entre pas en conflit avec celui de réaliser ton but en tant qu'être humain.

– Mais de quelle façon ? Je t'en prie, dis-moi comment je peux y arriver, dit Mike d'une voix de plus en plus animée.

L'ange avait perçu le coeur de Mike et, maintenant, il pouvait rendre hommage à sa spiritualité.

– Michaël Thomas de l'Intention pure, je dois te poser une autre question, afin de déterminer ta véritable quête, dit l'ange en se retirant quelque peu. Qu'est-ce que tu espères gagner en rentrant

« chez toi » ?

Mike réfléchissait. Son silence aurait paru étrange dans une conversation humaine habituelle, mais l'ange le comprenait totalement et savait que c'était là un moment sacré pour Michaël Thomas. En temps terrestre, Michaël resta silencieux une bonne dizaine de minutes, mais l'ange ne fit aucun mouvement et ne dit rien. Il ne montra non plus aucun signe d'impatience ou d'ennui. Mike prenait peu à peu conscience de l'intemporalité de cet être qui ne ressentait pas l'impatience des humains soumis seulement au temps linéaire.

— Je veux être aimé et côtoyer l'amour, répondit Mike. Je veux ressentir la paix dans mon existence... Je ne veux pas être assujetti aux préoccupations et aux poursuites futiles de ceux qui m'entourent. Je ne veux pas m'inquiéter à propos de l'argent. Je veux me sentir libéré. J'en ai assez d'être seul. Je veux me relier aux autres entités de l'Univers. Je veux connaître le sens de ma vie et jouer mon rôle au sein du paradis – peu importe le nom que vous lui donnez. Je veux être une partie juste et correcte du plan de Dieu. Je ne veux plus être l'humain que j'étais. Je veux être comme *toi*... C'est ce que je veux dire par rentrer *chez moi*.

L'ange revint près du lit.

— Bien, Michaël Thomas de l'Intention pure, tu auras ce que tu désires. L'ange semblait devenir plus clair. Était-ce possible ? Il irradiait de blancheur, mais il s'y mêlait maintenant un peu d'or. Tu dois suivre un chemin tout établi et tu dois y arriver de ton plein gré. Alors, tu pourras retourner *chez toi*. Te sens-tu prêt ?

— Oui, répondit Mike. Il sentait monter en lui un sentiment merveilleux, une vague d'amour. L'air commençait à être plus dense. L'éclat de l'ange se déplaçait vers le lit et enveloppait les pieds de Mike. Il commença à ressentir des frissons le long de l'échine et se mit à trembler involontairement, ce qui ne lui était jamais arrivé auparavant. C'était comme un bourdonnement d'un rythme incroyablement rapide. Puis, le mouvement se répandit dans tout son corps, jusque vers sa tête. Sa vision se transforma; il voyait des éclats de bleu et de violet qui contrastaient fortement sur le fond blanc qui l'avait entouré depuis le début de cette scène.

– Que se passe-t-il ? demanda Mike effrayé.

– Ton intention change ta réalité.

– Je ne comprends pas, poursuivit-il, terrifié.

– Je sais, dit l'ange avec compassion. N'aie pas peur de l'intégration de Dieu dans ton être. C'est l'atout que tu as demandé et qui te sera utile pour retourner *chez toi*.

L'ange s'éloigna du lit de Mike, comme pour lui céder le passage.

– Ne pars pas, je t'en prie, s'exclama Mike, encore abasourdi et craintif.

– Je ne fais que m'adapter à ta nouvelle taille, dit l'ange d'un ton plutôt amusé. Je partirai seulement lorsque nous aurons terminé.

– Je ne comprends toujours pas, mais je n'ai pas peur, mentit Mike. L'ange laissa encore une fois échapper ce rire dont la résonance surprit Mike et dégageait une superbe gaieté et un amour intense. Michaël se rendit compte que le secret n'avait plus sa place et décida de continuer à parler. Il devait identifier ce sentiment. Et l'ange se remit à rire.

– Je ne sais pas ce qui se passe quand tu ris, mais ça me touche profondément et je ressens quelque chose de tout à fait nouveau. La remarque plaisait à l'ange.

– Ce que tu entends et ressens sont des attributs de source purement divine, répondit l'ange. L'humour est un des seuls traits qui reste inchangé malgré notre passage de votre côté. T'es-tu jamais demandé pourquoi les humains sont les seules entités biologiques terrestres à rire ? On pourrait croire que les animaux rient mais ils ne font que réagir à des stimuli. Vous êtes les seuls à posséder la véritable étincelle de conscience spirituelle apte à produire cette caractéristique, les seuls à pouvoir créer l'humour à partir d'une abstraction ou d'une pensée. C'est votre conscience qui en est la clé et crois-moi, c'est un attribut sacré. Michaël Thomas de l'Intention pure, le rire est salutaire.

L'ange venait de fournir la plus longue explication de toute leur rencontre. Mike sentit qu'il pourrait en tirer d'autres précieuses vérités avant la fin. Il s'y mit avec ardeur.

– Comment te nommes-tu ?

– Je n'ai aucun nom. La réponse fit place à un long silence. *Ça y est,* se dit Mike, *de retour aux réponses brèves.*

– Comment te connaît-on ? poursuivit Mike.

– Je suis connu de tous, Michaël Thomas, et parce que JE LE SUIS, j'existe.

– Je ne comprends pas.

– Je sais. L'ange s'amusait, mais non aux dépens de son interlocuteur. Il honorait la naïveté de Mike, qui ne pouvait savoir tout cela, à la manière d'un parent qui répond aux questions de son enfant sur la vie. Chaque parole et chaque geste de l'ange étaient remplis d'amour. Mike sentit qu'il était temps de cesser d'exiger des réponses et d'en arriver à l'essentiel.

– Quel est ce chemin dont tu parles, cher ange ? Pendant un instant, il se sentit mal à l'aise d'avoir utilisé le qualificatif « cher », mais il sentait en même temps que c'était là un mot approprié à la personnalité devant lui. L'ange était à la fois un parent, un frère, une soeur et laissait même paraître le sentiment intime d'un amoureux. Mike ne pourrait oublier de sitôt cette curieuse impression. Il souhaitait continuer à ressentir cette énergie et craignait l'instant où elle pourrait se dissiper.

– Quand tu retourneras à ta réalité, Michaël, prépare-toi à vivre une aventure de plusieurs jours. Lorsque tu seras prêt, le point de départ de ta route te sera indiqué. Tu devras passer par sept maisons de l'Esprit et, dans chacune d'elles, tu rencontreras une entité semblable à moi qui jouera chaque fois un rôle particulier. Le chemin pourra présenter des surprises et même du danger, mais tu pourras arrêter quand tu le voudras sans être jugé. Tu changeras en cours de route et tu apprendras énormément de choses. Tu devras étudier les attributs de Dieu. Si tu parviens à traverser les sept maisons, la porte qui te conduira *chez toi* te sera montrée. L'ange fit une pause en souriant et poursuivit : « Et, Michaël Thomas de l'Intention pure, l'ouverture de cette porte se fera avec une immense célébration. »

Mike ne savait que répondre. Il se sentait libéré, mais également nerveux à l'idée d'entreprendre ce voyage vers l'inconnu.

Qu'y trouverait-il ? Devait-il se lancer ? Peut-être était-il en train de fabuler de manière insensée ! Et puis, à quoi la réalité correspondait-elle ?

– Ce qui se trouve devant toi est réel, Michaël Thomas de l'Intention pure, dit l'ange, lisant encore une fois les sentiments de Mike. Tu retourneras à une réalité temporaire conçue exclusivement pour les humains dans le but de leur apprentissage.

Aussitôt que Mike ressentait un doute, l'ange s'en apercevait. Encore une fois, il se sentait en quelque sorte violé dans ce nouveau mode de communication, mais en étant toutefois honoré. *Dans un rêve*, se dit-il, *on est en contact avec son propre cerveau. On ne peut plus rien se cacher à soi-même.* Voilà peut-être pourquoi il convenait d'avoir ce genre de conversation avec cette entité qui savait ce qu'il pensait. En outre, Mike ressentait vraiment ce que l'ange avait exprimé. Il commençait à se sentir tout à fait à l'aise dans cette réalité onirique et n'était nullement pressé de retourner à un état moindre.

– Par où commence-t-on ? demanda Mike en hésitant.

– Tu as exprimé l'intention de ce voyage. Alors, tu vas retourner à ta conscience humaine. Tu devras te rappeler certains points en cours de route : les apparences sont parfois trompeuses, Michaël. Au fur et à mesure que tu avanceras, tu reviendras plus près de la réalité que tu expérimentes présentement auprès de moi. Il est donc possible que, en t'approchant de la porte qui mènera *chez toi,* tu aies à développer une nouvelle façon d'être un peu plus, disons, à jour, que ce que tu connais maintenant. Mike ne saisissait pas vraiment ce que l'ange entendait par là, mais il l'écoutait tout de même attentivement.

– Je dois maintenant te poser une autre question, Michaël Thomas de l'Intention pure.

– Je suis prêt, rétorqua Mike, se sentant plus ou moins confiant, mais sincèrement prêt à avancer. « Quelle est la question ? » L'ange s'approcha du pied du lit.

– Michaël Thomas de l'Intention pure, est-ce que tu aimes Dieu ? Mike était estomaqué de la question. Bien sûr qu'il aimait Dieu ! Pourquoi cette question ? Il répondit rapidement.

– Puisque tu connais mon coeur et mes sentiments, tu dois savoir que j'aime Dieu. Dans le silence qui s'ensuivit, Mike comprit que l'ange était satisfait de sa réponse.

– En effet.

Tels furent les derniers mots que Mike entendit prononcer par les lèvres invisibles de cette créature magnifique qui l'aimait, de toute évidence, tendrement. L'ange se pencha vers Mike et fit un mouvement de la main qui rejoignit sa gorge. Comment pouvait-il s'étirer à ce point ? Mike ressentit immédiatement une sensation qui aurait pu ressembler à des centaines de lucioles grouillant dans son cou et modifiant sa personne. Sans ressentir aucune douleur, il se mit tout à coup à vomir.

CHAPITRE TROIS

La Préparation
(Le début du voyage)

— Tiens-lui la tête au-dessus du plateau, clama l'infirmière à l'intention du préposé aux soins. Il vomit.

La salle du service des urgences était bondée, comme chaque vendredi soir, et la pleine lune n'allait pas sans compliquer les choses. Il arrive que, sans croire le moindrement à l'astrologie ou à la métaphysique, les dirigeants d'hôpitaux aient tendance à mieux doter leur service des urgences de personnel les soirs de pleine lune. En effet, des situations inhabituelles semblent survenir à ce moment-là. L'infirmière ressortit de la pièce pour voir à d'autres cas tout aussi urgents.

— Est-il réveillé ? demanda le voisin de Mike qui l'avait accompagné jusqu'à l'étage. Le préposé aux soins vêtu de blanc se pencha vers le patient pour mieux examiner ses yeux.

— Il revient à lui lentement. Lorsque vous pourrez lui parler, ne le laissez pas se lever. Il a une vilaine bosse sur la tête qu'on a dû refermer avec des points de suture, et sa mâchoire le fera souffrir quelque temps encore. D'après la radio, elle est presque fracturée. Heureusement, nous avons pu la replacer alors qu'il était inconscient.

Le préposé sortit de l'isoloir séparé du reste de la salle par un rideau installé sur une tringle semi-circulaire. Il tira le rideau derrière lui pour que Mike et son voisin soient à l'abri. Le bruit de la salle du service des urgences était relativement atténué, doux mais le voisin de Mike pouvait tout de même entendre les gens et les activités des isoloirs de chaque côté du leur. À gauche, une femme avait été victime d'une agression au couteau et à droite, un homme âgé avait de la difficulté à respirer et son bras était engourdi. Ils étaient arrivés en même temps que Mike, soit depuis environ une heure et demie.

Mike ouvrit les yeux et sentit une douleur abominable à la mâchoire. Il sut aussitôt qu'il était réveillé. *Finis les rêves d'ange,* pensa-t-il. La réalité de la douleur et de l'ensemble de la situation prenait lentement le dessus. Les luminaires fluorescents qui éclairaient le service des urgences d'une lueur éclatante et stérile le firent grimacer et refermer les yeux. La température de la pièce était fraîche, et Mike aurait bien voulu d'une couverture mais personne ne lui en offrit une.

– Vous avez été hors du circuit quelque temps, lui dit son voisin, légèrement embarrassé de ne pas même connaître son nom. Vous avez un pansement sur la tête, et ils ont replacé votre mâchoire. N'essayez pas de parler.

Mike considérait d'un oeil reconnaissant l'homme penché vers lui. Quoique plutôt hébété, il observa ses traits et reconnut le locataire voisin de son appartement. L'homme approcha une chaise près du lit, et Mike retomba dans un sommeil profond.

***

Lorsqu'il s'éveilla de nouveau, Mike sut qu'on l'avait déplacé. Il était couché dans un lit, dans un endroit calme et tranquille. Ouvrant les yeux et tentant de clarifier son esprit, il réalisa qu'il se trouvait toujours à l'hôpital mais que cette fois-ci, on l'avait installé dans une chambre privée. Il constata que c'était un hôpital plutôt bien équipé. Son regard terne se posa sur les tableaux suspendus au mur et sur le fauteuil luxueux près de son lit. Au plafond, on avait posé une élégante tuile insonorisante à motifs à carreaux que le regard flou de Mike percevait en losanges. Il y avait toujours ces lumières fluorescentes, mais on en avait tamisé l'effet en diminuant leur intensité et en les enfonçant à demi dans les tuiles du plafond. La majeure partie de la lumière provenait d'une fenêtre en saillie et de quelques lumières à incandescence. Le mur devant lui n'était pas garni de la tradition-nelle tablette sur laquelle on dépose les téléviseurs dans les chambres d'hôpitaux, mais s'agrémentait plutôt d'une armoire raffinée dont on avait laissé les portes fermées. Les lampes étaient ornées d'abat-jour qui, tout comme dans un hôtel de luxe, étaient assortis au papier peint. Où était-il ? Dans un établissement privé ? En y regardant de plus près, il aperçut les prises d'air, de gaz et d'électricité propres à toute chambre d'hôpital. Derrière lui se trouvaient quelques instruments de diagnostic. L'un deux était relié à son bras et fixé avec du ruban adhésif. Il en percevait le faible signal régulier.

Ne voyant personne près de lui, Mike entreprit l'analyse des récents événements. Avait-on opéré sa gorge ? Pouvait-il parler ? Avec précaution, il porta la main à celle-ci, s'attendant à y trouver des bandages épais ou même un plâtre. Mais non, la peau était parfaitement lisse ! Il fit glisser ses doigts le long de son cou et nota que tout était comme il se doit. Il se racla la gorge et observa avec surprise que sa voix était normale. C'est en ouvrant la bouche toutefois qu'il situa le problème. Il ressentit alors une douleur atroce propre à provoquer la nausée, juste derrière la bouche, près des oreilles. *Une douleur qu'on peut entendre,* se dit-il en se jurant de ne plus ouvrir la bouche si rapidement.

– Ah ! je vois qu'on est réveillé. Nous pouvons vous donner tout ce que vous voulez pour apaiser la douleur, monsieur Thomas, lui dit une voix féminine dolente, mais sympathique, dans l'entre-bâillement de la porte. Mais vous vous rétablirez plus rapidement si vous découvrez votre seuil de tolérance sans médicaments. Vous n'avez aucune fracture. Votre mâchoire a seulement besoin d'un peu d'exercice. L'infirmière portait un uniforme stylisé approprié à sa profession. Elle s'approcha du lit. Non seulement son costume était-il parfaitement lisse et propre mais on sentait chez elle une vaste expérience. Elle affichait une multitude d'insignes et de décorations. Mike lui adressa la parole avec précaution, gardant les dents serrées et ne bougeant la mâchoire que dans la mesure néces-saire.

– Où suis-je ? murmura-t-il.

– Dans un hôpital privé de Beverly Hills, monsieur Thomas, répondit l'infirmière en se rapprochant. Vous avez passé la nuit ici dès votre sortie de la salle de récupération de l'urgence. Vous devriez avoir votre congé bientôt.

Mike ouvrit grand les yeux, et son visage exprima une certaine inquiétude. Il avait entendu parler de factures de deux à trois mille dollars par jour dans des endroits comme celui-ci. Son coeur se mit à battre la chamade en songeant à la façon dont il allait s'acquitter des frais rattachés à son séjour ici.

– Ne vous en faites pas, monsieur Thomas, dit l'infirmière rassurante, en voyant son expression. Tout est réglé. Votre père y a vu. Eh oui, il a tout payé.

Michaël demeura silencieux quelques instants, se demandant bien comment son père décédé avait bien pu régler ses factures ! Elle *supposait* que c'était son père mais ce devait être son voisin. Mike trouva la force de parler malgré sa difficulté de le faire.

– L'avez-vous vu ? gémit-il.

– Vu ? Bien sûr ! Un bel homme ! Grand et blond comme vous. Une voix de saint. Il a fait tourner la tête des infirmières, je vous assure. L'accent de l'infirmière rappelait à Mike son Minnesota natal. Ils avaient tous une façon bien à eux de s'exprimer, un peu comme Yoda dans La Guerre des étoiles, particularité qu'il avait d'ailleurs perdu en s'installant en Californie. Elle poursuivit : « Il a tout payé, comptant d'ailleurs. Ne vous en faites pas, monsieur Thomas. Ah oui ! il a aussi laissé un message pour vous. »

Le coeur de Mike fit un bond, même s'il soupçonnait que ce père était en réalité son voisin. D'ailleurs, la description de l'infirmière ne cadrait pas. Elle quitta la pièce afin d'aller chercher le message. Elle revint en moins de cinq minutes avec une enveloppe portant le nom de l'hôpital.

– Il l'a dicté, vous savez, dit-elle en sortant une feuille dactylographiée de l'enveloppe. Comme il se plaignait que son écriture n'était pas très claire, nous avons tapé ces mots pour lui à la réception. Ce n'est pas facile à comprendre, si vous voulez mon avis. Est-ce qu'il vous appelait *Dip* lorsque vous étiez jeune ?

L'infirmière lui tendit la note qu'il se mit à lire.

Cher Mike-Dip,
Les apparences sont parfois trompeuses. Ta quête commence
ici. Guéris vite et prépare-toi pour le voyage. J'ai organisé ton
retour à la maison. Accepte ce cadeau et entreprends ta prochaine
étape. Nous te montrerons le chemin.

Mike sentait des frissons courir le long de son échine. Il
regarda l'infirmière, les yeux pleins de reconnaissance, et porta la
note sur son coeur. Il ferma les yeux, souhaitant rester seul.
L'infirmière comprit et quitta discrètement la pièce.

Des tas de possibilités tournoyaient dans sa tête. *Les appa-*
rences sont parfois trompeuses, disait la note. Ce n'est pas peu
dire. Il savait qu'un criminel lui avait piétiné la gorge et l'avait
presque laissé pour mort sur le plancher de son appartement. Il
avait senti chacun de ses os se rompre au moment de l'agression.
Et pourtant, il n'avait aucune blessure, sinon une mâchoire dislo-
quée qu'on avait d'ailleurs replacée et quelques coupures au visage
et à la tête. Son corps serait endolori quelque temps, mais il n'était
pas invalide. Était-ce là le *cadeau* ?

Il n'avait pas pensé que l'ange de sa vision puisse être réel
jusqu'à ce qu'il lise ces mots. Si ce n'était pas un ange, qui était-
ce ? Il ne connaissait personne pouvant disposer d'une telle somme
d'argent ou qui était assez près de lui pour lui offrir quoi que ce
soit et encore moins régler son imposante facture. Qui d'autre avait
eu vent du voyage qu'il se proposait d'entreprendre ? Son corps
vibrait de toutes ces questions et des doutes l'envahissaient quant
à la provenance de ce message et à son contenu lorsque soudain,
il comprit.

L'infirmière lui avait demandé si on l'appelait *Dip.* Sur la
note, il était écrit en un seul mot, tel un surnom. Pas de doute,
l'ange qui avait déboursé les frais avait dicté l'expression en toutes
lettres. Mais il s'agissait non pas d'un surnom, mais d'ini-
tiales : d.i.p., *de l'Intention pure.* C'est ainsi qu'on s'adressait à lui,
Cher Mike de l'Intention pure. Il sourit puis se mit à rire. Malgré
la douleur, il ne pouvait s'arrêter de rire et tout son corps

frémissait de gaieté. Quand, enfin, il se calma, des larmes de joie coulaient sur ses joues. Il rentrait *chez lui* !

***

Les journées qui suivirent furent assez particulières. À sa sortie de l'hôpital, on lui avait remis des comprimés qui devaient atténuer la douleur, mais il se rendit compte qu'il n'en avait guère besoin. Sa mâchoire semblait guérir à un rythme incroyable, et il pouvait la bouger doucement. Son élocution redevenait peu à peu normale. Quoique difficilement au début, il parvint en quelques jours à se nourrir sans trop d'efforts. La douleur cessa graduellement de le préoccuper, même si une certaine rigidité subsistait, prévisible dans les circonstances. Mike ne tenait pas à prendre des comprimés qui mettraient fin à la grande joie qu'il ressentait à l'idée d'entreprendre sa quête spirituelle. Les coupures et les bleus disparurent peu à peu, et Mike fut étonné de la rapidité avec laquelle tout se déroulait.

Il démissionna de son poste par téléphone. Il l'avait fait tellement de fois déjà dans sa tête qu'il savoura délicieusement ce moment de rupture de son lien avec cet affreux travail. Il communiqua ensuite avec son ami John et lui expliqua le plus simplement du monde qu'il partait en vacances pour un temps indéterminé et qu'il pourrait même ne jamais revenir. John lui souhaita bon voyage, mais lui fit tout de même part de son inquiétude quant au secret qui entourait ses plans.

– Allons donc, tu me connais, répliqua Mike, je ne prépare rien de mauvais. Ne t'inquiète pas. Il savait très bien que John ne comprendrait pas s'il lui parlait de l'apparition d'un ange et de ses directives. Alors, il préféra se taire. « Je dois faire ce voyage ; c'est très important pour moi. » Et il n'en dit pas davantage.

Mike annula son bail auprès de son propriétaire et fit ses bagages. Il sépara méticuleusement ses effets personnels de ses vêtements et de ses autres biens. Il ne possédait pas grand-chose mais il déposa ce qu'il aimait le plus, ses photos et quelques livres, dans deux boîtes. Il se rendit compte qu'il ne pouvait pas prendre trop de vêtements, en choisit quelques-uns seulement et les déposa dans les boîtes contenant les photos et les livres.

Il invita son voisin, celui qui l'avait sauvé, et lui donna des vêtements, son téléviseur, la bicyclette qu'il utilisait pour se rendre au travail et quelques objets de peu de valeur qu'il avait accumulés au fil des ans.

– Si tu n'en veux pas, donne-les aux pauvres.

Le voisin semblait comblé par tant de générosité et souriait, n'en finissant plus de serrer la main de Mike. Celui-ci eut l'impression que son don arrivait à point. Le voisin avait réussi à sauver Le Chat après avoir composé le 911, et il semblait normal qu'il en hérite. D'ailleurs, il était déjà dans son aquarium.

– Salut Le Chat, lui dit Mike dans l'appartement de son voisin. Aie confiance. Le Chat ne lui jeta pas le moindre coup d'œil. Il s'amusait avec ses nouveaux amis poissons.

Il y avait cinq jours que Mike avait quitté l'hôpital lorsqu'il se rendit compte que ses préparatifs achevaient. Il ne savait pas exactement quelle étape entreprendre d'abord ni où il devait aller. On était en soirée, et un calme plat régnait. Il savait que l'ange saurait qu'il était prêt et que le lendemain amènerait le début d'une nouvelle entreprise. Il sentait maintenant que la réalité de son voyage se concrétisait. Il était fermement convaincu qu'on lui indiquerait la manière de procéder. Tout ce qui s'était passé depuis une semaine justifiait sa confiance. Il décida de jeter un autre coup d'œil sur les biens précieux qu'il emporterait avec lui.

Il ouvrit les boîtes et examina soigneusement les articles qu'il avait jugé bon de conserver. D'abord, il y avait les photos. L'album avait subi les affres du temps, et plusieurs des vieilles photos avaient été fixées dans des coins précollés, comme c'était coutume dans les années cinquante. Il l'ouvrit délicatement, évitant de décoller les coins fragiles, et ressentit la même mélancolie qui l'envahissait chaque fois qu'il regardait la photo de mariage de ses parents, la première de l'album. Il l'avait trouvée, avec d'autres, après l'accident et il avait eu du mal à trouver la force de les regarder à l'époque.

Ils étaient tout souriants, amoureux et en pleine lancée dans la vie. Leurs vêtements avaient un aspect curieux. En fait, il ne se rappelait pas avoir jamais vu son père porter une cravate ailleurs que sur cette photo. Un jour, il avait trouvé la robe de mariée de sa mère dans le grenier et avait demandé à une voisine de l'envelopper pour lui car, ce simple geste lui était trop pénible. Mike n'était qu'une lueur d'espoir pour eux lorsque la photo avait été prise, et l'avenir leur apparaissait prometteur. Il regarda la photo longuement avant de s'adresser doucement à eux.

– Mes chers parents, je suis votre seul enfant. J'espère que ce que je m'apprête à entreprendre ne vous décevra pas. Je vous aime tous les deux et espère vous voir bientôt.

Mike revécut des instants précieux en feuilletant les pages de l'album qui lui rappelaient les étapes de son enfance. Il souriait souvent tout en revoyant la ferme, quelques photos de ses amis, une autre de lui à six ans sur le tracteur. Décidément, cet album renfermait des trésors ! Michaël pensa que Dieu se réjouirait qu'il rende hommage à ses parents et à son éducation en emportant avec lui de tels souvenirs. Il ignorait ce qu'il adviendrait de cet album mais, pour l'instant, il jugeait qu'il devait l'apporter avec lui.

Ensuite, il regarda ses livres, qu'il adorait. Sa Bible était usée, tellement il l'avait lue. Elle l'avait réconforté tant de fois ! Même s'il ne saisissait pas tout ce qu'il y lisait, il ressentait son énergie spirituelle. Il l'avait emballée soigneusement et ne se résignerait pas à la laisser derrière lui. Puis, il y avait là ses livres d'enfance, qu'il avait tant aimés. *Superman, Zoro.* Il lui arrivait de les relire en se remémorant ce qu'il faisait à l'âge où il avait fait la connaissance de ces personnages et vécu leurs histoires. Plus tard, il y avait eu *Moby Dick* et *Les Aventures de Sherlock Holmes.* Et puis, quelques poèmes d'auteurs obscurs.

Tous les livres et les photos se glissaient parfaitement dans deux sacs qu'il pourrait transporter aisément, en plus de celui dans lequel il mettrait un peu de nourriture. Mike se sentait prêt. Il s'étendit sur le plancher de son appartement vide pour la dernière fois. Il avait un oreiller et ça lui suffisait. Il attendait le lendemain avec impatience et l'idée même d'amorcer sa quête spirituelle l'empêchait de dormir. Il tournait et retournait dans son esprit les événements qui s'étaient déroulés et ceux qu'il entrevoyait. Demain, il allait se lancer sur le chemin du retour.

CHAPITRE QUATRE

La Première Maison

Le lendemain matin, la température était plutôt morne, mais Mike se sentait très bien. Il puisa dans ses maigres économies et se paya une petite déjeuner copieux à la terrasse d'un bistro. Ça lui semblait curieux d'être dehors si tôt. Normalement, il aurait été au travail, où il aurait mangé son lunch et où on l'y aurait encore trouvé au coucher du soleil.

Planté devant le bistro, deux sacs à la main et un autre sur l'épaule, Mike ne savait quelle direction prendre. Il ne pouvait aller vers l'ouest puisqu'il se retrouverait vite face à l'océan. Il irait donc vers l'est jusqu'à ce qu'on lui indique une autre voie. Il se sentait bien à l'idée d'entreprendre un voyage fondé sur la foi, mais il aurait tout de même aimé un peu de précisions sur sa destination.

Si seulement j'avais quelques indices, une carte ou une indication quelconque sur ma position actuelle, se dit-il en marchant vers l'est. Il traversa lentement la banlieue de Los Angeles, en direction des montagnes. Devant lui, il n'y avait aucune limite. *Il me faudra des semaines pour me rendre,* pensa-t-il.

Il ne savait pas vraiment où il allait, mais il poussa vers l'est. Vers midi, il s'assit en bordure d'une route et termina les restes du petit déjeuner qu'il avait conservés, se demandant toujours s'il était sur la bonne voie.

– Si tu es là, j'ai vite besoin de toi ! s'écria-t-il, implorant le ciel. Où sont les portes du chemin ?

– *Tu auras une carte !* lui murmura une voix familière à l'oreille. Il se leva et regarda autour de lui sans rien remarquer, mais il avait reconnu la voix de l'ange.

– Ai-je entendu ou senti ? marmonna-t-il, soulagé. Enfin, une communication ! Tu en as mis du temps !

– *T'avais qu'à demander plus tôt,* répondit la voix.

– Mais j'erre depuis des heures !

– *C'est ton choix,* déclara la voix. *Pourquoi as-tu mis tant de temps à verbaliser ta demande ?* Il était évident que la voix s'amusait à réfuter les objections de Mike.

– Es-tu en train de me dire que j'obtiens de l'aide seulement si je la demande ?

– *Oui, tout un concept, n'est-ce pas ? Tu es un esprit libre, respecté, puissant et apte à prendre tes propres décisions. C'est ce que tu as fait tout au long de ta vie. Nous sommes toujours là mais n'entrons en jeu que si tu le demandes. Est-ce si étrange ?* Mike fut agacé par la logique absolue des paroles de l'ange.

– Bon, d'accord. Où dois-je aller ? Il est plus de midi, et j'ai l'impression d'avoir passé la matinée à deviner la direction à prendre.

– *Pas mal d'ailleurs,* répondit la voix espiègle. *Les portes du chemin sont droit devant toi.*

– Durant tout ce temps j'étais sur la bonne voie ?

– *Ne sois pas si étonné d'avoir pris la bonne direction. Tu fais partie d'un tout, Michaël Thomas de l'Intention pure. L'expérience te permettra de mieux utiliser ton intuition. Pour l'instant, mon rôle consiste simplement à t'aider dans les petites choses.* La voix fit une pause. *Regarde, les portes sont déjà là !* Michaël se tenait devant une immense haie qui menait vers une gorge entre des rangées de maisons.

– Je ne vois rien.

– *Regarde encore, Michaël Thomas.*

En y regardant de plus près, Mike crut percevoir les portes à travers la haie. Elles ne se laissaient pas voir facilement, car elles se mêlaient étroitement à l'ensemble du feuillage. Puis, tout à coup, il les vit clairement ! Elles ne pouvaient plus lui échapper, même s'il l'avait voulu. Elles étaient si évidentes ! Il en détourna légèrement les yeux et les regarda de nouveau d'une manière différente. Elles étaient encore plus apparentes !

– Que se passe-t-il ? demanda Mike, conscient du changement de sa perception.

– *Lorsque les choses cachées deviennent évidentes,* lui dit la voix douce de l'ange, *tu ne peux retourner à l'ignorance. Dorénavant, tu verras toutes les portes clairement puisque tu as manifesté l'intention de les voir.*

Même s'il ne comprenait pas toute la signification de ce qu'on lui disait, il n'en demeurait pas moins prêt à s'engager sur le chemin de son périple. La haie cessa de ressembler à des portes et devint ces portes. Sous les yeux mêmes de Mike, elles se changeaient, prenant de l'expansion.

– Un véritable miracle ! se dit-il en continuant d'observer la longue haie se transformer en portes bien visibles. Il recula un peu pour mieux voir le phénomène.

– *Pas vraiment,* reprit la voix, *ton intention spirituelle t'a légèrement changé et les choses qui vibrent à cet autre niveau où tu es se sont tout simplement manifestées ; rien de miraculeux dans tout ça. C'est ainsi que vont les choses.*

– Tu veux dire que ma conscience peut modifier la réalité ? demanda Mike.

– *Oui, d'une certaine manière. La réalité est l'essence de Dieu et elle est constante. Ta conscience humaine n'en révèle que les parties que tu veux expérimenter. Au fur et à mesure de ton évolution, tu en perçois une part toujours plus grande. Tu peux expérimenter et utiliser les choses qui se révèlent à toi comme tu le désires mais tu ne peux retourner en arrière.*

Mike commençait à saisir, mais il souhaitait poser une autre question avant de se diriger vers les portes qui, maintenant, s'offraient clairement à lui. Il était toujours prêt à soumettre la vérité à l'épreuve, même cette voix angélique qu'il entendait dans son esprit. Il réfléchit à sa question avant de la formuler.

– Tu as dit que j'étais une créature possédant le libre arbitre. Pourquoi alors ne puis-je revenir en arrière si tel est mon souhait ? Pourquoi ne puis-je m'écarter de la nouvelle réalité et en reprendre une autre plus simple ? N'est-ce pas là justement le libre arbitre ?

– La physique de la spiritualité crée un axiome selon lequel tu ne peux retourner à un état de conscience inférieur, répondit la voix. *Si tu choisissais délibérément de le faire malgré tout, tu nierais l'illumination qui s'offre à toi et tu deviendrais déséquilibré. En fait, tu peux essayer de revenir en arrière, car tu possèdes le libre arbitre. En vérité, il est triste que certains humains essaient de mettre de côté la vérité qu'ils connaissent, car ils ne pourront survivre longtemps à deux niveaux de vibrations.*

Mike ne comprenait pas entièrement la nouvelle information spirituelle transmise par la voix mais il avait reçu la réponse à sa question. Il savait pouvoir rebrousser chemin sur-le-champ et retourner en ville. Le choix lui appartenait. Là où il se tenait, il voyait les portes et, sachant qu'elles étaient là, il ne pouvait pas ne pas en tenir compte. Autrement, il deviendrait déséquilibré et sans doute, malade. Tout ça lui paraissait absolument logique, et il souhaitait aller de l'avant et certainement pas faire marche arrière. Alors, il prit ses bagages et s'avança vers les portes, vers le sentier sur lequel s'amorçait son périple. C'était un simple chemin de terre, comme tous les autres dans cette gorge. Tout animé, Mike franchit rapidement les portes.

À peine les avait-il franchies qu'une sombre silhouette verdâtre se glissa aussi sur le sentier. Les buissons flétrissaient sur son passage et si Mike n'avait pas continué d'avancer, il aurait senti cette odeur infecte. Une entité négative se mit à suivre Michaël Thomas, gardant une certaine distance pour ne pas être vue, maintenant le rythme alerte du voyageur. À la manière d'un fantôme vif et malin, il combattait l'enthousiasme de Mike avec sa haine et sa noirceur. Mike n'avait pas la moindre idée d'être suivi.

Aussitôt que Michaël fut sur le sentier, le paysage et son sentiment à son égard se transformèrent considérablement. Il ne pouvait plus voir la cité tentaculaire ni sa multitude de banlieues.

Il n'y avait plus le moindre signe de civilisation : ni poteaux téléphoniques, ni avion, ni autoroute. Il s'était lancé sur le sentier de terre qui s'étirait devant lui avec la même ardeur qu'un enfant met à ouvrir ses cadeaux de Noël, fonçant sans réfléchir. Soudain, il constata que chaque pas le menait plus avant dans un autre monde. Ce voyage le conduisait dans une réalité bien différente de celle qu'il venait tout juste de quitter. Il se demandait d'ailleurs s'il ne se trouvait pas quelque part entre la terre et le paradis, un lieu où il pouvait entreprendre son éducation spiri-tuelle, une étape qu'il croyait imminente et nécessaire s'il devait un jour avoir l'honneur de franchir le seuil d'un *chez soi*. Le sentier s'était peu à peu élargi et offrait maintenant la dimension d'une route d'un peu plus d'un mètre, sans empreintes de pas d'aucune sorte et très facile à suivre.

Mike se tourna subitement. Qu'y avait-il là ? Une forme d'un vert foncé attira son œil avant de se précipiter sur la gauche, derrière un bloc de pierre. *Un animal sauvage sans doute*, se dit-il. La route qu'il voyait derrière lui reflétait exactement celle qui s'étendait devant : un long sentier tortueux disparaissant derrière les collines et bordé d'arbres verts luxuriants, de plaines et d'affleurements rocailleux. Quelques fleurs ponctuaient le paysa-ge de points de couleurs disposés parfaitement sur le grand tapis de verdure.

Mike s'arrêta pour se reposer. Il n'avait aucune montre mais la position du soleil lui indiquait qu'il devait être quatorze heures, le temps de casser la croûte. Il s'assit en bordure de la route et termina les miettes qui lui restaient encore de son petit déjeuner. Autour de lui, l'atmosphère baignait dans le calme.

Pas d'oiseaux, constata-t-il. Il examina attentivement le sol. *Pas d'insectes non plus. Comme c'est étrange.* Mike contemplait son environnement. Il sentit une brise dans ses cheveux. *Au moins, il y a de l'air.* Il regarda vers le ciel et vit qu'il était de ce bleu des plus beaux jours.

Son sac ne contenait plus de nourriture, mais il savait qu'il n'était pas seul et que Dieu pourvoirait à son alimentation. Il se rappela l'histoire de Moïse dans le désert, errant pendant quarante ans avec le peuple d'Israël. Il lui revint en mémoire que leur nourriture provenait du ciel et, en y réfléchissant, il se demanda si c'était vrai. *Toutes ces familles qui suivaient Moïse comptaient certainement des adolescents aux têtes fortes comme nous en avons aujourd'hui,* pensa-t-il. Il pouvait facilement en imaginer un se plaindre à ses parents : « J'ai vu cette même roche au moins huit fois depuis que je suis né. Pourquoi faites-vous confiance à ce Moïse ? Il nous fait tourner en rond. Le désert a ses limites, après tout. Aie ! M'écoutez-vous ? »

Entrevoir la scène le faisait rire. Puis, il se demanda s'il allait revoir bientôt la même roche, signe qu'il tournait en rond lui aussi ! Il n'avait pas la moindre idée de sa destination, tout comme les Israélites dans le désert, et sans nourriture en plus. Il rit encore plus fort en constatant les similitudes.

Peut-être son rire fut-il entendu ou il était tout simplement temps, mais, au détour suivant de la route, il la vit. La première maison était d'un bleu éclatant. *Pour l'amour du ciel !* s'exclama Mike intérieurement. *Si un architecte voyait ça, il hurlerait !* Mike riait sous cape. *J'espère que je ne suis pas insolent, mais c'est la première fois que je vois une maison toute bleue.* Le sentier menait jusqu'à la porte, de sorte qu'il sut que c'était là son premier arrêt. Sans compter qu'il n'y avait rien d'autre autour.

En approchant de la petite maison, il remarqua qu'elle était d'un bleu cobalt et qu'elle irradiait de l'intérieur. Comme il tournait pour s'engager sur le petit chemin qui y menait, il vit une pancarte sur laquelle figuraient les mots : MAISON DES CARTES. Mike se rendit compte que c'était ce qu'il avait demandé. Il pourrait enfin se diriger. Le reste du trajet serait sans doute plus rassurant. Une carte à jour serait un objet bien utile en cet étrange pays.

La porte de la maison s'ouvrit tout à coup et une immense créature du même bleue que la maison en surgit ! C'était vraisemblablement une entité angélique puisque, comme l'ange de la vision, elle était plus grande que nature, plus grande qu'un humain. Sa présence emplissait l'atmosphère d'un sentiment de splendeur et d'un parfum de fleur. Michaël pouvait encore une fois sentir l'odeur de l'entité. Le grand être bleu se tenait là devant lui.

– Salut à toi, Michaël Thomas de l'Intention pure. Nous t'attendions.

Contrairement à l'ange de la vision, le visage de cette entité était parfaitement visible, et Mike pouvait y déceler une expression de bien-être et de bonheur constants, peu importe ce qu'il disait. Mike appréciait sa compagnie et se montra respectueux dans les circonstances. Il salua l'ange.

– Salut à toi, grand être bleu ! Soudain mal à l'aise, Michaël sentit le besoin d'avaler. Peut-être l'ange ne voulait-il pas qu'on le nomme ainsi. Sa couleur n'était peut-être qu'une perception de l'œil humain. Était-il vraiment bleu ? Peut-être même qu'il n'aimait pas le bleu ! Mike soupira à la pensée de tous ces doutes qui l'assaillaient.

– Je suis bleu aux yeux de toutes les entités, Michaël Thomas de l'Intention pure, dit l'ange d'un ton rêveur. J'accepte ta salutation avec joie. Si tu veux bien entrer dans la Maison des cartes, tu y passeras la nuit.

Cette fois, Mike fut heureux qu'un ange lise dans ses pensées. Qu'avait dit l'ange de la vision à ce propos ? Qu'il pouvait les sentir ? De toute façon, Mike était heureux de ne pas avoir offensé le gardien de la première maison.

Mike et l'ange bleu, deux êtres très disparates, se retournèrent et entrèrent dans la maison bleue. Au moment où la porte se refermait derrière eux, deux yeux rouges immenses et flamboyants de colère perçaient à travers un buisson, à quelques pas de la maison. Alertes, silencieux et patients, ils ne bougeraient pas jusqu'à ce que Mike reprenne sa route. Dès l'instant où il entra, Mike fut ébahi par ce qu'il vit. La structure intérieure de la maison était immense ! Elle semblait interminable. Pourtant, elle était si modeste de l'extérieur ! Il se rappela les paroles de l'ange de la vision qui affirmait que *les apparences étaient parfois trompeuses*. Il se trouvait certainement dans une partie de l'étrange réalité de sa nouvelle conscience. Il se demanda si cette autre perception portait une signification plus étendue.

Il déambulait derrière l'ange par les grands corridors de la Maison des cartes. L'intérieur ressemblait à une librairie luxueuse, comme celles l'on retrouve en Europe et qui contiennent des livres historiques inestimables de toutes sortes. Mais, il n'y avait là ni rayons ni livres. Les murs étaient percés de dizaines de milliers de petites cavités dont l'intérieur en bois semblait contenir des parchemins. La hauteur des murs était interminable et ces cavités se retrouvaient dans chaque salle qu'ils traversaient, d'un étage à l'autre. Il ne pouvait voir ces ouvertures de près, mais il se dit qu'elles contenaient sans doute des cartes, comme l'indiquait le nom de la maison. Mais pourquoi un si grand nombre ? Durant toute la durée de la longue visite des immenses pièces de la maison, il ne rencontra pas âme qui vive.

– Sommes-nous seuls ? demanda Mike. L'ange étouffa un rire.

– Ça dépend de ce qu'être *seul* signifie, je suppose. Ce que tu vois là, ce sont les contrats de chaque être humain de la planète. L'ange continuait d'avancer d'un air détaché.

Mike s'arrêta, les yeux agrandis, étonné des paroles de l'entité bleue. La distance entre eux s'allongea, l'ange poursuivant son chemin tandis que Mike restait sur place. Sentant que Mike ne le suivait pas, l'ange s'arrêta, se retourna et l'attendit, sans rien ajouter.

Michaël voyait les échelles appuyées contre les hauts murs remplis des cavités boisées contenant toutes des parchemins. Des contrats, avait dit l'ange. Qu'est-ce que ça pouvait bien signifier ?

– Je n'y comprends rien, dit-il en rattrapant l'ange.

– Avant que ton périple prenne fin, tu auras compris, lui répondit l'ange d'une voix rassurante. Il n'y a rien ici qui doive te faire peur, Michaël. Tout est en ordre. Ta visite était attendue et elle est honorée. Ton intention est pure, et nous pouvons tous la percevoir. Détends-toi et accepte l'amour que nous t'offrons.

Les paroles de l'entité bleue eurent un effet indicible sur Mike. Aucune autre entité de l'univers n'aurait pu prononcer de paroles plus appropriées. Commençait-il à mieux sentir les choses ? L'ange de la vision lui avait communiqué les mêmes vibrations d'amour mais il réagissait avec beaucoup plus d'émotion cette fois.

– C'est bien de se sentir aimé, n'est-ce pas Michaël ? L'ange était revenu près de lui et le dominait de sa taille.

– Je ne comprends pas l'effet que ça me fait. Je me sens au bord des larmes.

– Tu es en train de passer à une autre vibration, Michaël.

– Je n'arrive pas à saisir la signification de tout ça. Au fait, as-tu un nom ? Michaël craignait encore une fois d'avoir offensé l'entité. Et si c'était « un » ange féminin ? Mike ne s'y connaissait pas vraiment dans ce domaine, mais d'après son apparence, l'ange aurait pu tout aussi bien être « une » ange.

– Appelle-moi Bleu, tout simplement, dit l'ange en lui faisant un clin d'œil. Je n'ai pas de genre, bien que ma taille et ma voix disent à ton esprit que je sois « un » ange. Partons de ce principe, si tu le veux bien.

L'ange fit une pause pour mieux permettre à Mike d'assimiler ce qu'il venait d'entendre. Puis, il poursuivit : « Ta structure cellulaire d'être humain peut exister à divers niveaux de vibration. Nous appellerons niveau un, celui auquel tu es habitué. Tu le connais bien et il t'a bien servi jusqu'à présent. Mais, au cours de ce voyage, tu devras atteindre le niveau six ou sept si tu veux parvenir à ton but. Pour l'instant, tu es en train d'arriver à ce que j'appelle le niveau deux, à défaut d'un meilleur terme. Chaque niveau de vibration donne une plus grande conscience de la réalité de Dieu, comme on te l'a déjà dit. Ce que tu ressens maintenant est une plus grande conscience de l'amour. L'amour est immense, Michaël. Il a des propriétés physiques et il est puissant. Ton nouveau degré de vibration te permet de le ressentir comme tu ne l'as jamais pu auparavant. Il est l'essence même de ton but et il ira en s'intensifiant dans chacune des maisons où tu pénétreras.

Mike adorait écouter Bleu. Il lui donnait plus d'explications qu'il n'en avait reçu jusqu'à maintenant.

– Es-tu professeur ? demanda Mike.

– Oui, le rôle de chaque ange de chacune des maisons est

d'enseigner, excepté le dernier. J'aurai à te révéler des vérités reliées à ma maison et il en va de même des autres. À la fin de ton périple, tu auras une vision beaucoup plus grande de la façon dont les choses se déroulent dans l'univers. J'ai pour tâche de te transmettre ce que tu as mérité par l'expression de ton intention. Ton passage dans ma maison te permet de recevoir la carte de ton contrat. Demain en début de journée, je te la remettrai et répondrai à quelques-unes de tes questions avant que tu poursuives ton chemin. Il était important que tu visites cette maison d'abord puisque tu y recevras de l'aide pour ton voyage. Mais pour l'instant, je t'invite à te nourrir et à te reposer.

Mike suivit Bleu. Il se sentait de plus en plus à l'aise avec son nouvel ami... bleu. Celui-ci le dirigea vers un magnifique jardin intérieur où l'on cultivait toutes les variétés de fruits et de légumes en rangées interminables. Comme dans les autres pièces, la lumière provenait du toit. Elle donnait un effet naturel à chaque espace de la maison. On sentait une odeur de pain fraîchement sorti du four depuis une autre pièce.

– Qui prend soin de tout, ici ? demanda Mike. Je ne vois personne d'autre... T'arrive-t-il de te nourrir ?

– Chaque maison a des pièces semblables à celles-ci. Et non, je ne mange pas. Le jardin sert aux humains qui font le même parcours que toi et qui s'arrêtent ici dans la poursuite de leur apprentissage. Il est entretenu par plusieurs... que tu ne vois pas en ce moment. Tu ne manqueras ni de nourriture ni d'abri tant que tu exploreras le sentier de la connaissance. C'est notre façon de t'honorer et d'honorer ton intention.

Mike se sentit envahi par le sentiment d'être protégé pendant qu'ils se déplaçaient vers d'autres pièces, l'être humain suivant l'imposante entité bleue. Ils atteignirent une pièce curieuse, prévue pour le sommeil. Isolée, elle était garnie d'un superbe lit antique à baldaquin recouvert de draps de dentelle invitant Mike à y déposer son corps exténué. Les oreillers dodus l'attiraient et promettaient le confort et la sécurité propres à un sommeil profond. Mike était ébahi par l'accueil qu'on lui réservait.

– Tout ça pour moi ? dit-il, impressionné.

– Pour toi et les autres, Michaël. Nous recevons tous ceux qui ont exprimé la même intention que toi.

La pièce attenante offrait un festin que Mike ne pouvait même pas envisager d'entamer. Il y avait là plus de délices qu'il n'en avait jamais vu à la fois, beaucoup trop pour une seule personne.

– Mange ce que tu veux, Michaël, lui dit Bleu. Rien de tout cela ne sera perdu. Mais ne prends rien avec toi. Résiste à cette tentation. C'est un test sur ta voie, quelque chose que tu comprendras pleinement plus tard.

Bleu se retira. Mike déposa ses bagages, s'assit et mangea comme il ne l'avait jamais fait. Il ne voulut pas se montrer glouton, mais il emplit son estomac de ces mets délicieux. Ses yeux commençaient à se fermer de fatigue et le décor créait un sentiment de confort qu'il n'avait pas connu depuis qu'il était le petit enfant chéri de ses parents.

Si je pouvais seulement conserver cette sensation ! se dit-il. Le fait d'être humain prenait à l'instant sa pleine mesure. Il quitta la table et décida de laver la vaisselle sale le lendemain matin. Oh ! qu'il était las ! Il arriva même difficilement à se déshabiller et à suspendre ses vêtements. Il se mit au lit, et le bien-être enveloppant d'un sommeil paisible l'envahit aussitôt.

Dans le silence matinal, il se réveilla superbement reposé. Il se lava, se dirigea vers la salle à manger et découvrit avec surprise que les restes de la veille avaient été enlevés et qu'un magnifique petit déjeuner l'attendait. En fait, c'était en partie l'odeur des œufs frais, des pommes de terre et du pain chaud qui l'avait éveillé. Il profita de son petit déjeuner en solitaire et s'interrogea une fois de plus sur l'idée qu'il avait eue de demander à rentrer *chez lui.*

Est-ce une bonne idée de vouloir se retirer de l'expérience terrestre ? se demanda-t-il. *Qu'arrive-t-il à ceux qui restent ? Ils ne pourront pas expérimenter les autres niveaux de vibration qui m'attendent. Est-ce juste ?* Il ressentit une légère mélancolie à la pensée de ses amis et de ses collègues. Il songea même à son ancienne amante !

Qu'est-ce qui m'arrive ? se demanda Mike. *Je commence à ressentir de l'empathie pour ceux qui m'entourent. Ça ne me ressemble pas. Je trouve ça plutôt pénible ! Je commence à regretter d'avoir quelque chose que les autres n'ont pas. Cela signifie-t-il que je suis sur la mauvaise voie ? Devrais-je rebrousser chemin ?*

– Il est inévitable que tu te poses toutes ces questions, Michaël, dit Bleu, qui apparut soudain dans l'entrebâillement de la porte et qui, encore une fois, se glissa dans les pensées de Mike. Bien qu'étonné, celui-ci fut ravi de voir l'ange et le salua d'un signe de la tête.

– Parle-moi de ces choses, Bleu. J'ai vraiment besoin de directives. Je commence à me demander si j'ai pris la bonne décision.

– Les méandres de l'esprit sont merveilleux, Michaël Thomas de l'Intention pure. Et le postulat de l'illumination de l'homme consiste d'abord à prendre soin de soi. Ensuite, le résultat du périple sera transmis à ceux qui nous entourent puisque l'intention de l'un affecte les autres.

– Encore une fois, je ne suis pas sûr de bien comprendre, rétorqua Mike, confus.

– Même si tu ne saisis pas maintenant, Michaël, tes actions affectent les autres et leur offrent l'occasion de faire un choix, ce qui aurait été impossible sans ta décision d'être ici, en ce moment même. Fais confiance à la vérité des événements et ne te fais aucun reproche.

Mike se sentit soulagé d'un poids immense. Bleu n'avait pas réussi à lui faire comprendre entièrement le fonctionnement du plan spirituel, mais il l'avait suffisamment rassuré. Michaël se sentait confiant dans la poursuite de sa quête.

Il fit ses bagages et quitta sa chambre. Il revint dans le hall d'entrée menant à la porte par laquelle il avait pénétré la veille. Bleu le suivit, et Mike s'émerveilla encore de l'immensité de l'endroit. L'entité ne fit aucune remarque en constatant que Mike avait glissé un *bagel* et quelques baguettes dans son sac.

– Où allons-nous ? demanda ce dernier. Dois-je aller par là ?

Il savait qu'il allait recevoir sa propre carte, et il voulait que Bleu prenne les devants.

– Tu peux t'arrêter ici. Ils s'immobilisèrent au centre du vaste hall bleu magnifiquement décoré, et Bleu se dirigea sans rien dire vers un mur éloigné sur lequel s'appuyait une échelle. « Viens ici, Mike. »

Mike obéit et, en un rien de temps, Bleu lui fit grimper une longue échelle par laquelle il devait atteindre une cavité où se trouvait sa carte. En grimpant, Mike remarqua que chaque cavité portait un nom. En réalité, chacune en contenait deux : un qui semblait écrit en caractères arabes et un autre, en caractères romains. Il n'y avait aucun classement alphabétique, et les cavités semblaient obéir à un ordre connu de Bleu seul et que Mike ne saisissait pas. L'ange lui avait dit exactement où regarder et il se trouvait maintenant à quelques centimètres de l'endroit indiqué.

Puis, il la vit. La case portait la mention « Michaël Thomas » et une autre, étrangère à ses yeux, *probablement en langage d'ange,* se dit-il. On lui avait donné instruction de ne pas regarder ailleurs, de retirer le parchemin de la cavité et de redescendre afin de l'examiner. Il venait tout juste de saisir le parchemin et s'apprêtait à descendre lorsqu'un groupe de noms attira son regard. Son cœur fit un bond... les noms de ses parents étaient là. La disposition était faite par famille. C'était le système spirituel du grand hall ! Il savait qu'on lui avait formellement interdit de toucher aux autres parchemins, mais il s'attarda tout de même et se prit à examiner les noms qui ne signifiaient rien pour lui. Pourquoi ces autres noms accolés à ceux de ma famille ?

– Michaël ?

– J'arrive tout de suite, dit-il d'un ton contrit. Bleu savait ce qui lui passait par la tête mais Mike ne poserait aucune question pouvant violer le protocole de cet endroit sacré. Songeur, Mike redescendit la longue échelle bleue et remit le parchemin à l'ange. Celui-ci regarda Mike longuement. Dans ce regard intense, il n'y avait pas de secrets. Bleu faisait part de sa gratitude à Mike d'avoir respecté le système sacré, et Michaël sentit l'amour de Dieu transpercer son être entier. Tous deux sourirent devant cette communication sans paroles. Mike commençait à comprendre l'inutilité des mots ! Il lui semblait qu'il pouvait tout dire à Bleu sans prononcer une seule parole. *Comme c'est étrange,* pensa-t-il.

— Michaël Thomas de l'Intention pure, déclara formellement Bleu, voici la carte de ta vie. D'une façon ou d'une autre, elle te suivra partout dorénavant. Elle t'est remise avec amour et deviendra une de tes possessions les plus précieuses. Mike se rappela soudain les paroles de l'ange de la vision à propos de la nouvelle énergie beaucoup plus courante que la précédente.

— La carte est-elle à jour ?

— Beaucoup plus que tu ne peux le souhaiter, répondit Bleu d'un ton espiègle. Mike crut même l'avoir entendu ricaner !

L'entité tendit la carte à Mike en l'invitant d'un geste à l'examiner de plus près. Mike la posa sur son cœur quelques instants pour bien la savourer, comme un enfant l'aurait fait. Il sentait le caractère sacré de cet instant et ouvrit la carte d'une façon toute cérémonieuse qui fit sourire Bleu. Il savait ce qui allait se produire.

Tout l'émerveillement que Mike avait ressenti disparut lorsqu'il déroula le parchemin. La carte était vierge ! Ou plutôt non. En plein milieu, à peine visibles, se trouvaient quelques lettres et symboles. Mike y regarda de plus près. Une flèche pointait vers un petit point rouge près duquel on pouvait lire : VOUS ÊTES ICI. Un petit symbole indiquant la Maison des cartes était placé près du point. Trois centimètres de détails figuraient autour du point, y compris le sentier que Mike avait suivi, puis, plus rien, le vide total ! La carte indiquait seulement l'endroit où se trouvait Mike et une centaine de mètres tout autour.

— Qu'est-ce que c'est ? demanda Mike, quelque peu irrespectueux. C'est une blague d'ange ou quoi ? J'ai fait tout ce chemin jusqu'à la Maison des cartes pour recevoir un merveilleux parchemin sacré qui me dit que je suis... dans la Maison des cartes ?

— Les apparences sont parfois trompeuses, Michaël Thomas de l'Intention pure. Accepte ce cadeau et garde-le précieusement.

Bleu ne répondait pas à la question.

Mike sut intuitivement qu'il ne servait à rien de la reposer. Il enroula sa prétendue carte et la mit dans son sac. Il était très déçu. Bleu le reconduisit vers la porte et sortit au grand air, Mike sur ses talons. L'ange se retourna.

– Michaël Thomas de l'Intention pure, je dois te poser une question avant que tu reprennes ta route.

– Oui, laquelle mon ami ? répondit Mike.

– Michaël Thomas de l'Intention pure, aimes-tu Dieu ? Bleu était très sérieux.

Mike trouva étrange que l'ange de la vision ait posé la même question, presque sur le même ton. Il se demanda pourquoi on la lui reposait.

– Cher magnifique professeur bleu, puisque tu peux lire dans mon cœur, tu sais que j'aime sincèrement Dieu. Mike fixait l'ange droit dans les yeux en formulant sa réponse honnête.

– Qu'il en soit ainsi, dit l'entité en rentrant dans la petite maison bleue et en refermant solidement la porte derrière elle. Mike se sentit soudain débranché. *Est-ce qu'ils ne disent jamais au revoir ?* se demanda-t-il.

L'air était embaumé et agréable. Mike souleva ses bagages dans lesquels il avait glissé le pain de la maison bleue et prit une direction qui devait le mener à une autre maison où il recevrait des enseignements. Il passa en revue les événements amusants de sa visite à la Maison des cartes. *Incroyable, une carte qui t'indique seulement où tu te trouves à l'instant. À quoi ça sert ? Bien sûr que je sais où je me trouve ! Quel étrange endroit !*

Un éclat de rire carillonna des montagnes où Michaël Thomas de l'Intention pure clamait sa joie aux roches et aux arbres en poursuivant la route qui le menait *chez lui*. Son rire atteignait les oreilles couvertes de verrues d'une entité vert foncé tapie à quelque deux cents mètres derrière lui. Mike était loin de soupçonner que cette forme sombre avait attendu patiemment qu'il reprenne sa route pour le suivre pas à pas. La chose n'appartenait pas à ce royaume. Elle n'avait besoin ni de nourriture ni de sommeil. Elle n'éprouvait aucune joie mais elle était totalement déterminée à ce que Michaël Thomas n'atteigne jamais la dernière maison. Son but était clair et elle resserrait peu à peu la distance qui la séparait de Michaël Thomas de l'Intention pure.

CHAPITRE CINQ

La Deuxième Maison

Il ne fallut pas longtemps avant que Mike se rende compte de la transformation du paysage qui s'étalait devant lui. Il avait avancé sans effort depuis le début et n'avait jamais songé qu'il aurait à faire face à un choix quelconque. De plus, il avait la désagréable impression d'être épié.

Droit devant lui, la route laissait voir un embranchement. Mike devait choisir le chemin qui le mènerait à la prochaine maison. Il haussa les épaules et s'arrêta, perplexe.

Qu'est-ce qui se passe ? se dit-il. *Comment suis-je censé trouver ma route en ce pays de maisons et d'anges de couleur ?* Il n'attendait pas de réponse, la question s'adressant à son esprit, mais il restait troublé. C'est alors qu'il se souvint de la carte.

Il s'assit en bordure de la route. Il avait placé la carte dans le sac contenant le pain et se préparait à la sortir lorsqu'il fut presque asphyxié par l'odeur qui se dégageait du sac. *Qu'est-ce qui est mort là-dedans ?* dit-il à haute voix.

La puanteur infecte le faisait hésiter à essayer d'en trouver la cause. C'était hors de tout doute une odeur organique ; aussi, pensa-t-il que le pain en était responsable. Il avait raison.

Mike retira doucement la carte de son sac, la traitant précieusement et espérant que l'odeur n'avait pas atteint cet objet sacré bien apparemment inutile. Elle était encore d'une seule pièce mais on ne pouvait en dire autant du pain. Il vida le contenu de son sac par terre et grimaça à sa vue.

Sur le sol gisaient les restes pourris du *bagel* et des baguettes qui avaient l'air d'avoir passé un mois sous la pluie d'une forêt tropicale. Il n'en restait qu'une matière putride noire tachetée de moisissures, envahie d'un type d'insecte de cette terre étrange que Mike voyait pour la première fois et il y en avait des milliers ! Une véritable cité de larves grouillantes. Mike laissa tomber son sac avec dégoût et se leva d'un bond. *De la vraie charogne ! Comment est-ce possible ? D'autant plus que j'ai quitté la maison il y a à peine quelques heures. Même une viande n'aurait pas pourri si rapidement. Qu'est-ce qui se passe ?*

Se pinçant le nez, Mike se pencha pour y voir de plus près. La masse noire qui gisait sur le sol continuait à se détériorer devant ses yeux. Il vit les petites créatures grouillantes fourmiller en dévorant le reste de la répugnante matière en décomposition et se dévorer ensuite entre elles. Dégoûté par ce qu'il voyait, Mike détourna la tête de cette vision d'horreur lorsque quelque chose capta son attention derrière lui.

Il y a bien quelque chose là ! Il était certain d'avoir vu une forme verte et floue se dérober de son regard et se cacher dans les buissons. Il sentit des frissons lui parcourir l'échine et sut instinctivement qu'il était dangereux de rebrousser chemin pour aller voir de quoi il s'agissait. Il demeura donc sur place. *Une fourche devant lui ? Un animal ou une créature quelconque derrière ? Qu'est-ce qui se passe dans cette place sacrée ? Qu'est-il arrivé au pain ?*

Mike voulut jeter un dernier coup d'œil sur la masse nauséabonde qu'il avait jetée sur le sol et constata avec stupeur qu'il ne restait plus qu'un tas de poussière. Pas de vermine, pas de pain, aucune odeur. La matière avait repris sa forme initiale et avait même commencé à se disperser sous la brise.

Que signifiait tout cela ? Mike se rappela les consignes de l'ange à l'effet qu'il ne devait pas prendre de nourriture avec lui. Mais il n'avait pas cru que l'interdiction englobait une petite collation ! Les aliments si appétissants à l'intérieur des maisons ne résistaient peut-être pas au sentier ! Il regarda sa carte, inquiet, et la souleva soigneusement, craignant encore d'y trouver quelque vermine. Elle était sans tache, telle qu'il l'avait placée dans son sac. Il n'y comprenait rien. Elle était tout à côté du pain mais n'avait pas été touchée. Afin de vérifier autre chose, il prit son sac et s'en approcha avec précaution pour le sentir. Aucune trace ne restait de l'effroyable odeur qui lui avait transpercé les narines quelques instants plus tôt. Il ne savait pas vraiment ce qui s'était passé, mais il en tirait une excellente leçon : jamais plus il ne prendrait de nourriture des maisons qui longeaient le sentier.

Il y eut un autre mouvement derrière lui ! Il lui semblait que son cerveau lui envoyait des signaux d'alarme. Avance ! Il se sentit désespéré. Il eut l'idée de dérouler sa carte, espérant y trouver des indices sur la route à prendre. Mais il n'y lu que VOUS ÊTES ICI, le point rouge et rien d'autre. La fourche ne figurait pas sur la carte. Quel objet inutile !

– Sapristi ! s'écria-t-il.

C'était quelque peu déplacé, mais il avait besoin d'exprimer sa frustration.

– Toute une carte, vraiment, Bleu !

Encore une fois, il sentit un mouvement derrière. Cela se rapprochait-il ? Pourquoi ne pouvait-il rien voir ? C'était donc si rapide ? Qu'est-ce que ça pouvait bien être ? Son cerveau alarmé criait panique. Il se leva rapidement et poursuivit sa route, se retournant pour jeter un coup d'œil par-dessus son épaule à tous les deux pas. La forme floue ne se laissait pas voir lorsqu'il regardait derrière lui. Comment savait-elle que Mike allait vers l'avant ? Après chaque regard vers l'arrière, Mike pressait le pas, et la forme en faisait autant. Il franchit la courte distance qui le séparait de la fourche en un temps record. Il avait peur.

Une fois devant l'embranchement, Michaël haletait de fatigue et de peur. Il n'avait pas la moindre idée de la direction à suivre et son indécision l'angoissait. Immobile, envahi par la panique, il clama vers le ciel, désespéré :

– Bleu, quelle direction ?

Mike ne s'attendait pas vraiment à recevoir une réponse de l'ange de sorte que la voix douce qu'il entendit et qui semblait surgir de sa tête lui causa un choc.

– *Sers-toi de la carte, Michaël, vite.*

Mike n'était pas d'humeur à s'interroger sur le caractère étrange de l'ordre ni sur son illogisme puisqu'il avait consulté la carte quelques instants plus tôt. D'un geste devenu familier, il la déroula rapidement. Le point rouge et la mention VOUS ÊTES ICI se trouvaient toujours à la même place, au centre de la carte. Mais qu'est-ce donc ça ? Mike regarda de plus près, la sueur perlait sur son front.

Le point indiquait maintenant la fourche, à l'intersection où il se tenait ! La carte était donc *à jour* ! L'esprit de Mike ne se rappela pas l'humour de l'ange à cet égard. Il examina la carte de plus près. Une flèche y indiquait clairement de bifurquer vers la droite !

Sans hésiter et tout en enroulant sa carte, il prit cette route et grimpa une petite colline. Il continuait de regarder derrière lui de temps à autre, sentant et sachant qu'on le suivait. Le forme verte se glissait entre les roches et les buissons et maintenait le rythme accéléré de Mike. En atteignant le haut de la colline, Mike soupira d'aise : devant lui se dressait une autre maison ! Il voyait un répit droit devant. Jetant tout de même quelques coups d'œil derrière lui, il pressa le pas puis s'élança en courant sur le sentier menant au refuge où il trouverait nourriture et sécurité.

L'entité sombre et vile qui suivait Mike était furieuse ! Si seulement ce dernier avait hésité plus longuement, elle l'aurait rattrapé. Elle fulminait devant l'occasion ratée et grimpa à un arbre devant la maison de couleur orange dont Michaël Thomas venait de franchir le seuil. La forme répugnante se préparait à une longue attente mais elle était prête à tout.

***

De l'autre côté de la porte de la maison orange se trouvait un ange, comme prévu. Les premières paroles d'Orange, comme Mike décida de le nommer, eurent sur lui un effet renversant.

– Salut à toi, Michaël Thomas de l'Intention pure ! Nous t'attendions.

– Salut à toi ! Michaël essayait de cacher son soulagement et sa difficulté à reprendre son souffle. Sa voix avait tressailli. Il dut se retenir pour ne pas serrer dans ses bras l'imposante entité orange qui l'accueillait. Il était tellement heureux de se sentir de nouveau protégé.

– Par ici, lui dit son hôte orange, en se retournant pour le guider dans la MAISON DES PRÉSENTS ET DES OUTILS. Mike s'assura que la porte était bien fermée derrière lui et suivit l'ange, encore tremblant et à bout de souffle à la suite de ce qui venait de se passer. Il demeurait effrayé et des tas de questions lui venait à l'esprit à propos de cette terre de contrastes surprenants.

Comme les autres, cet ange était magnifique. Mike fut encore une fois impressionné par la haute stature de l'entité et par la bonté qu'elle dégageait. Il se sentit accueilli et aimé comme en présence des autres anges qu'il avait rencontrés. *Je suppose qu'ils sont tous faits de la même matière,* se prit-il à imaginer.

– En fait, nous faisons tous partie de la même famille, lui dit l'ange.

Mike éprouva de la honte à l'idée d'avoir déjà oublié le mécanisme de communication chez ces créatures.

– Je m'excuse, réussit-il à balbutier. Orange s'arrêta et se retourna. Il pencha la tête sur le côté, amusé. Mike affronta son regard.

– Tu t'excuses de m'avoir complimenté sur ma magnificence ! De te sentir aimé ? De te demander qui tu es ? L'ange sourit. Nous recevons beaucoup d'invités, Michaël Thomas. De tous ceux qui ont visité la deuxième maison, tu es celui qui a posé le moins de questions.

– La journée commence à peine, répondit Mike en soupirant. Il voulait interroger l'ange à propos de la peur et de la panique qu'il avait connues quelques instants plus tôt. Qu'est-ce qui le suivait ? L'ange savait qu'il poserait cette question.

– Je ne peux te dire ce que tu veux savoir, Michaël, lui dit l'ange.

– Ne peux ou ne veux ? demanda Mike respectueusement. Il savait qu'il jouait avec les mots et poursuivit : « Je sais que tu le sais. » Après une brève hésitation, Mike décida de poser ses questions à un rythme plus rapide.

– Pourquoi ne peux-tu pas me le dire ?

– Tu en sais plus long que moi là-dessus.

– Comment est-ce possible ?

– Les apparences sont parfois trompeuses, ici.

– Est-ce que ce sera encore là quand je repartirai ?

– Oui.

– Cela fait-il partie de ce monde ? Ça me semble déplacé dans ce décor spirituel.

– Cette chose a le même droit d'être ici que toi.

– Cela peut-il me causer du tort ?

– Oui.

– Puis-je me défendre ?

– Oui.

– M'aideras-tu ?

– C'est la raison pour laquelle je suis ici. L'ange ne broncha pas, et Mike cessa subitement son interrogatoire.

Par les réponses qu'il fournissait, Mike comprit que l'ange savait tout. Il se défendit un peu. *S'il sait tout, j'ai la possibilité d'en savoir aussi plus long. Je n'ai qu'à me montrer patient. Je suis certain que j'en apprendrai éventuellement davantage Ça semble être la façon dont les choses se déroulent ici.* Mike se rappela tout à coup combien il avait jugé la carte inutile une heure plus tôt et comment elle l'avait subitement sauvé au moment opportun.

– Dieu est toujours à jour, tu sais, dit l'ange en retenant son rire. Encore une fois, il suivait les pensées de Michaël Thomas. L'entité orange se retourna et guida Mike plus avant dans la maison.

– Je commence à m'habituer, dit Mike en marchant. On reçoit ce dont on a besoin au moment où on en a besoin.

– C'est à peu près ça, répondit l'ange. La fréquence du temps humain la plus faible est linéaire, mais pas le temps angélique. Décidément, cet ange était aussi un enseignant.

– Mais comment percevez-vous le temps ? Tout en poursuivant la conversation, Mike se retrouva dans un entrepôt. Eh oui ! Comme la première maison, celle-ci était gigantesque à l'intérieur.

Mike demeura bouche bée devant des douzaines de rangées de caisses empilées dans une pièce dont le plafond devait s'élever à quinze mètres.

– Nous n'avons ni passé ni futur, répondit l'ange. Votre notion du temps se conçoit selon une ligne droite tandis que la nôtre est comme une table tournante se déplaçant dans le sens des aiguilles d'une montre alors que le moteur ne tourne pas. Nous percevons constamment l'étendue de notre temps puisqu'il est toujours près de nous. Par conséquent, nous sommes sans cesse au présent. Notre mouvement tourne toujours autour d'un centre connu. Parce que votre temps est linéaire et que vous allez vers l'avant, vous ne faites jamais l'expérience complète du présent. Vous regardez derrière et voyez où vous étiez, et vous regardez devant et voyez où vous allez. Vous ne pouvez jamais expérimenter l'état d'être de votre existence mais vous expérimentez une existence d'action. Telle est l'expression de votre vibration inférieure, et cela est conforme à votre dimension.

– Ça explique alors le fonctionnement de votre carte, dit Mike en se rappelant que le point rouge et la mention VOUS ÊTES ICI se trouvaient au centre et que les événements de sa nouvelle existence se mouvaient à l'intérieure et à l'extérieur d'un point. *C'est tout à fait à l'opposé d'une carte humaine,* se dit-il.

– Tout à fait ! lui dit Orange en continuant de le guider. Dans votre notion du temps, la carte est stable. C'est l'humain qui se déplace. Vous percevez le temps et la réalité comme une constante, et l'humain comme la variable. Lorsque vous vous approchez de notre notion du temps et de notre vibration, vous devenez la constante, et la carte, ou la réalité devient la variable.

Mike devait réfléchir pour bien saisir ces notions. C'était à la fois confus et familier. Son expérience à l'embranchement qui menait à la maison orange lui avait montré la valeur de sa carte spirituelle, même si ce n'était pas ce à quoi il s'attendait. Il savait que la prochaine fois qu'il se retrouverait devant une alternative semblable, il ne s'inquiéterait pas avant de se trouver vraiment confronté à son choix et que la carte viendrait à son aide.

Tout comme Bleu l'avait fait, Orange guida Mike dans un

dédale de pièces toutes aussi bien décorées les unes que les autres avant de le mener à une pièce conçue pour le repos où il pourrait également se nourrir. La grandiose demeure contenait des caisses portant des noms au lieu de cavités en bois identifiées comme dans la Maison des cartes. Ici aussi les noms étaient en caractères arabes que Mike ne parvenait pas à lire, mais il devinait qu'il devait se trouver quelque part une caisse portant son nom.

– Voilà tes appartements, lui dit Orange. Nous commencerons demain. Tes repas seront servis dans la pièce de gauche, et tu peux te rafraîchir dans la pièce de droite. Sur ce, Orange referma la porte et se retira.

Mike regardait la porte fermée. *Tu as beau être un ange, tes manières laissent à désirer,* pensa-t-il en regrettant le manque de salutations. *Je suppose que je ne peux m'attendre à ce qu'ils comprennent tout à fait le comportement humain.*

Mike fit un repas somptueux. Encore une fois, il se régala de la délicieuse nourriture en s'émerveillant devant les ustensiles de bois sculpté. Il trouvait étrange de ne pas nettoyer après son repas mais la tâche lui répugnait toujours autant. Il savait que même s'il ne pouvait les voir, d'autres entités étaient affectées à ces travaux. Quelle étrange combinaison, se dit-il, que ce lieu angélique où des entités s'astreignent à nourrir les humains aux vibrations infé-rieures.

Mike s'interrogeait sur les systèmes d'égout lorsqu'une réalité le frappa soudain. Il n'avait pas utilisé de toilettes depuis des jours ! Il n'y avait pas de toilettes. Il se rendit compte qu'il n'avait aucun besoin du genre depuis qu'il avait franchi les portes d'entrée du chemin. En cet étrange pays, il se passait quelque chose dans sa physiologie. Il pouvait concevoir l'élimination de... l'élimination, mais c'était tout de même une idée étrange.

***

Le lendemain matin, Mike se sentit frais et dispos. Il déjeuna en solitaire de fruits et de pain et savoura chaque miette de ce succulent repas. Il constata que cette nourriture angélique était quelque peu différente de la précédente et se promit d'en parler à Orange.

– C'est une nourriture de notre espace temporel, dit l'entité par la porte entrebâillée. Bien sûr, il avait saisi les pensées de Mike et poursuivit : « Elle ne peut exister dans une vibration plus faible et contient des attributs spirituels interdimensionnels. Voilà pourquoi elle ne produit aucun déchet humain et ne se conserve pas. Elle n'a ni futur ni passé. Elle a été créée quelques instants avant que tu la dégustes et ne résistera pas à l'extérieur de la maison. »

– Oui, je m'en suis rendu compte, dit Mike, se rappelant le dégât sur la route qui avait failli lui occasionner de sérieux problèmes.

L'ange conduisit Mike vers une grande pièce circulaire bien éclairée. Plusieurs caisses avaient été ouvertes, et quelques bancs orange attendaient les visiteurs. Mike vit aussi ce qui lui sembla être un autel, de l'encens et quelques colis d'apparence étrange.

– Bienvenue à la Maison des présents et des outils, Michaël Thomas de l'Intention pure, lui dit l'ange en le regardant droit dans les yeux. Assieds-toi, car tu vas passer quelque temps ici.

Ce fut là le commencement d'une longue suite de séances d'enseignement qui seraient suivies d'une période encore plus longue de séances pratiques d'utilisation des présents et des outils d'un mode vibratoire nouveau. Lorsqu'il aura terminé, Mike aura passé plus de trois semaines dans la maison orange.

– Tu élèves lentement ta vibration, Michaël Thomas, lui répétait régulièrement Orange durant la formation. Nous t'offrons les présents nécessaires à l'accomplissement de cette transformation. Ils sont à toi, selon ton intention. Tu ne pourrais pénétrer dans la prochaine maison sans connaître le fonctionnement de chacun et tu ne pourras absolument pas rentrer *chez toi* sans être devenu habile à les manier.

Mike écoutait attentivement. Il savait qu'il se préparait au retour et se rappelait qu'on l'avait prévenu de la nécessité de cette formation. Orange déballait les présents sous le regard attentif de Mike. Certains semblaient taillés dans un cristal pur et, dans un mouvement d'intention et un geste cérémonial, ils étaient comme par magie incorporés au corps de Mike, s'ajoutant à son pouvoir spirituel. Orange lui expliquait entièrement chacun et lui accordait le temps de bien assimiler l'enseignement. Il lui demanda ensuite de réexpliquer l'usage de chaque présent reçu, ce qui n'était pas facile pour Michaël puisqu'il devait parler de concepts et avoir recours à des termes inconnus de lui jusqu'à présent.

Orange expliqua comment les humains arrivaient sur cette planète avec certains attributs acquis dans divers champs d'existence, dans des vies antérieures. Mike avait déjà entendu cette notion mais il n'avait jamais prévu l'entendre de la bouche même d'un ange ! Il avait peut-être pensé qu'un jour, un gourou des Indes aux cheveux longs lui en aurait fait part, mais un ange ? Les vies passées constituaient des étapes de l'humanité, lui dit Orange, et les directives d'une vie antérieure se transmettaient à la suivante sous forme de leçons à la naissance. C'est ce qu'on appelle le karma ou, selon certains, le souvenir ou l'expérience. Le karma favorise l'apprentissage humain et, dans une certaine mesure, aide la planète. C'est ainsi que se passaient les choses chez les humains, d'une vie à l'autre. Orange expliqua à Mike que s'il désirait passer à un autre niveau vibratoire, il devait se défaire de certains attributs du passé, dont les leçons karmiques transmises à sa naissance. Le chemin qui menait *chez lui* ne les endurait pas, pas plus qu'il ne supportait la nourriture qu'il avait essayé de conserver.

Mike se vit tout à coup sous la forme d'une masse de chair pourrie sur la route, comme quelqu'un qui n'avait pas écouté l'enseignement de son maître. Il redoubla d'attention pour ne pas se retrouver dans une situation semblable.

Orange perçut les pensées de Mike et en rit ouvertement, dans un merveilleux élan d'allégresse. Mike fut étonné de se sentir si près d'Orange. Quel maître magnifique ! Il était un compagnon merveilleux, même s'il ne savait dire ni bonjour ni au revoir ! Mike apprit à formuler des pensées créatrices d'énergie.

– C'est ainsi que tu assures la maîtrise de ta réalité, lui dit Orange. Utilise ta pensée spirituelle permanente et ta connaissance pour te projeter dans des situations que tu mérites et que tu as planifiées. Mike n'arrivait absolument pas à saisir la signification de tout ceci mais il suivit les instructions et réussit tous les tests. Il reçut le pouvoir spirituel de la cocréation et le don d'éliminer le karma de ses incarnations passées. Chaque don s'accompagnait d'une cérémonie et d'une verbalisation, et chacun passait du plan physique au plan spirituel au moment où il était absorbé par son corps sous la direction habile et minutieuse du grand ange orange. Mike avait l'impression de poursuivre des études menant à une forme de prêtrise. Chaque fois qu'il répétait un enseignement d'Orange, celui-ci regardait en direction de son cœur ! Orange devenait très intense, et à trois reprises, pendant que Mike énonçait des promesses et exprimait l'intention qu'un don particulier se répande en son centre spirituel, il eut l'impression qu'Orange lisait dans son âme. D'abord, il se sentit mal à l'aise, puis il se rendit compte que l'entité vérifiait l'intégrité des paroles qu'il pro-nonçait. Si Mike avait feint d'être sincère, Orange l'aurait immédiatement perçu et n'aurait pas permis que l'enseignement se poursuive.

Après deux semaines, tous les colis avaient été ouverts, expliqués et intégrés au soi spirituel de Mike, qui avait réussi toutes les épreuves. En fait, il avait trouvé une épreuve parti-culièrement difficile. Mike avait peur des espaces confinés. Il ne savait pas pourquoi mais, très jeune, il avait constaté que la panique s'emparait de lui s'il se trouvait dans un espace réduit. Un des présents d'Orange lui permit de surmonter cette phobie. Mike avait alors exprimé une intention et effectué la cérémonie appropriée. Orange lui expliqua que son sentiment de peur dans un espace confiné était un résidu karmique et que le fait de s'en débarrasser éliminait plusieurs autres expériences de vies anté-rieures qui accompagnaient Mike dans sa vie actuelle.

Quelques jours plus tard, une immense caisse fut ouverte durant la séance de formation. Plutôt que d'en sortir quelque chose, l'ange demanda à Mike de grimper dans la caisse ! Il en referma ensuite le couvercle, et Mike se retrouva dans la noirceur, recroquevillé à l'intérieur. Il entendit le bruit de chacun des clous qu'Orange enfonçait dans la caisse pour bien la refermer. Puis, plus rien que le silence et une noirceur totale.

Il entendait distinctement son souffle dans cet espace réduit, et sa position exiguë était loin d'être confortable. Il entendait même les battements de son cœur. Orange ne lui donna aucune explication ; ce n'était pas nécessaire. En réalité, Mike ne pouvait feindre cette autre épreuve.

Pendant environ dix secondes, les battements cardiaques de Mike s'accélérèrent au souvenir de sa peur. Et puis, au moment où son corps entier aurait dû se mettre à trembler de panique, la sensation de claustrophobie s'atténua entièrement et il se détendit. Dans un élan de joie, Mike constata que le don fonctionnait et que son corps avait d'abord réagi comme autrefois mais que son esprit avait mis fin à ce mouvement. La paix s'était installée ; Mike fredonna une chanson avant de s'assoupir. Ravi, Orange ouvrit la caisse et fit ressortir Mike une heure plus tard.

– Tu es remarquable, Michaël Thomas de l'Intention pure, lui dit l'imposante entité angélique au large sourire. Mike pouvait lire la fierté dans les yeux d'Orange. « Certains d'entre vous ne se rendent pas si loin. »

Pour la première fois, Mike réalisa vraiment qu'il n'était pas le seul qui avait demandé à entreprendre le chemin du retour. Le fait avait été mentionné à quelques reprises, mais il n'en avait pas saisi toute l'importance. Il y pensa souvent, le soir. Pendant ce temps, Orange poursuivait l'ouverture des présents et commençait à distribuer les plus imposants. C'est durant la troisième semaine de formation qu'il sortit la grosse caisse.

– Il y a trois outils dont tu auras besoin pour ton voyage, dit Orange en insistant bien sur chaque mot. Il se dirigea vers la caisse et l'ouvrit. Chaque fois que l'ange ouvrait une caisse, Mike s'assoyait sur le banc qu'on lui avait fourni et, rempli d'impatience, se demandait quel objet magique allait contribuer à augmenter sa conscience spirituelle, sa connaissance ou son pouvoir. Il n'avait absolument pas prévu la surprise qu'Orange lui réservait cette fois.

Orange tournait le dos à Mike, de sorte que ce dernier ne pouvait voir ce qu'il s'affairait à retirer de la caisse. Au moment où il se retourna afin de lui présenter le premier outil, Mike vit le reflet d'un métal argenté. NON ! Ce n'était pas possible : Orange tenait à la main une épée immense !

– Reçois l'épée de la vérité, déclara l'ange orange en présentant l'arme à Michaël Thomas. L'épée semblait immense dans la main de l'ange mais elle était gigantesque dans celle de Mike. De fait, elle était extrêmement lourde et encombrante. Mike n'en croyait pas ses yeux !

– C'est une véritable épée !

– Aussi réelle que les autres présents, à l'exception que tu devras la porter sur toi en chemin vers les quatre prochaines maisons.

Mike tenait l'épée dans ses mains et en admirait la beauté. Eh oui ! elle portait son nom, crut-il remarquer. Elle était gravée de dessins aux significations spirituelles. Sa poignée était grande et, pour la tenir, il fallait agripper une pierre d'un bleu cobalt éclatant. D'une beauté incomparable, l'épée arborait deux tranchants bien aiguisés.

– Essaie de la bouger, dit l'ange en reculant.

Michaël obéit et l'épée, transperça l'air ici et là pratiquement d'elle-même. Son pouvoir imprévisible fit tomber Michaël par terre ! Il se sentit stupide et gauche en se relevant avec l'intention de recommencer. Orange leva la main pour mettre fin à ce manège.

– Attends un peu, quelque chose pourrait peut-être t'aider. Il retourna à la caisse pour en ressortir autre chose, un autre objet aux reflets argentés. C'était un immense bouclier ! Mike secoua la tête, incrédule. Qu'est-ce que ça signifiait ? C'était plutôt étrange. Des armes en guise de présents spirituels ! Me prépare-t-on à jouer le rôle du roi Arthur dans une vie antérieure ?

– Les apparences sont parfois trompeuses, Michaël Thomas de l'Intention pure. Orange se tenait devant lui, le bouclier à la main et répondant à ses pensées confuses. « Essaie ceci. »

Orange enseigna à Mike à fixer le bouclier à son bras et lui donna quelques trucs quant à l'équilibre de l'épée et du bouclier de façon qu'il parvienne à bouger l'épée sans tomber à la renverse. Une excellente leçon !

– Michaël, le bouclier représente la connaissance de l'esprit. Associé à la vérité, l'équilibre est tout-puissant. La noirceur se dissipe par la connaissance. Aucun secret ne survit à la lumière, et la lumière jaillit lorsque la vérité est révélée par l'examen de la connaissance. Il n'existe pas de combinaison plus importante. Toutes doivent être utilisées conjointement.

– Quoi d'autre dans cette caisse, demanda Mike en plaisantant tout en trébuchant sous le poids de l'épée et du bouclier.

– C'est amusant que tu le demandes, dit l'ange en se dirigeant vers la caisse sous le regard incrédule de Mike. L'ange se pencha pour en ressortir un objet encore plus grand que les autres et aux mêmes reflets d'argent.

– Reçois l'armure, s'exclama-t-il d'un ton espiègle. Il était sur le point d'éclater de rire devant le regard médusé de Mike.

– Je n'y comprends rien, dit Mike en s'assoyant sur le banc. Comment vais-je pouvoir transporter tout ça ?

– Il te faudra apprendre. Laisse-moi te montrer.

Orange prit l'épée et le bouclier. Il aida Mike à revêtir la lourde armure chargée d'ornements. C'était comme une veste qui recouvrait son torse. Elle lui allait comme un gant ! Il ajusta les agrafes, et Orange revêtit Mike d'un fourreau servant à engainer l'épée de la vérité. Ensuite, il lui enseigna comment attacher le bouclier sur son dos pour voyager. Lorsque tout fut prêt, l'ange recula.

– Michaël Thomas de l'Intention pure, tu es maintenant en possession de la triade d'outils qui te permettra de passer à une autre vibration. Tu as l'épée de la vérité, le bouclier de la connaissance et l'armure de l'esprit. L'armure porte le nom de « manteau de Dieu ». Elle symbolise la sagesse nécessaire à l'utilisation juste des deux autres outils. Demain, tu commenceras ta formation à titre de Guerrier de la Lumière. La triade t'accorde un grand pouvoir. N'utilise jamais ces outils séparément.

Orange dégagea Mike de ses armes pour le conduire à sa chambre, là où il pourrait se rafraîchir, manger et se reposer. Mike demeura un long moment allongé sur son lit, réfléchissant aux contradictions flagrantes qu'il percevait sur cette terre unique. Il s'endormit, la tête pleine d'idées opposées.

Le lendemain matin, Mike se retrouva de nouveau dans la

salle de formation. C'est seulement au cours des jours suivants qu'Orange entreprit de lui apprendre le maniement habile des armes qu'il lui avait remises. Il fallait d'abord lui enseigner l'équilibre. L'ange lui fit monter et descendre les escaliers en courant, vêtu de son armure et encombré de son épée et de son bouclier. Il lui apprit à tomber et à se relever rapidement, se servant du bouclier comme contrepoids. Malgré tous ces exercices, Mike remarqua que les outils ne se salissaient et ne s'ébréchaient jamais.

Paré de ses armes et de son armure, il courut, marcha, tournoya, mais ne combattit jamais. Il acquérait lentement le sens de l'équilibre. Avec le temps, un phénomène étrange se produisit. Un soir, alors qu'il enlevait son armure, Michaël ne ressentit pas l'impression de s'être libéré d'une lourde charge. Il se sentit petit, sans défense et beaucoup trop léger !

Plusieurs jours s'écoulèrent avant qu'Orange n'entreprenne la formation au combat avec l'épée de la vérité. Mike s'attendait à ce l'entité se transforme en véritable samouraï dans le but de lui enseigner à combattre. Mais la formation fut tout à fait différente.

– Tu es maintenant prêt à apprendre à utiliser ton épée, Michaël Thomas. Sors-là de son étui.

D'un mouvement qui aurait animé la fierté de tout chevalier, Mike dégaina facilement sa longue épée gigantesque devant le regard approbateur de l'ange.

– Maintenant, lève-la vers Dieu. Michaël obéit. « Avant d'exprimer ta vérité, Michaël Thomas, ressens ton épée. »

Mike n'avait pas la moindre idée du sens des paroles de l'ange. Ressentir l'épée ? Il la tenait entre ses mains ; comment pouvait-il ne pas la ressentir ?

– Michaël Thomas de l'Intention pure, tiens ton épée bien haut et exprime ta vérité. Est-ce que tu aimes Dieu ?

Michaël commençait à saisir le sens de ces mots. La même question, encore une fois. Seulement, cette fois, il tenait une lourde arme spirituelle pointée vers les cieux, et on attendait presque un discours de sa part. Michaël répéta sa réponse habituelle.

– Oui Orange, comme tu peux le lire dans mon cœur... Mike ne pouvait croire ce qui se produisait. L'épée commençait à vibrer.

Elle chantait presque en même temps qu'elle répandait une chaleur intense le long de son bras et dans sa poitrine. Le bouclier murmurait doucement en guise de réponse, Mike en était sûr. Et la chaleur de l'armure augmentait ! Les outils qu'il avait appris à transporter avec aise s'animaient soudain par son intention. Il se sentait envahi d'un sentiment de puissance dégagé par les éléments qu'il portait et maniait. Il se rappela qu'il devait parler : « J'aime Dieu, très certainement. »

Mike tenait l'épée au bout de son bras et sentait sa vibration accompagner la sincérité de son intention. Il s'anima de puissance. Il se sentait illuminé et capable de rester immobile une autre heure encore, tenant la lourde épée frémissante à bout de bras, énonçant son intention de rentrer *chez lui.* Il sentait les trois éléments vibrer sur un *fa* faisant écho à son cœur. Des larmes coulèrent sur son visage lorsqu'il comprit le sens de la cérémonie qui se déroulait. Les éléments acceptaient sa biologie. Ils s'intégraient à son esprit, et son intention sincère catalysait la cérémonie ! Voilà qui expliquait la présence de l'épée, du bouclier et de l'armure. Ils étaient des symboles. Quoi d'autres ? Cette explication satisfaisait Michaël Thomas, et il se sentait transplanté à un autre niveau d'engagement et de conscience.

Orange et Michaël Thomas se communiquèrent des sentiments d'amour ce jour-là. Mike savait que le moment du départ approchait. Orange ne lui avait jamais appris à combattre et Mike sut que c'était parce que les armes servaient seulement de symboles. Mike interrogea Orange sur le retour et sur le chemin à suivre. Il ne cessait de manifester son étonnement devant la présence d'armes terrestres sur cette terre sacrée et spirituelle. Orange évitait adroitement toutes les questions, sauf celles dont Mike pouvait obtenir la réponse, et encore là, il demeurait vague.

– Orange, tu aurais fait un politicien habile sur la terre, plaisanta Mike.

– Qu'ai-je fait pour mériter une telle insulte, plaisanta Orange à son tour.

– Je me sens vraiment lié à toi. Mike était ému. Il ne voulait pas quitter ce grand maître angélique.

– N'en dis pas plus, Michaël Thomas de l'Intention pure. Je vais te communiquer un secret du royaume des anges. Il se pencha pour mieux le regarder dans les yeux et poursuivit : « Toi et moi appartenons à la même famille. Nous ne disons pas au revoir parce que nous ne nous quittons jamais. Je suis toujours avec toi et à ta disposition. Tu verras. Maintenant, il est temps de te retirer. »

Mike était étonné de la nature directe de ce message d'Orange. La même famille ? Comment était-ce possible ? Puis Mike se sentit ridicule, se rappelant qu'à son arrivée Orange avait sans doute entendu sa plainte à l'effet que les anges ne saluaient jamais. Quelle réponse ! Toute une révélation en effet ! Ils ne me quittent jamais ?

Pour la première fois depuis son arrivée dans la maison orange, Mike se rappela son hésitation lorsqu'il s'était trouvé à l'embranchement de la route et le fait que Bleu lui avait en quelque sorte suggéré d'utiliser sa carte. Il avait véritablement entendu la voix de l'ange dans sa tête.

– Tu connais Bleu ? se risqua-t-il à demander à Orange.

– Aussi bien que moi-même, répondit celui-ci.

Sans répondre, Mike se retira dans la pièce qu'il avait appris à apprécier, là où il mangeait et dormait. Bien qu'il n'ait pas été question de son départ, il entreprit d'emballer ses effets dans ses sacs qu'il avait presque oubliés, se préparant à quitter au matin. Il jeta un coup d'œil sur ses photos et ses livres, soupirant devant ses précieuses possessions et au souvenir de ses expériences terrestres. Jusqu'à un certain point, les photos et les livres semblaient de trop.

C'est un Michaël Thomas songeur qui se présenta à la porte, près au départ, après le petit déjeuner du lendemain. Orange l'avait silencieusement accompagné dans cette direction. Cette fois, Michaël était plus lourdement chargé : le sac contenant la carte, les nouveaux outils résonnant au rythme de ses mouvements et les deux sacs de livres et de photos.

– Michaël, es-tu certain de vouloir prendre tous ces bagages avec toi. Il serait mieux que tu ne les aies pas, lui dit Orange.

– Ils représentent toutes mes possessions terrestres, répondit Mike. J'en ai besoin.

– Pourquoi ?

Mike réfléchit à la question, mais sans pouvoir se résoudre à abandonner ces objets.

– En souvenir et en l'honneur de ma vie antérieure, dit-il.

– Pour te relier aux anciennes façons de faire, Michaël ?

Mike était irrité par toutes ces questions. L'ange poursuivit.

– Pourquoi ne me laisses-tu pas tes sacs ? Je t'aime et je vais te les conserver précieusement au cas où tu reviendrais par ici.

– Non ! Mike ne voulait plus en entendre parler. C'était à lui, et il les garderait le plus longtemps possible. Il avait besoin d'objets de son ancienne vie pour lui rappeler comment il était alors.

L'ange acquiesça. Mike arrivait toujours à ses fins. Il savait que tous les anges avaient respecté ses choix et n'avaient jamais contesté ses décisions.

Ce matin-là, Michaël Thomas ne dit pas au revoir à Orange. Debout sur le palier devant l'ange avec qui il venait de passer plusieurs semaines, il se rappela l'explication d'Orange à propos des adieux.

– À bientôt, dit-il donc, n'y croyant pas vraiment.

Orange rentra en refermant la porte derrière lui. *Je me demande comment ils font ça. Les seuls « adieux » consistent à fermer les portes !* se dit Mike.

Mike s'aventura sur le sentier, dans une nouvelle direction. Il parvenait difficilement à garder son équilibre, surchargé par tout ce qu'il portait. L'ajout de l'épée, du bouclier et de l'armure aux livres et aux photos qu'il transportait déjà l'alourdissait à un point presque insupportable. Il regrettait d'avoir à trimbaler ces lourds symboles du Nouvel Âge. *Quel marché stupide !* se dit-il, agacé. *Je dois avoir l'air ridicule. Ces armes sont-elles vraiment nécessaires ? Je ne les utiliserai jamais en combat. Je ne saurais même pas m'y prendre. Orange ne me l'a jamais appris. Ils ne servent que d'apparat et d'objets de cérémonie. Cela n'aurait-il pas suffi d'en connaître l'existence ?*

Tout préoccupé qu'il était à maintenir son équilibre entre ses bagages nouveaux et anciens, il avait oublié les difficultés éprouvées sur le sentier menant à la maison orange. Il ne se rappelait plus que quelque chose l'attendait. Pendant qu'il cheminait bru-yamment, traînant ses sacs et équilibrant ses armes, une forme sinistre d'un vert foncé l'épiait entre les arbres. La chose examinait Mike avec un nouvel intérêt. Ce n'était plus l'ancien Mike. Il était devenu un être plein de pouvoirs et armé ! Ce ne serait pas facile. Il faudrait songer à une nouvelle stratégie, à une tactique qui con-fondrait Michaël Thomas à une puissance et à une rigueur encore plus fortes. Le temps ferait la différence, mais d'ici là, la masse sombre le suivrait à distance, attendant l'occasion de frapper. Elle entreprit sa filature, de façon à ne pas être vue, suivant Michaël Thomas dans son périple. Elle avait confiance que cet être humain ne se rendrait jamais *chez lui.*

CHAPITRE SIX

La Grande Tempête

Mike avançait depuis deux heures à peine lorsqu'il constata que le vent se levait et que le ciel s'assombrissait. *Exactement ce dont j'avais besoin*, se dit-il, *une tempête au paradis !*

Depuis une heure environ, il cheminait péniblement, accablé par sa charge, et devait s'arrêter de plus en plus souvent pour se reposer. Non seulement sa charge était-elle très lourde mais elle était encombrante. Mike en était irrité au plus haut point, et voilà qu'à son inconfort venait s'ajouter une tempête. Il devait rapidement trouver un abri pour se protéger de la pluie. Il ne voulait pas abîmer ses bagages et craignait que son armure ne soit attaquée par la rouille.

Il s'arrêta encore et regarda derrière lui une première fois. Elle était là ! La forme verte se précipita derrière un amas de roches. Cette fois, Mike l'avait aperçue. Elle était évidente et énorme ! Son corps fatigué fut envahi d'appréhension en constatant que la forme ne l'avait pas abandonné depuis qu'il s'était arrêté à la dernière maison. Il se rappela qu'Orange lui avait indiqué le danger et le mal qui le guettaient. Tout en se reposant, il ne cessait de surveiller la route derrière lui. Il se devait de rester alerte, sans savoir encore jusqu'à quel point.

Le vent s'éleva, rendant sa progression encore plus pénible. Un voyageur moins encombré n'aurait pas eu la moindre difficulté à se déplacer dans ces conditions, mais le bouclier avait presque l'effet d'une voile dans son dos. S'il n'avait pas transporté tant de bagages, Mike n'aurait eu qu'à le garder en équilibre comme il l'avait appris et se serait déplacé sans doute plus vite, se servant du bouclier pour assurer sa stabilité dans le vent. Mais, avec tous ses sacs, il n'y arrivait pas. Mike comprit qu'il devait se mettre rapidement à l'abri jusqu'à ce que le temps se calme et redevienne tel qu'il l'avait connu depuis son départ.

Michaël n'avait jamais rien vu de semblable. La température changea remarquablement dans un très court laps de temps. Toujours sur le qui-vive à cause de son poursuivant, il découvrit avec horreur que la chose se rapprochait de lui malgré le vent et la pluie battante. Elle était rapide. *Comment pouvait-elle se déplacer si vite par un tel vent ?*

De plus en plus inclémente, la température poussa Mike à prendre des mesures appropriées. Les choses se gâtaient à vive allure. Il continua d'avancer, légèrement courbé, espérant ainsi offrir moins de résistance au vent. Finalement, il dut s'arrêter et s'allonger au sol, tout mouvement vers l'avant étant devenu absolument impossible.

La tempête devenait de plus en plus forte et mugissait sous le vent, dont la violence croissait. Là où l'armure ne le protégeait pas, la pluie l'attaquait comme des aiguilles violemment plantées dans la chair. Mike se sentait en danger. Il regarda prestement derrière lui, mais la vision était en grande partie obstruée par la pluie battante et le brouillard. Il pouvait tout de même voir la silhouette vert foncé, maintenant droite comme un fil et dont les yeux rouges flamboyaient. Elle commença à avancer, nullement retardée par la tempête. *Comment était-ce possible ?* Mike était terrifié.

La voix de Bleu, claire, s'adressa à Mike.

– SERS-TOI DE LA CARTE ! *Quelle clarté !* se dit Mike. *Il est vraiment avec moi.* La furie de la tempête égalait maintenant tout ce qu'il avait jamais connu au Minnesota. Il aurait aussi bien pu se trouver au coeur d'une tornade. Étendu sur le sol, il déployait d'immenses efforts pour éviter d'être balayé par la force incroyable de la tempête. Plus il pouvait s'aplatir, mieux c'était. Le bourdonnement des éléments déchaînés était devenu assourdissant ! La peur de Mike aurait pu le déstabiliser et le faire basculer dans la terreur mais, d'une façon manifeste, la situation présentait un certain sens. Si seulement, il pouvait sortir sa carte !

Malheureusement, Mike ne parvenait pas à extraire sa carte de son sac, trop préoccupé par sa survie. La férocité des éléments attaquait son être le plus profond. D'une main, il s'agrippait littéralement aux plantes, à même le sol, tandis qu'il tenait sa précieuse cargaison de livres et de photos de l'autre main. Le sac contenant la carte était suspendu à son cou et tout froissé – en sécurité, mais tout à fait inaccessible. Michaël sentit soudain son corps soulevé par la force violente du vent et le bouclier sur son dos qui la décuplait. Telle une brute, la tempête féroce l'attisait et l'incitait à l'action. Mike s'enfonça encore plus dans le sol et, par la force de sa volonté, enfonça ses orteils dans la boue, s'agrippant encore plus solidement d'une main à une racine tenace.

Le temps était devenu très sombre. Les amas de nuages qui s'étaient accumulés dans le ciel étaient suspendus juste au-dessus de l'endroit où Mike gisait, et sa vue s'en trouvait limitée. Il pouvait à peine ouvrir les yeux puisqu'il devait les protéger du vent et de la pluie mais, de toute façon, il n'y avait rien à voir. Il arrivait à peine à percevoir le sol sous lui. Où la silhouette sombre se trouvait-elle ? Venait-elle vers lui ? Devait-il bouger ou serait-il emporté par la tempête ? Tout comme l'alarme d'un exercice d'incendie, chacune des cellules de son corps vibrait à un point qu'il n'avait jamais connu auparavant. De peur ? Non ! Sa volonté de survivre et de combattre la situation dominait tout. Il était déterminé à trouver une façon de s'emparer de sa carte.

La voix d'Orange se fit entendre en lui comme un immense soulagement. *Comment peut-on entendre un son si doux dans un tel vacarme ?* se demanda-t-il.

– *Michaël Thomas, abandonne tes bagages !*

Mike savait qu'il devait le faire, sinon la mort l'attendait. Sous son armure, ses vêtements étaient entièrement trempés, et il commençait à grelotter. Par-dessus le hurlement du vent déchaîné, il entendit et sentit un lourd bruit de chute. Qu'était-ce donc ? Le sol en vibrait. Cette chose se rapprochait-elle ? Il devait suivre le conseil d'Orange. Mike savait qu'elle se rapprochait vraiment.

Un à un, Michaël se débarrassa méthodiquement des sacs

renfermant les précieux souvenirs qu'il avait emballés si minutieusement. Ce furent d'abord les livres qui volèrent. Avec deux doigts, il dégagea la courroie du premier sac. Le vent l'emporta tel un véritable déchiqueteur. Le mouvement brusque poussa Mike à regarder ses doigts, croyant qu'ils avaient été fracturés. Il entendait le bruit des coutures du sac qui se fendaient et le déchirement de centaines de pages de souvenirs qui s'éparpillaient à quelques centimètres de lui. C'était le son le plus horrible qu'il lui fut donné d'entendre : ses livres si chers à son cœur. Sans s'attarder, il dégagea l'autre sac de la même façon. Ce fut encore pire. La tempête avait pris l'aspect d'un combattant acharné et lui arracha le sac des mains, le clouant encore davantage au sol. Il se prit même à se demander si la chose sombre ne l'avait pas finalement rattrapé et n'avait pas entrepris de le déchiqueter. La force de la tempête s'acharnait contre lui telle une armée de soldats faisant les cent pas sur son dos !

À l'encontre des livres, les photos disparurent sans un bruit. Subitement, elles n'étaient plus là, ce qui mit Mike en colère. Ses racines mêmes, les souvenirs précieux de ses parents disparus, étaient disséminées par une tempête ingrate qui, d'autre part, persistait à s'acharner contre lui.

Il aurait pu croire que l'enfer se déchaînait autour de lui. Il essaya de se soulever légèrement afin de glisser sa main libre sous lui dans l'espoir d'atteindre la carte. Il faillit lâcher prise alors qu'encore une fois la force du vent prenant dans son bouclier le souleva légèrement. Mais il avait réussi à saisir sa carte. En se servant de son pouce et de son index, il parvint à la dérouler et à repérer le point rouge. Instinctivement, il remonta le parchemin sur sa poitrine, ramenant du même coup un peu de terre humide et de saleté collées au métal dur de son armure. Il était en équilibre précaire : il pressait son corps fortement sur le sol boueux tout en ramenant vers le torse la main qui tenait la carte. Il frôla sa main sur un petit caillou en essayant de remonter la carte au niveau de ses yeux. Il se demandait bien comment il allait parvenir à la lire. Il faisait tellement noir qu'il n'y voyait rien ! Et même s'il réussissait, le parchemin serait sans doute détrempé. L'autre main qui s'agrippait toujours à cette racine commençait à lâcher prise sous le bombardement de la pluie et du vent. Le bras de Mike s'engourdissait, et il avait du mal à maintenir sa position.

***

La tempête ne l'affectait aucunement. En tant que visiteur aux vibrations inférieures dans un milieu supérieur, la misérable créature n'était pas atteinte par le vent, la pluie et le déchaînement de la tempête qui s'abattait autour d'elle. Debout, Elle poursuivait lentement son chemin au centre du sentier vers Michaël Thomas qui, menacé et rampant, arrivait à peine à résister aux mêmes éléments.

L'entité négative n'était pas déséquilibrée par l'incroyable force du vent mugissant. Rien ne semblait toucher la sombre silhouette, sinon peut-être le manque de visibilité. En approchant de Mike, au rythme dégagé d'un marcheur dans un parc, elle commença à croire que le sort lui était favorable aujourd'hui. Mais il fallait compter avec la noirceur et, bientôt, elle ne pourrait mieux voir que sa proie. Elle était tout de même déterminée à achever le travail entrepris par la tempête et se préparait à éparpiller le corps de Mike en mille miettes sur cette terre de conte de fées insensée et tellement détestée.

L'intuition de Mike ne l'avait pas trompé. Cette chose approchait. La noirceur avait envahi l'espace, comme si les entités de l'endroit avaient demandé que ses yeux soient bandés. La masse sombre avançait instinctivement et semblait savoir où Mike se trouvait. Elle attaqua avec force et détermination, mais rata son but et déchira le sol tout près de Mike. Celui-ci l'avait entendu, mais avait aussi entendu quelque chose d'autre : le bruit des pages de livres qu'il avait laissé aller. L'horrible forme se retourna rapidement vers ce nouveau bruit. Maintenant, elle savait où Mike était et s'en trouvait ravie !

Elle se rapprocha puis, dans la noirceur de la grande tempête en colère contre laquelle il ne pouvait rien, elle repéra Michaël Thomas qui gisait, une main sous lui et l'autre agrippée à cette racine entêtée. Si elle avait pu sourire, elle l'aurait fait avec plaisir à l'instant.

Elle s'abattit sur le dos de Michaël Thomas avec la force de douze hommes musclés. Aussitôt, ce fut comme si un million de dards lui perçaient la carcasse verruqueuse. Dans un éclair aveuglant de pure lumière blanche et argent, l'entité négative fut repoussée par une force terrible, comme expulsée de la bouche d'un canon. Elle suivit une longue trajectoire avant d'atterrir sans façons à son point de départ ou presque. Extérieurement, elle dégageait une fumée qui semblait avoir été produite par un contact avec un élément extrêmement chaud. Elle essayait de saisir ce qui s'était passé. À tout le moins sidérée, l'horrible forme était pour l'instant affaiblie par la force qui l'avait projetée avec tant de puissance.

Le bouclier de Michaël Thomas était fermement attaché à son dos et couvrait la majeure partie de son corps. L'objet qu'il croyait destructeur, son bouclier, était soudain devenu son protecteur. Il avait fait son travail sans directives de la part de Mike. Il faisait partie de lui. La rencontre de la sombre créature aux vibrations inférieures et de la haute vibration du bouclier avait immédiatement causé une puissante réaction physique. Le bouclier de la connaissance avait repoussé l'attaque d'une force opposée à la sienne.

***

Michaël Thomas avait réussi à remonter la carte jusqu'à sa gorge. Il regarda vers le bas, espérant y voir malgré cette noirceur intense. Soudain, la lumière fut ! Il sembla à Mike qu'une poussée de vent particulièrement violente l'avait assailli, mais elle s'accompagnait d'un miracle : une lumière si brillante qu'il importait peu que ses yeux soient complètement fermés pour se protéger du vent et de la pluie. La lumière fut tellement intense qu'elle éclaira tout autour de lui et suffisamment longtemps pour qu'il puisse voir clairement par ses yeux à demi fermés. La section de la carte qu'il avait déroulée avec précaution pendant que la tempête faisait rage se trouvait là, devant lui ! Fouillant vivement la carte, ses yeux y décelèrent le VOUS ÊTES ICI. Mike ne tenait pas compte de l'odeur de fumée et d'ozone qui se dégageait autour de lui. La carte lui indiquait la voie. En fait, au prochain détour se trouvait une grotte. À quelques mètres à l'est, il serait en sécurité !

En y repensant, Michaël Thomas se dit que Dieu lui avait envoyé un éclair au moment opportun. Il ne comprit pas que seule la force négative déterminée à le détruire avait été responsable de ce miracle d'illumination au moment nécessaire. Sans le savoir, Michaël Thomas de l'Intention pure venait d'expérimenter sa première cocréation. Orange lui avait appris à utiliser le présent qui l'aiderait « à l'endroit approprié et au moment opportun » mais il n'avait pas pensé que ce moment était déjà venu.

Par un geste de force et de courage, Mike réussit à ramper à pas de tortue d'une racine à l'autre, d'une pierre à l'autre, utilisant ses orteils plantés fermement dans le sol pour se maintenir et changer de direction. Il lui fallut vingt minutes pour se rendre, toujours aplati sur le sol humide et luttant contre la force de la tempête. Tant d'efforts pour franchir seulement quelques mètres ! Mais il fallait le faire. Malgré la noirceur presque totale, il trouva l'entrée de la petite grotte qui le protégerait d'une mort certaine. À chaque mouvement pénible qu'il parvenait à effectuer, il remerciait Dieu que la sombre entité ne l'ait pas rattrapé. Lorsqu'il se glissa enfin dans l'entrée, la tempête s'intensifia, et il fut ébahi par le bruit assourdissant autour de lui. *Cette terre magique n'est pas à l'abri des difficultés,* se dit-il.

La grotte respirait la tranquillité, mais Mike était plutôt en mauvais état. Sa main, égratignée par la pierre, saignait. Ses vêtements étaient couverts de boue et de saleté, mais il faisait trop froid dans ce lieu pour les enlever. Il se leva lentement pour mieux évaluer sa position.

On aurait pu croire que Michaël Thomas serait envahi de reconnaissance à l'idée d'avoir pu échapper à la tempête et au mystérieux ennemi qui l'avait presque vaincu. En réalité, il était furieux ! Il ne tremblait pas de froid, mais de rage. Il avait été dépouillé de ses précieux biens. Il savait qui avait la maîtrise des éléments et il cria sa fureur à qui voulait l'entendre.

– Vous m'avez eu ! Il se dirigea vers l'entrée de ce refuge et hurla devant le vent mugissant. « M'entendez-vous ? » Son visage se tordait de colère. Son indignation devant le fait d'avoir été tenu d'abandonner ses biens si chers dominait toute sa pensée. Il avait été la victime de ceux qui régnaient sur cette prétendue terre sacrée.

– Je vois comment ça fonctionne maintenant, continua-t-il en hurlant toujours. Si je n'accepte pas les suggestions des anges, ils FONT CE QU'ILS VEULENT DE MOI ! Mike tremblait de froid et de rage, debout à l'entrée de la grotte. Il ressentit la peine reliée à la perte des photos laissant voir ses parents. Il se mit à pleurer à chaudes larmes, tordu de douleur, jusqu'au bout de sa peine. Il se sentit violé et dépouillé.

Mike ressentit soudain une chaleur derrière lui et put voir le vacillement subtil d'une flamme discrète sur les murs de la grotte. Il se retourna, et une douce voix s'adressa à lui.

– Je t'ai donné de bons conseils, Michaël Thomas de l'Intention pure.

Orange se tenait au fond de la grotte. Devant lui brûlait un petit feu invitant Michaël Thomas à partager sa chaleur. Calmé, Mike s'approcha lentement du feu devant lequel il s'assit, tête penchée et songeur. Puis, les larmes inondant toujours ses yeux, il se résolut enfin à regarder Orange et à l'interroger.

– Était-ce vraiment nécessaire ?

– Non. C'est bien évident.

– Pourquoi m'avez-vous enlevé mes choses ?

– Nous sommes sur une terre de libre choix, Michaël Thomas. En dépit de ce que tu penses, l'être humain en est le point central et il est honoré plus que toute autre créature qui s'y trouve.

– Libre choix ! Si je n'avais pas laissé aller mes sacs, je serais mort !

– Exactement. Tu avais choisi de ne pas abandonner tes sacs au moment où tu en avais l'occasion. Si tu avais suivi mon conseil, tu en aurais appris beaucoup plus. Les sacs auraient été en sécurité. Tu ne peux avoir une vision d'ensemble de cet endroit. C'est la raison pour laquelle nous sommes ici et ce pour quoi ces présents et ces outils t'ont été remis.

– Je ne comprends toujours pas. Pourquoi ne pouvais-je pas garder quelques-unes des choses que j'aime ? Ça n'aurait fait de mal à personne. C'était tellement important pour moi !

– Elles ne servaient pas les fins de ton voyage, dit Orange en s'assoyant sur une pierre près du feu. Les choses que tu transportais représentaient la partie terrestre en toi. Elles constituaient ton ancien soi et te gardaient en un point incompatible avec la nouvelle vibration que tu découvres et que tu acceptes. Tout en toi se transforme, et nous savons que tu le sens.

– Tu aurais pu simplement me le dire. Je me serais épargné plusieurs ennuis. Mike regardait sa main blessée et ses vêtements souillés.

– Tu as rejeté une occasion, Michaël Thomas. Et tu devais apprendre ta leçon. Mike admettait la sagesse des paroles d'Orange.

– Si je n'avais pas laissé aller mes choses, que ce serait-il passé ?

– Tu ne pouvais poursuivre ta route en transportant des objets empreints d'une ancienne énergie. Le vent t'aurait replacé dans un centre de ta conscience d'avant. Tu t'en serais éventuellement tiré, mais tu aurais perdu tout ce que tu avais appris et acquis sur cette voie sacrée. Ç'aurait été la mort du nouveau Michaël Thomas, et tu aurais quitté cette place. Orange fit une pause pour mieux marquer ce qu'il venait de dire et poursuivit :

– C'est là un point important, Michaël Thomas de l'Intention pure. Tu ne peux pas embrasser ton ancienne énergie, même dans ce que tu estimes de plus précieux, et progresser vers la nouvelle. Elles ne sont pas compatibles. Tu es en train de passer dans une nouvelle dimension, et la physique de l'ancienne ne correspond pas à la physique de la nouvelle. Permets-moi de t'interroger : une partie de toi aime-t-elle toujours ses parents et s'en souvient-elle malgré que tu aies laissé filer les souvenirs que tu en gardais ? Ton sentiment a-t-il disparu dans la tempête ?

– Je l'ai toujours, répondit Mike, sachant très bien où ce

dialogue allait le mener.

    – Alors, où est la perte ? demanda Orange.

    Mike ne parlait pas. Il était conscient de l'enseignement qu'il recevait. Orange poursuivit, comme un père transmettant une sagesse toute simple à son enfant curieux.

    – Les souvenirs des êtres que tu as aimés se situent dans l'énergie de ton expérience de vie et non dans les objets. Lorsque tu désires te rappeler d'eux, fais-le en utilisant la conscience d'amour et les présents du nouveau Michaël Thomas. Tu constateras alors que tes perceptions sont différentes de ce que tu croyais par le passé. Tu gagnes une nouvelle sagesse à propos de tes parents et de toi-même. Les nouveaux outils et les présents vont en fait clarifier tes souvenirs. Les événements du passé ne font que t'entraîner vers une époque où tu étais incapable de saisir la vision d'ensemble des choses.

    Mike ne comprenait toujours pas ce langage et ce discours spirituel. Orange percevait ses pensées et ajouta :

    – Lorsque tu auras visité les sept maisons, tu comprendras tout.

    Mike ne saisit qu'en partie les paroles d'Orange, mais il lui semblait que les choses s'éclaircissaient un peu. Tout comme il n'avait pu conserver la nourriture, il réalisait qu'il ne pouvait rien conserver ayant appartenu au Mike d'autrefois. Il pleurait cette perte et se sentait encore trahi par ses amis les anges qui n'avaient pas été plus précis. Toutefois, il se rendait compte de la métamorphose qu'on exigeait de lui et constatait qu'on lui avait déjà adressé deux suggestions sur la route. Bleu lui avait recommandé de ne prendre aucune nourriture avec lui et Orange, de laisser ses sacs derrière. Chaque fois, il n'en avait pas tenu compte et avait dû en subir les conséquences désagréables.

    Michaël se promit d'écouter dorénavant les conseils des anges. Il se trouvait en une terre étrange aux multiples facettes et, alors qu'il détenait les données biologiques, les anges possédaient la connaissance spirituelle. Son voyage deviendrait beaucoup plus facile s'il écoutait sans rien supposer. Même s'il ne comprenait pas tout leur langage et plusieurs de leurs concepts, il devait faire confiance à leur vision d'une terre qu'ils connaissaient tout en accomplissant lui-même le périple qui le mènerait à son but.

– Orange, pourquoi y a-t-il des tempêtes ici ?

– Michaël Thomas de l'Intention pure, je vais encore te donner une réponse que tu ne comprendras pas, mais qui est vraie. Orange se dirigea vers l'entrée de la grotte avant de se retourner et d'ajouter : « Lorsqu'il n'y a pas d'humains ici, il n'y a pas de tempêtes. » Mike n'avait pas la moindre idée de ce pour quoi ce devait être ainsi et se préparait à interroger Orange sur la sombre silhouette qui le poursuivait, lorsqu'il se rendit compte... que l'ange était parti !

– Au revoir mon ami orangé, dit Mike à l'espace vide où se trouvait l'esprit d'Orange quelques instants auparavant. Pour la première fois, il reçut une réponse à son adieu. Dans son esprit, il entendit clairement la voix apaisante, sage et aimante d'Orange.

– *Quand tu comprendras pourquoi nous ne disons pas au revoir, tu sauras que tu fais partie de notre dimension.* Encore des paroles compliquées, mais tout de même rassurantes, songea Mike.

Il se rapprocha du feu en quelque sorte fourni par Orange pour se chauffer et sécher ses vêtements, qu'il enleva avant de les déposer sur une pierre près de la flamme. Il constata que l'armure et le bouclier n'avaient subi aucun dommage et les plaça avec précaution près de ses vêtements. Il s'assoupit doucement, ne sachant plus si c'était le jour ou la nuit, et dormit plusieurs heures durant. La tempête persista, mais elle avait totalement disparu lorsque Mike se réveilla.

Michaël jeta un coup d'œil à l'extérieur et observa le crépuscule du soir. Il avait sommeillé tout l'après-midi pendant que la tempête prenait fin et se sentait maintenant plein d'énergie. Lentement, et en y mettant un grand soin, il rassembla ses outils de combat, les enfila comme on le lui avait appris, mit le sac contenant sa carte sur son épaule et sortit. Tout était si paisible ! Il regarda derrière lui et ne sentit aucun danger ni ne vit d'ombre courant se cacher derrière un buisson ou une pierre. Il était en pleine forme !

Même s'il faisait presque noir, Mike savait que la prochaine maison serait là sous peu. Il avait raison. Il descendit bientôt une pente et la vit, dans le haut d'une colline. Il se sentait si léger ! Il avait les deux mains libres et, dépourvu de ses sacs, il n'avait pas à subir le bruit clinquant de ses habits de combat. Il oubliait presque qu'il en était vêtu. Il avançait d'un pas agile. Michaël Thomas avait accepté la perte de ses effets comme appropriée à son voyage et avait laissé cette expérience derrière lui. Il essaya de revoir les photos de ses parents dans son esprit et fut récompensé par un souvenir intégral. Il ressentait de l'amour et les mêmes émotions qui surgissaient lorsqu'il regardait ces photos. Orange avait raison. Ce qui lui appartenait vraiment était dans son esprit. C'était là tout ce dont il avait besoin.

***

Plusieurs mètres derrière lui, une silhouette sombre et révoltée se remettait d'une expérience pénible. Chaque fois que la forme verte bougeait, une douleur cuisante lui rappelait la brûlure subie, une blessure qui ne guérirait jamais. Elle se sentait perplexe, mais était toujours déterminée à barrer la route à Michaël Thomas. Tout comme si la vie même était en jeu. L'horrible forme savait que même, si elle devait se sacrifier au combat, il y aurait bientôt un instant où Michaël Thomas fixerait ses yeux rouges et flamboyants, sentirait son haleine chaude et connaîtrait la véritable peur avant même de pouvoir faire un autre pas en direction de *chez lui*.

CHAPITRE SEPT

La Troisième Maison

Mike s'arrêta sur le sentier avant de pénétrer dans la troisième maison. Un écriteau planté dans le gazon annonçait la MAISON DE LA BIOLOGIE. La maison et la pancarte arboraient une seule et même teinte, comme cela avait été le cas pour les maisons précédentes. Celle-ci était d'un vert irlandais resplendissant qui se mariait parfaitement aux arbres et aux parterres luxuriants du voisinage, adouci par la lumière diffuse de la brunante. Mike savait qu'il allait rencontrer un autre ange avec qui il se lierait certainement d'amitié. Il passa en revue ce qu'il avait traversé jusqu'à maintenant et conclut que les deux premières maisons avaient été des lieux où on l'avait aidé à préparer son voyage. Ce qui l'attendait maintenant devait être plus substantiel et formateur. *Après tout ce qui m'est arrivé jusqu'à présent,* pensa-t-il, *ça devrait maintenant devenir plus facile.*

Au moment où il approchait de la maison, un ange vert énorme se présenta sur le palier et, à l'approche du voyageur, formula la salutation d'usage.

– Salut à toi, Michaël Thomas de l'Intention pure ! L'ange, que Mike appellerait Vert, bien sûr, était particulièrement vigoureux et joyeux. Tous les anges lui avaient paru animés, mais Vert affichait comme une sorte de sourire permanent. Il regarda Mike de la tête aux pieds.

– Belle épée !

– Salut à toi Vert, répondit Mike sans se soucier du commentaire de l'ange. *Je suis prêt à parier qu'il a dit ça seulement pour me faire oublier que je dois transporter un objet si saugrenu dans ma quête spirituelle*, pensa Mike.

– Non, répliqua l'ange, qui avait lu les pensées de Michaël.
Les épées ne sont pas toutes aussi grandioses que la tienne. Je le
sais. J'en vois régulièrement.

– Quelle est la différence ?

– Nous t'avons donné un nom approprié, Michaël. Ton
intention est vraiment pure et ton coeur résonne encore de ta quête.
Tes outils reflètent par conséquent ce que ceux de mon groupe
peuvent percevoir. Si tu veux bien te donner la peine d'entrer.
Mike suivit Vert dans la maison, poursuivant la conversation.

– Suis-je pour cela différent, spécial, meilleur ?

– Ça te donne un potentiel immense, Michaël ! Rappelle-toi
qu'en tant qu'être humain, tu as la possibilité de choisir. Nous ne
notons pas les humains et ne les divisons pas en catégories. Nous
voyons chacun d'entre vous en fonction d'un degré de potentiel
d'énergie.

– Potentiel pour quoi ?

– Pour changer !

– Pour quelle raison ?

Vert s'arrêta pour faire face à Mike. Ils venaient de traverser
une série de petites pièces vertes et se trouvaient maintenant dans
l'entrée de ce qui semblait être l'appartement temporaire de Mike.
Dans un langage doux et empreint d'une incroyable patience et de
respect à l'égard de l'être humain qui se tenait devant lui, l'ange
lui dit :

– Pourquoi es-tu ici, Michaël Thomas ?

– Pour retourner *chez moi*, déclara rapidement et honnêtement
Mike.

– Et que dois-tu faire pour ça ? L'entité lui offrait l'occasion
de définir sa situation actuelle.

– Franchir la route des sept maisons.

– Et ? Vert voulait qu'il lui en dise davantage.

– Devenir un être aux dimensions différentes. Mike répétait
gauchement les paroles d'Orange. Vert laissa voir un large sourire
et dit :

– Un jour, Michaël de l'Intention pure, tu comprendras

certains des concepts que tu énonces maintenant. Orange te l'a-t-il dit ? Mike savait que son jeu avait été découvert.

– Oui, il l'a fait. Je ne comprends pas encore tout.

– Je sais, dit le grand Vert d'un ton moqueur. Pour en revenir à la question, comment te prépares-tu à rentrer *chez toi* ?

– Je change ! déclara Mike d'un ton triomphant.

– Pourquoi ? questionna Vert. Ils avaient fait le tour de la question, et Mike devait exprimer son opinion.

– Je ne peux y arriver sans changer ? risqua Mike.

– Voilà ! Le chemin du retour présente diverses voies, mon ami. D'abord, il faut l'intention ; ensuite, la préparation. Ces étapes sont toujours suivies de la découverte de soi et de la réalisation selon laquelle les transformations à subir sont nécessaires pour atteindre un but. Mais, tu sens déjà tout ça. Une autre étape consiste à examiner le fonctionnement des choses pour s'adapter à la vision d'ensemble. L'ouverture de la porte qui permet d'entrer *chez soi* est l'équivalent d'une remise de diplôme. Il n'y a rien de comparable.

C'était la première fois qu'un ange parlait du but et de l'étape finale. Mike en était tout agité.

– À quoi dois-je m'attendre ? C'est ce qui l'intéressait le plus: l'étape finale, ce qu'il trouverait en rentrant *chez lui*.

– Quand tu l'as demandé, tu l'as défini, répondit Vert.

– Quand ?

– Quand tu as demandé à faire ce voyage, au début.

Mike se rappela tout à coup la conversation avec le grand ange sans visage, où tout avait démarré, lorsqu'il lui avait demandé de décrire le but.

– Tu es au courant ? demanda Mike, surpris.

Nous faisons tous partie de la même famille, Michaël. Vert se glissa dans la pièce où Mike devait loger. Voilà qui doit te sembler familier, n'est-ce pas ?

Mike jeta un coup d'œil autour de lui. La pièce ressemblait aux autres chambres qu'il avait occupées. Elle invitait au repos et au sommeil. L'odeur du repas qui l'attendait dans la pièce attenante chatouillait ses narines.

– Nous avons prévu des vêtements de rechange pour toi cette fois-ci, dit l'ange en indiquant le placard.

Mike se rendit soudain compte qu'il devait offrir une image terrible, le sang et la boue ayant séché sur ses vêtements déchirés. La violente tempête qu'il avait essuyée avait laissé des traces. Il se tourna vers le placard. Des vêtements de voyage à sa taille et un confortable peignoir vert s'offraient. Il se tourna pour demander à Vert comment on avait su sa taille, mais celui-ci avait disparu. Mike sourit et dit à haute voix, sachant que Vert l'entendrait :

– Bonne nuit, mon ami angélique vert. À demain !

Michaël mangea et dormit profondément jusqu'à cinq heures du matin, mais il fit un cauchemar. Il revit l'horrible créature sombre qui se rapprochait de lui durant la tempête. Il ressentit à nouveau la menace d'une fin qui pesait sur lui et il en fut terrifié. Il se réveilla brusquement, en sueur. Vert était là, au pied de son lit !

– Tu es prêt ?

– Vous ne dormez donc jamais ?

– Bien sûr que non !

– Le jour n'est même pas encore levé. Mike ressentait l'épuisement relié au manque de sommeil et au rêve terrifiant.

– Il faudra que tu t'habitues à la Maison de la biologie, Michaël Thomas. Vert souriait sans bouger. Je serai ici tous les matins à 5 h 30 pour le début de ton enseignement. Avant que nous ayons terminé, tu sauras tout des étapes du sommeil, de l'énergie biologique et des mauvais rêves.

– Tu connais mes rêves ? demanda Mike.

– Michaël, tu ne comprends pas encore notre relation avec toi. Nous savons tout de toi et nous honorons hautement ton fonctionnement. Vert recula légèrement et fit signe à Mike de se préparer à le suivre. Mike se sentait plutôt mal à l'aise.

– Vert, je suis complètement nu.

– C'est ainsi que tu commenceras la leçon, Michaël. Ne sois pas timide. Enfile le peignoir vert qui est dans le placard.

Mike obéit et passa dans l'autre pièce pour prendre son petit déjeuner. Vert ne le quittait pas d'une semelle. Il s'assit près de lui et le regarda manger sans prononcer une seule parole. C'était la première fois qu'une entité angélique l'observait de si près. Il y avait quelque chose de différent.

Après le repas, Vert conduisit Mike dans une pièce particulière. Les autres maisons étaient énormes et leurs pièces, immenses, avec des plafonds très élevés. Celle-ci, par contre, offrait de petites pièces et presque tout l'enseignement se fit dans une seule d'entre elles. Vert commença sur-le-champ.

— Michaël Thomas de l'Intention pure, montre-moi ton illumination.

— Je ne comprends pas, dit Mike.

— Où est ton intention pure ? Où est ton amour ? Où est la partie de toi qui connaît Dieu ? Résolu, Vert poursuivit : « Allez, montre-moi la partie de ta biologie qui possède ces attributs.»

Mike n'avait pas à réfléchir longuement à la question. Il comprenait que l'ange vert voulait qu'il lui montre où se situaient ces valeurs dans son corps humain.

— Il y en a ici, dit-il en pointant son front, d'autres là, en plaçant la paume de sa main sur sa poitrine. C'est là que je ressens ce que tu me demandes.

— Faux ! dit Vert d'une voix assourdissante qui étonna Mike. Tu veux essayer encore ?

Michaël pointa lentement diverses parties de son corps, demandant chaque fois à Vert si c'était ici ou là. Vert répondait inlassablement par la négative.

— Je n'en sais rien alors, finit par avouer Mike, presque exaspéré, après avoir pratiquement fait le tour de toutes les parties de son corps. Où est-ce ?

— Je vais te raconter une blague. Ensuite, tu pourras essayer de nouveau.

Mike trouvait la situation très amusante. Il était là, en compagnie d'un ange, sur une terre d'un genre qu'il n'avait pas connu dans sa vie précédente, et voilà que l'entité s'apprêtait à lui raconter une blague ! Qui l'eut cru ? Quel endroit étonnant !

— Il était une fois un homme qui se sentait illuminé, dit Vert en s'amusant vraiment à l'idée de raconter son histoire. Sentant qu'il avait atteint un degré d'illumination lui permettant de poursuivre sa route, il décida de prendre un taxi. Vert s'arrêta, en souriant. Mike aurait dû réagir devant l'utilisation du mot taxi par un ange. Mais il n'accorda pas ce plaisir à Vert et n'exprima aucunement l'envie de rire qui le tenaillait. Il grimaça tout de même un peu. Et Vert poursuivit son histoire.

– Ayant trouvé le taxi qu'il cherchait, l'homme glissa sa tête par la fenêtre entrouverte et dit au chauffeur : « Je suis prêt, allons-y ! » Le chauffeur obéit et partit aussitôt à vive allure dans la direction indiquée, n'emportant que la tête de l'homme dans la voiture ! Le visage impassible, Mike pencha la tête sur le côté en ayant l'air de dire : « Et après ? » Vert conclut son histoire :

– Béni soit celui qui installe tout son corps dans le taxi avant de dire qu'il est prêt à partir ! Vert était fier de son histoire, malgré le manque de réaction de Mike, et savoura le silence qui suivit.

– Quel affreux blagueur tu fais ! s'exclama Michaël en retenant à peine son envie de s'esclaffer. Alors, ta blague signifie quoi au juste ?

– Michaël Thomas de l'Intention pure, chaque cellule de ton corps enferme une conscience qui connaît Dieu. Chaque cellule dispose d'un potentiel d'illumination, d'amour et de changement vibratoire. Laisse-moi te montrer. Au même instant, Vert posa un geste qui consterna Mike. Il s'approcha sans crier gare et, à la vitesse de l'éclair, lui écrasa l'orteil avec son pied !

– Hé ! protesta Mike devant cette violation de confiance. Qu'est-ce qui te prend ? Son orteil brûlait et il tenta de le masser pour atténuer la douleur tout en sautillant sur le plancher. « Ça fait mal ! » hurla Mike à l'intention de Vert. Son orteil vira au rouge puis au noir. « C'est atroce. Je crois qu'il est fracturé. »

– Qu'est-ce qui est douloureux, Michaël ? demanda Vert, comme si de rien n'était en regardant Mike s'agiter dans la pièce et grimacer de douleur.

– Mon orteil, espèce de sadique ! Mike ne savait plus ce qu'il disait ; il était en colère. Mais sa colère n'atteignait pas Vert qui se rapprocha.

– N'approche pas ! lui lança Mike en se protégeant de ses

mains. Je n'ai plus envie de massage angélique ni de thérapie de l'âme. Reste où tu es !

– Qu'est-ce qui te fait mal ? demanda Vert encore une fois. Ce n'est pas ton orteil.

– Ah non ? rétorqua Mike, s'installant sur le plancher en position de lotus, soufflant sur son pied et parvenant à peine à garder son équilibre. « Alors, dis-moi ce qui fait mal, ô sainte verdure ! » La « verdure » demeura indifférente au sarcasme de Mike.

– NOUS avons mal, dit l'ange. Chaque cellule de notre corps ressent ton inconfort actuel. Dis-le Michaël : « NOUS AVONS MAL. » Mike obéit.

– NOUS avons mal, réussit-il à prononcer sans trop d'enthousiasme.

– Accordes-tu la permission d'une guérison ? demanda Vert.

– Oui, répondit Mike, se montrant tout à coup intéressé.

– Exprime ta permission.

– Je te donne la permission de guérir mon orteil, dit Mike.

– FAUX ! énonça Vert d'une voix forte. Mike n'avait pas besoin d'une carte pour comprendre qu'il avait mal répondu. Il essaya encore.

– Je te donne la permission de guérir.... euh... je veux dire NOUS.

Vert n'était toujours pas satisfait de la réponse et le lui dit.

– Michaël, donne la permission à l'événement, pas à MOI. Mike réfléchit avant de reformuler sa phrase.

– J'autorise la guérison. NOUS avons mal et NOUS allons tous en bénéficier.

– Voilà ! dit Vert d'un ton réjoui et en frappant des mains. Tu as réussi, Michaël Thomas de l'Intention pure ! Tu as guéri ton orteil !

L'orteil de Mike cessa sur-le-champ de le faire souffrir. La rougeur prit une teinte toute rosée, et son corps entier se sentit soulagé. Vert s'approcha de lui et cette fois-ci, Mike ne lui demanda pas de garder ses distances.

– Michaël, sais-tu ce qui vient de se produire ? demanda Vert d'une voix douce et gentille.

– Je pense que oui, mais j'ai besoin que tu le précises. Mike avait été affaibli par cette leçon ; la douleur l'avait épuisé. Vert poursuivit.

– Jamais plus, je ne te ferai souffrir, mon cher ami. Je te le promets. À partir de maintenant, ton apprentissage ne se fera pas par la douleur. Ce que tu viens d'apprendre est ceci : la douleur d'une partie affecte l'ensemble. C'était une expérience collective. Tu te sens fatigué n'est-ce pas ? Si l'expérience avait seulement mis ton orteil en cause, pourquoi donc est-ce que ton comportement entier a-t-il été atteint ? Pourquoi étais-tu en colère ? Est-ce ton orteil qui m'a crié après ? Non. C'est ton corps tout entier. Ton orteil expérimentait la douleur, mais ton être entier y a participé. L'orteil était la source du problème, mais je te jure que toutes tes cellules étaient au courant ! Le même phénomène existe, qu'il soit question de joie, de plaisir, de passion ou de vérité. Chaque cellule ressent tout et est consciente de l'ensemble de la situation. Vert fit une pause pour bien marquer le reste de ses paroles : « Il en va de même de l'illumination spirituelle et de la quête divine. »

– Bon, alors, où se situe exactement mon illumination ? Mike souhaitait une réponse claire, sans blague ni blessure à l'orteil.

– Elle est répartie également dans chaque cellule de ton corps, Michaël Thomas. Chaque cellule est consciente du tout. Chaque cellule connaît tout de l'autre. Chacune prend part à la vibration de l'être humain dans sa totalité. Vert fit une autre pause et se retourna pour faire face à Mike. « Pendant ton séjour ici, tu apprendras les caractéristiques de l'élévation vibratoire. Avant que nous commencions, tu dois te percevoir comme un groupe de cellules qui savent tout, et non comme un ensemble de parties détachées. »

– Je pense que je peux y arriver, dit Mike avec une intention ardente.

– Moi aussi ! Vert montrait un sourire éclatant. Il se leva : « Es-tu prêt ? » Encore marqué par l'incident de l'orteil, Mike eut un mouvement involontaire vers son pied, mais répondit :

– Tout à fait.

Les heures suivantes s'écoulèrent dans l'apprentissage de l'anatomie humaine et de la santé. Ce n'était pas une formation médicale, mais plutôt une série de conseils pratiques sur le mode de vie et la santé. L'information transmise semblait inépuisable. Vert lui parla d'alimentation, de façons d'acquérir de l'énergie, du rôle et du moment propice pour pratiquer certains exercices et, surtout, de reconnaître le moment idéal de s'y adonner. Tout au long de l'enseignement, Vert s'assurait que Mike saisissait bien le NOUS de son être. Mike commençait à penser qu'on ne lui permettait plus d'avoir des parties, et Vert approuvait.

Michaël dormit très profondément cette nuit-là, sans cauchemars. Le lendemain matin, Vert était déjà là, au pied de son lit, et resta près de lui pendant le petit déjeuner. Il en profita pour lui donner des explications sur la nourriture qu'il avalait. Il ne semblait pas se préoccuper de ce que Mike choisissait, lui expliquant tout ce qui se trouvait sur la table pendant que Mike se régalait en essayant de retenir tout ce qu'on lui apprenait.

Dans les jours qui suivirent, Mike entreprit un programme d'exercices. Certains jours, Vert lui ordonnait de revêtir son armure pour ne pas qu'il en oublie la sensation. C'était les jours que Mike préférait. Il comprit que son épée, son bouclier et son armure lui avaient manqué lorsqu'il s'en revêtit de nouveau.

Vert enseigna à Mike l'équilibre naturel du corps, le rôle de la nourriture, des plantes, des herbes. Mike s'émerveillait devant le travail ordonné des cellules, comme si elles savaient quelque chose qu'il ignorait. C'était étonnant ! Vert lui expliqua qu'il existait une polarité magnétique subtile pour chaque organe et chaque cellule. Les cellules étaient « au courant » et travaillaient à réaliser un équilibre parfait. Lorsqu'elles étaient en équilibre, les cellules pouvaient se régénérer et Mike comprit de quelle façon le corps parvenait à se renouveler constamment. Un jour, il posa à Vert une question plutôt amusante :

– Mes cellules, je veux dire NOUS, sont très habiles à équilibrer la biologie. Comment se fait-il que moi, je sois ignorant du processus ? Puis-je améliorer la situation ? Mon esprit n'a pas la connaissance que les cellules possèdent. Quel est mon rôle en tant que Mike ?

– Question très intéressante, Michaël Thomas de *l'Intention pure !* Vert avait insisté sur intention pure et Mike savait où il voulait en venir. Vert poursuivit : « Ton corps a seulement besoin que tu lui fournisses ce qu'il lui faut, que tu l'entoures de sagesse et que tu t'en occupes, et il fera le reste. Jusqu'à maintenant, tu as appris à lui procurer du confort, à bien le nourrir et à lui assurer de l'exercice. Ton système n'a pas besoin d'autre chose. Mais il est temps que tu comprennes le rôle de ton esprit. Car il y a quelque chose que tu dois fournir à ton corps qu'il ne pourrait acquérir sans toi. Sais-tu de quoi il s'agit ?

Mike croyait le savoir.

– Oui, je sais. Mike se sentait en forme comme il ne l'avait jamais été. Sa nudité ne le gênait pas, encore moins en présence de Vert, qui lui fit part des changements qu'il avait remarqués chez lui. Le comportement de Vert se rapprochait à la fois de celui d'un père et d'un entraîneur de champion mondial. « Il est temps que je fasse un choix », lâcha Mike. Vert faillit exploser de joie.

– C'est la première fois qu'un humain fait cette prise de conscience si vite.

Mike comprit qu'il avait enfin énoncé quelque chose de bien, et la réaction de Vert l'enchantait. La présence angélique se rua dans la pièce, démontrant pour la première fois sa capacité de défier la gravité et de changer de forme. Mike aurait pu être effrayé, mais le spectacle ne s'adressait qu'à lui. Vert retrouva son calme et se planta devant Mike. Il avait retrouvé son apparence habituelle, mais son regard demeurait complètement ébahi. Le visage orné d'un large sourire, il dit :

– Michaël Thomas de l'Intention pure, que choisis-tu ?

– Je choisis d'utiliser les nouveaux présents de l'Esprit et d'élever ma vibration. Encore une fois, Mike était conscient de s'être exprimé correctement. Vert recula de quelques pas, comme pour permettre à la sagesse croissante de Mike de mieux se répandre. Vert était de toute évidence impressionné.

– Qu'il en soit ainsi à partir de maintenant, Michaël Thomas, s'exclama Vert. Tu as bien compris. Tes cellules sont incapables d'utiliser l'aspect de Dieu que tu portes en toi et qui a le pouvoir de choisir de s'illuminer. Seul ton esprit peut faire ce choix et, malgré cela, chaque cellule saura que tu as accordé ta permission. Quand ton orteil te faisait souffrir, ton esprit le savait. Alors, quand tu demanderas une vibration plus élevée, ton orteil le saura. Le NOUS en toi est en fête à l'instant même, Michaël. Toutes tes cellules savent quelle intention tu as exprimée. Tu dois aller te reposer maintenant.

La journée avait été merveilleuse, et la compréhension spirituelle de Mike s'intensifiait. Il avait accompli quelque chose hors de l'ordinaire. En le conduisant à sa chambre, Vert lui expliqua qu'il avait exprimé l'intention d'une poursuite sacrée, la première demande d'une longue série à venir. Chaque fois qu'il devrait s'élever à un autre niveau, sa biologie devrait être équilibrée et il devrait en accorder la permission. La fierté que Vert ressentait à l'égard de Mike le poussait à le traiter avec un respect plus profond encore. Lorsqu'ils arrivèrent à la porte de la chambre, Vert demanda à Mike de le regarder en face.

– Michaël Thomas de l'Intention pure, j'ai l'habitude de me retirer maintenant et de revenir le lendemain matin. Tu connais l'horaire. Je suis ici pour te dire que je t'aime tendrement. Les attributs du changement de vibration comportent des conséquences avec lesquelles tu dois te familiariser. Je t'ai assuré que je ne te blesserais pas, et je tiendrai ma promesse. Tout ce qui se déroulera dorénavant suivra le rythme de ton choix. Toute blessure que tu ressentiras dépendra de toi. Plus rien ne sera désormais semblable. Ce soir, tu t'endormiras en tant qu'humain que tu connais mais, au réveil, tu seras différent et tu auras toutes les caractéristiques de ta nouvelle vibration.

Vert fixa longuement Mike, et ce dernier se sentit honoré par tant d'attention. Il savait que l'instant était différent et il eut envie de demander des précisions à Vert. *Qu'est-ce qui est différent ? Le saurai-je demain ? Qu'apprendrai-je demain ? Dis-le moi maintenant !*

Mais il n'en fit rien, et Vert prétendit ne pas *entendre*. Il recula lentement pour sortir de la chambre, ce qu'il ne faisait pas habituellement. Quelque chose se transformait, et Mike ressentait une certaine menace. Il s'adressa aux murs.

– Je suppose que je dois m'attendre à une transition frappante avant d'arriver *chez moi*. Peut-être même vais-je devenir un ange avant d'y arriver ! Et si je prenais aussi une couleur particulière ! Le simple d'imaginer tout cela le faisait presque rire et il s'attendait à une riposte de la part d'un ange mais il n'entendit que le silence. Un changement s'opérait déjà à l'intérieur de lui. Il sentit une vibration au creux de l'estomac et frissonna. Il savait qu'il était temps de se mettre au lit.

Il dormit mal et souhaita se retrouver vite à 5 h 30, car Vert lui manquait. Il ne se sentait pas en sécurité. Chaque fois qu'il s'endormait, le même rêve lui venait à l'esprit. L'horrible forme se présentait devant lui, le fixant intensément et, chaque fois, l'attrapait et le détruisait. Il perdait tous ses membres, se réveillait en sueur et angoissé, entendait ses propres cris, qui cessaient subitement, et puis, c'était le silence total. Il se rendormait pour recommencer le même rêve de nouveau. Combien de fois pouvait-il être tué ? Cinq ou six ? C'était interminable. Sa mort se répétait inlassablement avec à l'occasion, de légères variantes. Le rêve se clarifiait peu à peu. Finalement, n'en pouvant plus, il se mit à pleurer. Le manège se poursuivit, et il constata qu'il déversait son âme entière sur l'oreiller. Il ne se rappelait pas avoir été autant désespéré de toute sa vie. Même la mort de ses parents ne l'avait pas si ébranlé. Il pleura à chaudes larmes, se mit à gémir ; il avait perdu toute maîtrise de lui-même.

Il pleura sur lui-même et sur ses parents. Il pleura son amour perdu et les occasions qu'il avait ratées. Il sentait que l'entité négative l'avait tué, et il pleura finalement sa propre mort. Il se tordait de désespoir. Son corps se convulsait dans des sensations de douleur qu'il analysait et combattait.

Michaël finit par s'assoupir d'épuisement pendant quelques heures avant le petit matin. Quelque chose n'allait pas. Le soleil était déjà levé. *Où était Vert ? Pourquoi l'avait-on laissé dormir ?* Mike se leva et ressentit une douleur au ventre après sa nuit si agitée par les pleurs. Il devait se tenir les côtes.

– Oh ! Que NOUS souffrons ! s'entendit-il dire à son corps.

Il se dirigea vers la pièce où ses repas lui étaient

habituellement servis. On n'y avait pas laissé de nourriture. Il revêtit son peignoir vert et partit à la recherche de Vert. Il constata que les pièces qu'il connaissait bien semblaient tourner au brun et se demanda si ce n'était pas l'effet de la lumière. Il avait d'ailleurs l'impression qu'elle faiblissait. *Où est Vert ? Qu'est-ce qui se passe ?*

– Vert, où es-tu ? Il n'obtint pas de réponse.

Mike fit le tour de la maison, mais ne trouva l'ange nulle part. Puis, fatigué et affamé, il s'installa dans la pièce où Vert lui avait donné son enseignement. Perplexe, il sentit une sorte de noirceur l'envahir, ce qu'il n'avait pas expérimenté depuis le début de son voyage. Mais ce sentiment lui était familier ; c'était la dépression qu'il avait connue pendant si longtemps à Los Angeles.

– Qu'est-ce qui se passe ? se demanda-t-il à haute voix. Seul un silence l'entourait. « Où sont-ils passés ? Bleu ? Orange ? Vert ? Hé ! J'ai besoin de vous ! » Silence. Il constatait que la dépression l'envahissait toujours. Il ne fallut pas longtemps avant qu'il se retrouve dans un état où plus rien ni personne ne l'intéressait. Mais il refusa la situation.

– Bon, d'accord. Si vous ne voulez pas m'aider, j'emprunterai la voie difficile. Ne sachant pas trop ce qu'il entendait exactement par là, Mike ne cherchait qu'à produire une réaction quelconque. Il retourna à sa chambre et, en ouvrant le placard, se rappela la carte. Peut-être lui donnerait-elle quelque indication. Elle l'avait toujours fait lorsque ça ne tournait pas rond sur cette étrange terre spirituelle. Il retrouva le parchemin et s'empressa de le dérouler. Il ne s'attendait absolument pas à ce qu'il vit. Tout à fait sceptique, il déposa la carte, se remit au lit vêtu de son peignoir et s'abrita sous les couvertures. Il était une heure. Quelle importance. Mike fixait intensément les murs.

Sur le parchemin, là où se trouvait habituellement le VOUS ÊTES ICI, il n'avait trouvé que le néant, rien, aucun signe. La carte ne fonctionnait plus. Elle était dépourvue de sa magie.

La forme verte avait-elle réussi à se glisser dans la maison et à le tuer au cours de la nuit ? Avait-il rêvé ou connu la réalité dans son sommeil ? La sombre silhouette avait-elle aussi tué les anges ?

Comment était-ce possible ? Michaël se battait contre la dépression et les ténèbres. Il essayait de comprendre et fouillait son esprit pour se rappeler le moindre petit élément transmis par Vert pouvant expliquer ce qui se passait. Dans le brouillard de sa conscience, Mike se rappela les propos de Vert : « Toute la souffrance que tu connaîtras dorénavant sera créée par toi. Rien ne sera plus pareil désormais. Je t'aime tendrement. » Était-ce là des paroles d'adieux ? Mike se rappela cette phrase prononcée par le grand ange blanc au début : « Les apparences sont parfois trompeuses... » Il devait s'accrocher. Mike croyait en Dieu, et tout ceci n'était qu'un jeu, qu'un test !

Mike fit la seule chose qui lui semblait sensée. Il se leva et revêtit son armure. Elle n'était plus aussi confortable. Elle lui paraissait plus lourde que dans ses souvenirs, et l'épée restait encombrante. Peu importe. Il l'arbora fièrement et s'exprima à haute voix.

– Rien ne vaincra mon esprit. J'exige la victoire contre ma dépression !

Rien. Silence. Paroles vides. Aucun sentiment d'amour ou de gloire ni de sensation d'être protégé par qui ou quoi que ce soit. Cette terre était complètement vide. Michaël Thomas était seul. Mike luttait sans relâche pour conserver tous ses esprits. Il était décidé à ne pas céder ! Il se rendit dans la salle d'enseignement et s'installa, vêtu de son armure, dans le fauteuil de l'élève. Il y resta jusqu'au coucher du soleil, en attente, dans le silence absolu d'une terre dépourvue de la moindre sonorité. Il demeura alerte tout ce temps, ne sachant trop à quoi s'attendre, mais il ne s'abandonnerait pas aux ténèbres de la dépression qu'il avait su vaincre une fois déjà avant de pénétrer sur cette terre merveilleuse.

Puis, la pièce s'assombrit, et il s'assoupit. Cette fois son sommeil ne fut pas agité. Mike commençait à établir la paix où elle ne s'était jamais située. Il développait graduellement le pouvoir de le faire. Pendant son sommeil, son épée oscillait doucement et chantait, en réponse à la nouvelle vibration de l'être humain unique qui la possédait. Michaël Thomas n'était pas conscient du phénomène. Son bouclier luisait légèrement, en réponse à de nouvelles directives émanant d'une biologie en transformation. Mike n'était pas conscient de cela non plus. Son armure le tenait au chaud, en réponse à des directives spirituelles provenant d'une source nouvellement éveillée dans son ADN. Michaël Thomas n'était pas non plus conscient de cela. Toutes les cellules de son corps étaient en pleine transformation et la métamorphose était presque achevée. Mike dormit très bien.

***

Tout était différent lorsqu'il s'éveilla le lendemain matin. Il était toujours dans le fauteuil, mais la pièce était plus claire et plus gaie. Il se leva et mit son esprit à l'épreuve. Il trouva étrange de constater que sa première pensée n'était pas de voir s'il était toujours seul mais s'il allait bien. Partie, la dépression ! Il remarqua qu'il portait toujours son armure, mais sans en ressentir tout son poids. Comme il marchait d'un pas alerte vers la pièce où ses repas lui étaient normalement servis en se demandant s'il allait encore devoir se priver aujourd'hui, il sentit l'arôme appétissant du petit déjeuner. Il sut alors que tout irait à nouveau pour le mieux.

Il mangea comme il ne l'avait jamais fait. Affamé, il dévorait presque tout ce qui s'offrait à lui, se réjouissant de son bien-être. Il se surprit même à chanter la bouche pleine !

– Ma mère aurait honte de mes mauvaises manières, se dit-il, la nourriture dégoulinant le long de son menton.

– Elle est très fière de toi, Mike. Et nous le sommes aussi. Vert se tenait sur le pas de la porte entrouverte.

Mike se leva en guise de respect pour son ami Vert. Il était enchanté de le revoir.

– Vert ! Je croyais t'avoir perdu. Entre et viens t'asseoir. Mike reprit sa chaise et poursuivit son repas.

L'ange imposant se dirigea vers la table, s'assit devant Mike et attendit que ce dernier prenne la parole. Il savait qu'il devait avoir des tas de questions à poser sur ce qui s'était passé la veille, mais Vert attendait qu'il commence. Ils n'échangèrent aucune parole. Mike continuait de manger tout en fredonnant, souriant béatement et regardant Vert d'un œil brillant. Vert l'observait, examinant attentivement son corps toujours revêtu de l'armure. Il ne put résister plus longtemps ;

— Belle épée !

Mike éclata de rire en entendant la même remarque qu'à son arrivée. La nourriture jaillit de sa bouche, et Vert se joignit à lui dans cette manifestation de joie. Ils se serrèrent affectueusement. C'était la première fois que Mike était autorisé à toucher un ange de cette terre, mais il sut instinctivement que ce geste était désormais approprié. Ni l'un ni l'autre ne pouvait cesser de rire. Michaël se mit à danser au centre de la pièce, accompagné de l'ange ; il se laissait aller au son de la musique de son âme, foulant de ses pieds les miettes échouées sur le plancher dans ce moment d'excitation et dont certaines se collaient à ses orteils. La pièce était dans un fouillis total mais c'était sans importance.

Les contorsions qu'il avait subies la veille le faisaient encore souffrir. Il dut se rasseoir afin de se reposer un peu. Puis, il s'adressa à Vert.

— Je savais que tu reviendrais, tu sais.

— Comment le savais-tu ?

— Parce que tu m'avais dit que tu m'aimais.

— C'est vrai, je t'aime. Mike avala une autre bouchée.

— Mes parents peuvent-ils vraiment me voir ? La question s'avérait très importante à ses yeux. Il se rappelait le commentaire de Vert lorsqu'il était entré dans la pièce.

— Le fait que tu poses d'abord cette question reflète ta nouvelle conscience, Michaël Thomas de l'Intention pure. Il arrive que les anges d'ici s'amusent à prendre des paris sur les questions qui seront énoncées en premier lieu après un changement de conscience. Celle que l'on pose habituellement, tu ne l'as pas encore formulée. Nous avons passé passablement de temps ensemble, et tu ne l'as pas encore posée. Tu t'interroges plutôt sur tes parents. Vraiment, j'ai devant moi un être humain hors de l'ordinaire !

Mike hésitait à le croire, mais il avait l'impression que Vert devenait émotif, si un tel sentiment était possible chez les anges.

Il y eut un silence, et Vert reprit la parole.

– Oui, Michaël Thomas, tes parents peuvent te voir, et ils sont vraiment fiers. Vert attendait la suite des questions.

Mike réfléchit à ces propos et poursuivit :

– Je crois saisir le sens de la journée d'hier.

– Ah oui ! Vraiment ? Alors explique-moi, dit Vert en penchant la tête sur le côté, comme pour mieux entendre les paroles à venir. Normalement, à cette étape de l'enseignement dans la Maison de la biologie, l'entité passait beaucoup de temps à expliquer à un humain perplexe où avait bien pu passer tout le monde la veille et la raison de l'horrible journée solitaire et de la noirceur de l'esprit.

– J'ai changé, Vert, tout comme tu me l'avais prédit. Je me sens différent. Je me sens... NOUS nous sentons plus puissant. J'ai une conscience de toi que je n'avais pas auparavant. D'une certaine manière, tu es passé à mes yeux du rôle d'enseignant à celui de... Mike s'arrêta pour mieux réfléchir sur le terme à utiliser, mais Vert prit la parole.

– ... membre de la famille ?

– Oui, approuva Mike sur-le-champ. Il se tourna vers l'intérieur, mais parvint à poursuivre : « Ce qui s'est passé hier, j'ai cru que c'était un test, mais ce n'était pas le cas. » Vert écoutait attentivement, laissant Mike exprimer son opinion sur ce qui s'était produit. « Je sais que tu m'expliqueras éventuellement les détails de tout cela, mais je crois savoir pourquoi. » Michaël parlait lentement, avec précaution, tel un professeur. « Chaque cellule de mon corps s'est en quelque sorte retirée. Comme si j'avais coupé le courant pour mourir. Je ne trouvais aucune consolation. Même mon esprit ne parvenait pas à trouver une seule raison d'exister. J'étais comme un être humain neutre, et j'ai alors compris ce qui se passait lorsque j'ai consulté ma carte. Ça été un signal pour mon esprit. »

Vert était impressionné. Il n'avait encore jamais rencontré d'élève de passage dans la maison verte qui comprenait si clairement les caractéristiques du changement de vibration. Il fallait en général beaucoup de temps pour l'expliquer. C'est pourquoi Vert savait qu'il était en présence d'une entité spéciale, Michaël Thomas. Il était fier de son élève et l'en aimait d'autant plus. Mike poursuivit :

– La carte est « morte » aussi ; j'étais dans les limbes. C'est alors que j'ai saisi. Pour recevoir le présent spirituel de l'intention, je devais en quelque sorte renaître. Comme si le courant avait été coupé de mon existence pendant une journée et qu'il avait été rebranché sur un nouveau mode. Je savais que si je conservais mes esprits durant le processus, j'allais m'en sortir. J'ai utilisé une visualisation de toi où je te voyais me dire que tu m'aimais. C'est la seule chose qui fonctionnait. Quand je pensais à toi, je parvenais à me concentrer sur la raison de ma présence ici. Mike regarda Vert en souriant. Il essayait de cacher les larmes qui lui montaient aux yeux. « J'ai raison, n'est-ce pas ? »

– Je n'ai presque rien à ajouter, Michaël Thomas de l'Intention pure, dit Vert en se levant. Mais je vais te dire cependant que lorsque tu pensais à mon amour pour toi, ce n'était pas seulement le mien. Je fais partie d'une collectivité. Lorsque tu t'adresses à moi, tu t'adresses au Tout. Tu en fais partie également mais tu ne le sens pas de la même façon que moi. Au fur et à mesure de l'élévation de ta vibration, tu deviendras plus conscient de tout cela. Lorsque tu as ressenti l'amour de Vert, tu as aussi ressenti celui de Bleu, d'Orange et même celui de tes parents et même celui de ceux que tu rencontreras sur ton chemin. Tu ne les connais pas encore, mais ils te connaissent. Nous formons un tout, Michaël, et tu l'as ressenti au moment où tu en avais le plus besoin. Ton intuition a gagné ! Quel atout tu as déjà en main !

Mike savait qu'il y avait une suite. Il resta silencieux pour permettre à Vert de suivre le fil de ses pensées. Celui-ci continua :

– Tout ce que tu as dit est vrai. Pour passer à un plus haut niveau, il faut faire face au défi. C'est à ce moment-là que nous nous éloignons de toi pour te permettre de changer. Nous ne pouvons rien faire pour toi durant ce temps ; notre énergie nuirait même à ta transformation. Tu parviens spirituellement à franchir l'étape. Tu as éprouvé la perte de ta famille. Tu as ressenti l'abandon et la solitude durant cette courte période où tu devais demeurer seul. La seule chose qui te recentrait était l'amour et, à titre d'enseignant de cette maison, je ne pouvais pas te fournir la solution. Tu l'as trouvée au centre de ta noirceur. Je te félicite de ta conscience et de ta maturité. Vert fit une pause pour permettre à Mike de recevoir le compliment. « As-tu d'autres questions ? »

– Oui. Tout ça va-t-il se reproduire ?

– Oui, chaque fois que tu passeras à une nouvelle vibration.

– Puis-je faciliter la prochaine transition ?

Vert regarda Mike droit dans les yeux et lui répondit sérieusement :

– Lorsque tu verras le processus s'amorcer encore une fois, occupe-toi à autre chose. Ne t'y arrête pas et rappelle-toi qu'il est temporaire. Rends-lui grâce. Honore-le au milieu de la noirceur ! Fais exactement ce que tu as fait, Michaël Thomas de l'Intention pure, ressens l'amour qui accompagne ce présent.

Mike comprit les paroles de Vert et les assuma.

***

Peu à peu, dans les jours suivants, l'enseignement reprit son cours. La nouvelle vibration de Mike exigeait une formation toujours plus poussée. On lui apprit les subtilités de la conscience se répercutant dans le corps et la façon de déceler la présence d'un déséquilibre. Vert expliqua à Mike les nouvelles courbes de sommeil et les choix alimentaires correspondant à chaque changement de vibration. Il y avait tant à apprendre !

Le séjour dans la maison verte tirait à sa fin lorsque Vert aborda un point dont on n'avait jamais discuté encore.

– Es-tu prêt à parler de sexualité ? demanda Vert. Mike faillit tomber à la renverse. Il regarda son grand ami vert droit dans les yeux, certain qu'il blaguait.

– Tu n'es pas sérieux, lui dit-il, embarrassé.

– Absolument, répondit Vert.

Mike s'exprima tout bas, comme pour éviter que quelqu'un ne les entende.

– Un tel propos n'est pas du ressort des anges. C'est quelque chose que les humains font dans le noir. C'est de la basse luxure. Je suis même étonné que tu veuilles t'y arrêter. Je ne pense pas que nous devrions aborder ce sujet dans un endroit si sacré, ajouta Mike, tournant son visage vers un coin de la pièce. Vert insista.

– Ce n'est pas du tout ça. Ta réaction correspond à ce que les humains ont fait de la sexualité. C'est là un phénomène biologique et c'est ta raison d'être ici.

Vert se tut pour laisser à Mike le temps de réfléchir sur ce qu'il venait tout juste de lui dire. Michaël était résigné. Il savait qu'il ne pourrait échapper à l'enseignement de Vert. Il se rappelait ses classes de sexualité à l'école, alors qu'un malheureux professeur avait l'ingrate tâche d'expliquer à un groupe d'adolescents des choses qu'ils savaient déjà. Ils riaient sous cape tout au long du cours, s'échangeant des coups d'œil complices et souhaitant être ailleurs. C'était vraiment trop intime.

– Vert, est-ce qu'il le faut vraiment ?

– Oui.

L'enseignement qui suivit devait changer à tout jamais la conception de Mike sur les relations physiques entre humains. Vert parla d'un ton assuré, comme s'il parlait d'expérience. Pourtant, il n'était ni homme ni femme ! Il expliqua à Mike que la sexualité était un des aspects les plus spirituels de la biologie. Il lui décrivit le véritable objectif de l'expérience sexuelle, ce que les humains devaient en tirer, outre les enfants. Il parla de la dynamique de l'élévation simultanée de deux consciences individuelles par la réunion particulière des émotions. Vert expliqua même à Mike comment les choses se passaient sur le plan du corps spirituel lorsque la passion était maîtrisée et canalisée de certaines façons. La sexualité était un catalyseur de l'illumination ! Mike en était bouche bée.

– Je n'arrive pas à le croire, dit-il en plaçant son visage dans ses mains. Tout ce temps-là, j'ai cru que c'était un geste dégradant, un acte à garder sous silence, un acte charnel qui accompagnait notre évolution et, maintenant, tu m'apprends que c'est un acte spirituel ! Quel concept ! Attends que les prêtres entendent ça !

Mike s'amusait, mais le concept était absolument révolutionnaire pour un natif de la campagne qui avait découvert le phénomène en observant les animaux et plus tard, en glanant ici et là des miettes d'information de ses amis. Mike releva soudain la tête.

– J'ai perdu tellement de temps. Je regrette de ne pas avoir vécu cette expérience avec une femme que j'aurais aimée. Maintenant, il est trop tard.

– Ne regrette pas la route que tu as choisie, Michaël. Les apparences sont parfois trompeuses. Même si cet enseignement t'est donné tard, il aura son utilité en temps opportun. L'information est importante, même si elle peut sembler inutile aux besoins de ta cause. Le secret consiste à changer ton attitude. Vois le processus comme un élément sacré. Tu en respecteras d'autant plus ta biologie.

Vert avait raison. En tant qu'être humain, Mike conservait son imagination et ses rêves, même dans un lieu comme celui où il se trouvait. Il devrait commencer à les respecter au lieu de croire qu'ils étaient mauvais ou corrompus, ce qui revêtait une importance extrême à ses yeux. Il saisissait l'ensemble de la situation et se sentait complet. Certaines parties de son corps pouvaient dorénavant se relier au NOUS dans une atmosphère de respect ! Cette pensée le fit rire. Vert comprit et sourit.

Le jour suivant fut celui de son départ. Mike revêtit les nouveaux vêtements apportés comme par magie. Il venait de vivre dans cette maison l'expérience la plus intense de toute sa vie. Sur le pas de la porte, en compagnie de Vert sous un ciel ensoleillé, il ne savait que dire. Il se sentait bien. Son équipement de combat flamboyait sur ses nouveaux habits, dont le tissu était tout à fait confortable. Tout lui allait à merveille et il s'étonnait, comme toujours, de ce que ceux qui avaient conçu ses habits aient pu les ajuster si parfaitement à sa taille, compte tenu des transformations que son corps avait subies au cours des dernières semaines.

Vert l'examina attentivement, s'arrêtant plus longuement sur ses armes et s'apprêtait à parler quand Mike interrompit son élan :

– Je sais, je sais : belle épée !

Vert éclata de rire.

– Tu m'enlèves les mots de la bouche ! Un silence étrange s'installa entre eux alors qu'ils se tenaient sous le chaud soleil. Mike le rompit.

– Promets-moi que je te reverrai.

– Je te le promets, dit Vert sans hésiter.

– Tu as une question à me poser ? Mike se rappelait ses départs précédents alors qu'on lui demandait toujours s'il aimait Dieu.

– Oui, j'ai une question à te poser, mais tu la connais. Veux-tu y répondre avant que je ne la pose ?

– Oui, répondit Mike solennellement. J'aime Dieu de tout mon coeur. Mon intention est pure et mon corps est en communion avec votre esprit à tous. Je suis plus près que jamais de votre vibration et cette proximité s'accompagne d'un sentiment de vision, de sacré et d'appartenance. Je suis sur le chemin du retour *chez moi*.

Vert ne pouvait rien ajouter. Alors qu'à chaque départ précédent, l'ange avait subitement tourné le dos et pénétré dans la maison sans dire un mot, cette fois, c'est Mike qui le quitta en silence sans rien dire. Il se lança avec confiance sur le sentier, en direction nord, là où se trouvait la prochaine maison. Vert demeura sur le seuil jusqu'à la disparition complète de Mike. Puis, il parla à haute voix :

– Michaël Thomas de l'Intention pure, si tu survis à la prochaine maison, tu deviendras véritablement le guerrier que je perçois en toi. Et Vert resta là.

Il ne fallut pas longtemps avant qu'une détestable créature verte et horrible passe silencieusement devant la porte, poursuivant Mike tout en regardant Vert directement. L'ange ne dit rien et ne tint pas compte de sa présence. Vert savait tout de cette entité négative. Il savait aussi que Mike en apprendrait plus très bientôt. L'idée le fit sourire.

– Ce sera toute une rencontre !

Sur ce, il se retourna et rentra dans la maison.

CHAPITRE HUIT

La Quatrième Maison

Poursuivant nonchalamment sa route, Mike se sentait au mieux de sa forme. Il ne pensait pas avoir été aussi bien depuis le début de son voyage. Ses nouveaux vêtements et son armure se mariaient parfaitement à l'endroit imposant qu'il traversait. Il se sentait tout à fait à l'aise dans ce décor. Bien qu'il ait passé la majeure partie de son temps depuis le départ à l'intérieur de l'une ou l'autre des maisons rencontrées sur son chemin, il lui semblait avoir fréquenté cette route depuis toujours. L'odeur et l'apparence des choses lui semblaient de plus en plus familières, comme si ses souvenirs de l'ancien Mike commençaient à s'estomper pour faire place aux attributs peu communs de cette nouvelle terre. Il avait l'impression de plus en plus forte que ce qui l'entourait maintenant faisait partie du connu mais il savait pertinemment que ce n'était pas tout à fait vrai puisqu'il visitait l'endroit pour la première fois.

Il avait la sensation aiguë d'être habité par une autre puissance et un fort sentiment d'appartenance. Il savait que ce sentiment récent était né des événements survenus dans la Maison de la biologie, et le simple souvenir de Vert le faisait largement sourire. Tout en marchant, il pensait à l'étape qu'il avait franchie pendant son séjour dans cette maison. Que pouvait-il survenir encore ? Il avait traversé le seuil de trois maisons seulement et se demandait quelles autres leçons il allait apprendre.

Un bruit derrière lui attira son attention.

Rapide comme l'éclair, Mike se retourna vivement, se plaçant en position de défense. Il fut lui-même surpris de la rapidité de sa réaction. Il était penché vers l'avant, la main sur la poignée de

l'épée de la vérité. Était-ce son imagination ou l'épée vibrait-elle ?
Toute son attention se concentra sur son ouïe pendant qu'il se
tenait là immobile, prêt à bondir au moindre signal.

Rien.

Le vent avait pu l'induire en erreur, mais il remarqua
qu'aucune feuille ne vibrait dans les arbres environnants. Ne bougeant que les yeux, le reste du corps parfaitement immobile,
Michael scrutait les alentours. Il réalisa tout à coup que sa vue était
très aiguisée. Elle n'avait jamais été d'une telle acuité depuis son
départ, comme si, soudainement quelqu'un avait allumé une ampoule très brillante.

Mike se concentra alors sur ce qu'il voyait afin de mieux
examiner une immense pierre.

Rien.

Il comprit soudain que même s'il se sentait très à l'aise dans
son nouvel environnement peuplé de maisons colorées, l'endroit
demeurait dangereux. La forme sombre qui avait hanté ses rêves
pendant son séjour dans la Maison de la biologie pouvait très bien
se retrouver sur son chemin. Il devait se montrer prudent. Fait
étrange, il n'avait pas peur. Il demeura figé, en état d'alerte, les
sens affûtés à la limite.

Dans cet état de conscience avivée, il découvrait un autre
élément de ses aptitudes. Bien qu'il ne pût ni voir ni entendre quoi
que ce soit d'inhabituel, il sentait une présence. Son âme ressentait
un inconfort, un sentiment de danger et d'avertissement. Pourtant...

Rien.

Lentement, il se retourna et poursuivit sa route, tournant sa
tête de gauche à droite pour mieux entendre tout bruit émis derrière
lui, tâchant de percevoir quoi que ce soit d'inusité. Tout en
marchant, il s'interrogeait sur cette énigme. *Qu'est-ce que ça
pouvait bien être ? Sur cette terre si pleine d'amour et de décou-
vertes spirituelles, comment pouvait-on expliquer l'existence d'une
entité si négative ? Pourquoi le poursuivait-elle ? Pourquoi aucun
des anges n'avait-il accepté d'en parler ?* Un véritable mystère,
mais Mike était prévenu et ne laisserait pas cette sombre créature
l'atteindre encore une fois. Il restait alerte avec le sentiment de

danger toujours présent.

Il marcha jusqu'à une heure avancée de l'après-midi. Le crépuscule approchait et il n'avait pas encore vu la prochaine maison. Il décida de ralentir le pas et, se tournant pour mesurer le chemin parcouru, il sortit sa carte tout en demeurant attentif aux bruits et aux mouvements autour de lui. Il fut soulagé de constater que sa précieuse carte fonctionnait de nouveau et qu'elle était « à jour ». Il repéra le VOUS ÊTES ICI et, tout près, la prochaine maison. Elle était au détour suivant. Avec un sourire de satisfaction, il replia sa carte et reprit sa route.

Le voyage entre les deux maisons lui avait pris presque une journée. Il comprit que les maisons étaient séparées par une distance suffisante pour exiger un certain effort de la part du voyageur sans nécessiter toutefois une nuit en plein air. Il en était ravi. Il sentait une fatigue légère et savait qu'elle n'était pas simplement d'ordre physique. L'état d'alerte qu'il avait connu au cours des dernières heures l'avait privé d'une partie de son énergie.

Dans cette lumière mystérieuse où les choses semblent toutes emprunter la même couleur, Mike aperçut la prochaine maison au détour du chemin. Elle baignait dans cette lumière rouge et orange propre à la tombée du jour. La maison, de style campagnard, rayonnait d'un pur violet, comme si la lueur environnante ne l'atteignait nullement. Mike s'arrêta, ébahi. Il n'avait jamais vu de plus magnifique teinte ! C'était un violet à la fois intense, serein et puissant. La maison donnait l'impression d'une structure parfaitement translucide dont la lumière luisait de l'intérieur. Il poursuivit sa route, se rappelant qu'un arrêt prolongé n'était pas prudent même s'il était tout près du but.

En matière de beauté, Michaël était loin d'avoir tout vu encore ! Lorsque l'ange qui serait son hôte ouvrit la porte, Mike ne parvint pas à prononcer une seule parole. Il n'avait jamais rencontré d'aussi belle créature. Il pensa même à s'agenouiller en signe de respect devant tant de beauté. Que se passait-il ? Sa perception des couleurs avait-elle augmenté ? Il n'avait même jamais vu de couleur pareille ! Il resta muet, tel un enfant qui aurait observé un coucher de soleil pour la première fois, se demandant s'il s'agissait là de magie. Puis, il entendit sa voix, et quelle voix !

Des profondeurs de la tranquillité se fit entendre une voix de velours qui apaisait tout l'air ambiant qu'elle faisait vibrer. Et c'était indéniablement une voix féminine !

– Salut à toi, Michaël Thomas de l'Intention pure, dit la douce voix. Nous t'attendions.

Toujours abasourdi, Mike n'arrivait pas à répondre. Il n'avait même pas une pensée à offrir l'ange ! Confondu, il prit conscience d'avoir cessé de respirer. L'ange se mit à rire et ajouta :

– Je ne suis pas une femme, pas plus que ne l'était Vert. Les anges portent tous les attributs du genre biologique humain. Ma voix et mon apparence visent à rendre ton séjour ici plus confortable.

Mike ne comprenait rien de ce que lui disait Violette. Il avait retrouvé son souffle, mais ne savait toujours pas quoi dire. Les paroles qu'il réussit à prononcer résonnèrent horriblement à ses oreilles.

– Quelle apparence ! Non seulement le son, mais les paroles, étaient ridicules. Quelle stupidité à prononcer devant une si belle entité ! Il revécut l'embarras qu'il avait connu, enfant, alors qu'on attendait de lui, sans succès, qu'il dise des paroles sensées à un adulte. Sa stupeur était en partie provoquée par l'être devant lui. Mike se trouvait devant une créature angélique immense qui présentait toute la délicatesse du genre féminin mais sans aucune distinction physique par rapport aux autres anges. Ils portaient tous ces mêmes vêtements flous de la couleur de leur maison qui cachaient toute caractéristique propre au genre. Ils étaient tous immenses, mais son visage... celui de Violette était indéniablement féminin. Il avait la douceur du visage de sa grand-mère et de sa mère et s'apparentait à la sainteté. Mike soupira avant d'essayer à nouveau de parler.

– Je m'excuse, Violette ... il avait même l'impression qu'il lui manquait de respect en l'appelant par ce nom de couleur... trop familier. Il poursuivit : « Je ne m'attendais pas... enfin, je ne savais pas que les anges pouvaient aussi être des femmes. » Il regretta aussitôt d'avoir ouvert la bouche ! Quelle sottise ! Bien sûr, les anges étaient des femmes. Chaque ange représenté dans des tableaux n'était-il pas une femme ? Violette se tenait là, sans rien dire. Michaël reprit à nouveau :

– C'est que tous les autres avaient l'apparence d'un homme. Mike aurait voulu effacer tout ça et recommencer encore une fois. Ses capacités de communiquer et son éloquence avaient disparu. Il avait complètement échoué à saluer cet ange de façon décente. Il soupira encore et haussa les épaules. Violette lui souriait.

– Je comprends parfaitement, Michaël Thomas.

Le regard qu'elle lui jeta aurait pu faire fondre son armure. Il ne présentait rien de romantique mais bien plutôt un incroyable amour essentiellement maternel. Voilà qui avait dérouté Mike. Comme s'il revoyait sa mère ! Il avait l'impression d'être réuni à sa famille disparue, se sentant à la fois heureux et incrédule. Il y avait si longtemps qu'on ne l'avait pas regardé de cette façon. Il aurait voulu se faire tout petit et être cajolé. Ses pensées l'embarrassèrent, car il savait que Violette pouvait les percevoir. Elle poursuivit :

– Tu t'habitueras très vite, Michaël. Mon apparence s'explique. Ce n'est pas ainsi pour tous les voyageurs mais pour toi, c'est différent.

Mike comprit. L'apparence et l'attitude de Violette devaient le servir. Mais il se demanda tout de même pourquoi il avait besoin de « voir » un ange maternel.

– Parce que tu l'as mérité, dis sagement Violette. Les événements d'ici ne servent pas toujours à l'enseignement. Plusieurs constituent des présents orientés vers la croissance. Tu as visité seulement trois maisons, et déjà, tu te démarques en tant que voyageur très spécial.

Mike saisissait le sens de ces paroles mais, avant qu'il ne trouve à répondre au compliment, Violette lui fit une demande qu'il n'était pas prêt d'oublier.

– Michaël Thomas de l'Intention pure, dit-elle doucement, aurais-tu l'obligeance d'enlever tes chaussures ?

Mike obéit. Il remarqua, près de la porte, un espace prêt à recevoir une paire de chaussures et les plaça là. Elles se fondaient parfaitement au décor.

– Mike, sais-tu pourquoi je t'ai demandé cela ? Michaël réfléchit.

– Parce que je suis en terrain sacré à l'intérieur ? Il se rappelait Moïse et le buisson ardent, et le dialogue de cette histoire.

– Alors, pourquoi les autres n'ont-ils pas eu la même exigence? Mike continua à réfléchir et risqua une autre réponse.

– Parce que tu es un ange très spécial ? Violette s'amusait et se mit à rire. Perplexe, Mike savait qu'il n'avait pas donné la bonne réponse.

– Allons, entre. Violette se retourna pour pénétrer dans la maison. Mike la suivait mais s'inquiétait du manque d'intimité de leur conversation. Il l'interpella une fois à l'intérieur.

– Violette, dis-moi, pourquoi m'as-tu demandé de retirer mes chaussures ?

– C'est à toi de ME le dire, Michaël, avant de repartir. Violette le guidait dans la maison.

Mike n'appréciait pas que les anges le fassent attendre avant de lui donner les réponses, encore moins qu'on lui demande de les fournir lui-même. *Trop exigeant*, se dit-il.

– C'est la raison pour laquelle tu es ici, lui dit l'ange en continuant de le guider dans la maison violette. Encore une fois, il eut honte de ses pensées.

La maison n'avait aucun éclat, l'opposé de son hôtesse. Mike constata que son ébahissement l'avait empêché de lire la pancarte à l'entrée.

– Violette, comment s'appelle la maison ? Le regardant fixement dans les yeux, elle lui dit :

– C'est la MAISON DES RESPONSABILITÉS, Michaël Thomas. Elle attendait sa réponse, un air inquisiteur sur son beau visage. Mike sut que des difficultés l'attendaient !

Oh ! dit-il, tâchant de ne rien laisser paraître sur son visage. Il n'avait pas donné à Violette la réponse qu'elle espérait. Elle se retourna et continua la visite.

Le nom de la maison l'avait troublé. Il avait déjà imaginé le déroulement de plusieurs types de scénarios sous son toit. Quel vilain mot que la responsabilité ! Il lui rappelait ses parents le pressant de faire ceci ou cela. C'était un terme qui s'accompagnait d'un jugement. Par la suite, il l'entendit de la bouche des femmes qu'il fréquentait, toujours dans un esprit critique à l'égard de ses actions. *Pourquoi,* se demanda-t-il, *les femmes essayaient-elles toujours de le « modeler » à leur goût.* Il eut alors une pensée terrible. Peut-être était-ce le rôle de Violette ? *Une autre envoyée de Dieu pour me changer. Et si Dieu était une femme ? Ce ne serait pas sérieux !* Puis, il se prit à sourire devant ces pensées humaines si « viriles », sachant très bien qu'elles n'avaient aucun sens. Dieu n'était ni homme, ni femme mais le scénario qu'il imaginait l'amusait néanmoins. À quoi pouvait bien servir la Maison des responsabilités ?

Violette le guidait par une série de petites pièces vers une salle à manger.

– Qu'y a-t-il ici ? demanda Mike alors qu'ils passaient devant deux immenses portes.

– Un cinéma.

Un cinéma ? Les réflexions de Mike se succédaient à un rythme fou pendant qu'il marchait derrière Violette. *Pourquoi une salle de cinéma dans une demeure d'ange ?* Il eut une autre pensée étrange. *Peut-être préparait-on une séance de cinéma ?* L'idée d'assister à un film en compagnie de Violette l'amusait. Il se dit qu'ils verraient sans doute un de ces films sur les anges très à la mode. Il faillit en éclater de rire. Violette, percevant les pensées de Mike, s'amusait aussi beaucoup mais pour d'autres motifs.

Enfin, ils arrivèrent à destination. Les appartements de Michaël et la salle à manger ressemblaient encore une fois aux autres. Dans le placard, il trouva des pantoufles et de magnifiques vêtements violets qui, de toute évidence, avaient été créés pour lui. L'odeur de la nourriture chatouillait ses narines. Encore une fois, on lui présenta un choix illimité d'aliments. Comment connaissait-on le moment de son arrivée ? En fait, il n'avait jamais rencontré de personnel de cuisine ou d'entretien ménager. Il se rappela le dégât que Vert et lui avaient créé après leur danse et les traces de fruits sur ses pieds pendant des jours. Ceux qui préparaient les plats savaient se déplacer sans se faire repérer, tels des lutins. Quel endroit !

Mike s'attendait à constater la disparition de Violette, comme avec les autres anges. Mais, elle était toujours là.

– L'ensemble te convient-il Michaël ? Elle était vraiment magnifique. Mike était toujours sous le charme de ses qualités maternelles.

– Oui, merci. Il avait presque envie de s'incliner, en signe de respect.

– Nous commencerons demain matin. Bonne nuit, Michaël Thomas de l'Intention pure. Sur ce, elle quitta la pièce.

Les choses changeaient. Tout comme Vert était demeuré sur le palier au moment où Mike avait quitté la Maison de la biologie, Violette avait quelque peu agi différemment ici. Les anges devenaient-ils plus polis ? Commençaient-ils à pratiquer l'étiquette des humains ? Mike constata la différence, mais décida de ne pas commenter.

Il mangea, se mit au lit et tomba immédiatement endormi. Il se sentait en sécurité, au chaud et aimé. Une autre aventure commençait le lendemain et il savait que l'enseignement de Violette ajouterait à ses connaissances. Il rêva délicieusement de son enfance et de ses parents.

***

Aux abords de la maison, la forme sombre et fuyante exerçait une surveillance complète. Elle était à la fois aux aguets et en colère. Lorsque Mike avait quitté la maison verte en route vers celle-ci, l'horrible créature avait été estomaquée des transformations qu'il avait subies. Il avait acquis de la puissance, sans compter ces armes stupides. La vigilance de Mike ressemblait à celle d'un guerrier et il était sans peur ! Qu'avait-il bien pu se passer dans la dernière maison pour qu'il change à ce point ? La silhouette verte bouillait de colère à la pensée de l'occasion qu'elle avait ratée de le mettre au défi durant la tempête.

Celle-ci commença à élaborer un meilleur plan pour mettre

l'être humain en boîte. L'entité négative se dit d'abord que si Michaël Thomas avait choisi de devenir un guerrier insaisissable, il aurait dû emprunter un chemin plus discret et non pas la route toute tracée comme il l'avait fait. Puis, elle réalisa que Mike suivrait toujours le parcours. Il ne pouvait faire autrement puisqu'il ne savait pas où se trouvait la prochaine maison. La solution pour le piéger consistait donc à prendre les devants et à attendre sa proie à un détour du chemin. Si l'étrange créature avait pu sourire encore une fois, elle l'aurait fait. Sans sommeil, l'horrible forme avait des visions de la chute imminente de Michaël Thomas de l'Intention pure.

***

Le matin suivant ressemblait à tous les autres. La journée s'annonçait magnifique. Le repas était splendide. Michaël savoura un délicieux muffin aux bleuets, n'en finissant pas de s'extasier sur la fraîcheur et la saveur qu'il y trouvait.

– Celui que j'ai déjà eu entre les orteils ne goûtait pas si bon. Il rit en se revoyant danser avec Vert dans la salle à manger de la dernière maison.

Tout comme il finissait de revêtir ses nouveaux habits, on frappa à la porte. Tiens, les anges frappent aux portes maintenant !

– Entrez, lança Mike d'une voix polie. Violette semblait flotter et Mike lui sourit. Il faudra voir à remercier les responsables de ce merveilleux petit déjeuner !

– Je t'en prie, dit Violette.

– C'est toi ?

– C'est nous tous. Nous ne formons qu'un.

– Oui, on m'en a déjà informé. Un jour, je comprendrai. D'ici là, je vous remercie tous.

– Es-tu prêt ?

– Oui, bien sûr.

Violette le guida dans des endroits qu'ils avaient traversés la veille. Les deux grandes portes étaient ouvertes, et Mike put entrer dans le cinéma aux teintes violettes. Il s'arrêta, ébahi et incrédule.

Il n'arrivait plus à bouger et Violette ricanait.

Devant eux s'érigeait un écran géant. À l'arrière de la pièce, on pouvait voir un projecteur des plus modernes et des tas de bobines de film empilées prêtes à la projection. Il devait y en avoir des centaines !

– Eh bien, Michaël Thomas, nous allons regarder des films, toi et moi !

– Pas possible ! C'est une blague !

Devant sa réponse, Violette cessa de sourire et le regarda sérieusement.

– Oh non ! Absolument pas ! Vraiment pas ! Si tu veux bien prendre place dans la première rangée.

Violette se dirigea vers l'arrière de la salle et mit l'équipement en branle. Mike demeurait confus devant le paradoxe qu'il observait. *Un ange qui actionne un projecteur de cinéma. Ce n'est pas là un jouet de lieu sacré. Comme c'est étrange !* Mais il obéit et s'installa au centre de la première rangée. À l'encontre des salles de cinéma qu'il connaissait, la première rangée se trouvait au centre de la pièce. Il y avait un autre élément étrange : le fauteuil central de la première rangée était rembourré et velouté. Tous les autres ne l'étaient pas, comme s'ils avaient été placés là pour créer un effet seulement. Mike s'installa dans le fauteuil moelleux, devant l'écran géant.

– Alors, qu'allons-nous regarder Violette ? Mike se sentait un peu nerveux.

– Du cinéma familial, lui répondit-elle, trop occupée à préparer la première bobine pour se tourner vers lui. Mike n'aimait vraiment pas le ton de sa réponse. Il avait l'estomac noué. Encore cette sensation étrange. Décidément, son intuition toute nouvelle faisait des heures supplémentaires, lui faisant savoir que ce qui s'annonçait risquait de se révéler désagréable. Il pensa à blaguer; et demander du maïs soufflé peut-être ? Il n'en eut pas le temps. Les lumières se tamisèrent, comme dans une vraie salle. Mike entendit le bruit du projecteur et l'écran s'anima. Il eut le coeur serré dès la première image.

Le premier film qu'il vit ce jour-là, comme tous ceux qui

suivraient, était d'une qualité impeccable : aucun soubresaut, une image en trois dimensions, sans avoir à porter de stupides lunettes ! Le son provenait de l'endroit approprié sur l'écran, même lorsque les personnages se déplaçaient. Mike souhaita aussitôt que le film n'ait pas été si réel. Il était trop près. L'écran circulaire lui donnait l'impression de faire partie de chacune des scènes. Il aurait voulu reculer, mais il ne le pouvait pas.

Sur l'écran, devant lui, il voyait Michaël Thomas ! S'il avait dû donner un titre au film, il l'aurait intitulé « Les choses désagréables de ma vie ». Le film débutait alors qu'il était enfant, et c'était là d'une réalité désarmante. Sa mère avait l'air toute jeune et son père, tellement beau ! Tous ces souvenirs l'émouvaient et ranimaient en lui de précieux moments. Il revivait tout encore une fois ! Chaque épisode remplissait une bobine entière et se déroulait en temps réel, comme les événements s'étaient vraiment passés, à l'exception du fait qu'on ne lui montrait que les expériences négatives.

Les premières bobines étaient amusantes. On y voyait Mike, un petit garçon blond de trois ans, qui jouait avec les produits de maquillage de sa mère. Il avait fait tout un dégât dans la salle de bain et sa mère l'avait pris sur le fait. Elle était en colère et lui administrait sa première fessée. En tant qu'adulte revivant la scène, Mike fut étonné de la vividité de l'expérience. Il revivait les émotions rattachées à toutes les séquences. Il craignait maintenant que ce cinéma maison ne se transforme en film d'horreur lorsqu'il se verrait, plus âgé sur l'écran. Mike avait l'impression qu'on l'avait attaché à une voie ferrée et que le train approchait.

Il revit d'autres scènes de son enfance, chacune lui rappelant un événement qu'il avait oublié depuis longtemps. Il se revit dans la salle de bain à l'âge de six ans, incapable de sortir. Il revécut l'émotion d'alors ; ce n'était pas sa faute. La poignée était restée coincée, et on avait dû faire revenir son père des champs pour qu'il démonte la porte ! Il était furieux, et Mike avait eu droit à sa deuxième fessée. Il ressentait encore la trahison subie ce jour-là. Il n'avait pourtant rien fait de mal, mais son père, en colère, l'avait frappé avec sa plus grosse ceinture. Il avait perdu un temps précieux aux champs et prit du retard dans les récoltes. En tant qu'adulte, Mike commençait à se sentir déprimé.

Il regarda bien d'autres bobines encore. Subitement, il eut dix ans. Il devait prendre l'autobus pour se rendre à l'école du village. Il revit Henry, le tyran qui revenait le tourmenter à chaque semestre. Les autres semblaient aussi le détester mais ne faisaient rien contre lui. Ils avaient tous peur. Parce que Mike venait de la ferme et d'un village au nom bizarre, les autres élèves riaient de lui. Le tyran, par contre, était sans pitié. Des enfants de tous les milieux fréquentaient l'école, mais ceux qui vivaient sur des fermes devenaient de plus en plus rares. Mike portait des vêtements qui trahissaient ses origines ; c'était sa mère qui les cousait. Il se distinguait ainsi des autres, et le tyran ne ratait pas une occasion de le lui rappeler. De concert avec les autres écoliers, il se moquait des vêtements de Mike, de son odeur et même du mode de vie de ses parents.

Mike revit le jour où un groupe d'enfants l'avaient invité à se joindre à leurs jeux. Il en était heureux. Ils voulaient jouer avec lui ! Mais, c'était un piège. Au lieu d'être inclus dans leurs jeux, il devint la risée du groupe. Ils le placèrent à un certain endroit pendant qu'un autre se mit à quatre pattes derrière lui. Puis ils le firent tomber à la renverse, exactement sur l'autre garçon à quatre pattes. Ils en riaient à gorge déployée. Mike rit aussi, essayant d'être bon joueur, mais ils s'écartèrent de lui, le laissant seul.

C'était douloureux. La vue de ces images ne lui plaisait décidément pas. Ça servait à quoi ? Il commençait à s'irriter de voir sa vie exposée ainsi et surtout, d'avoir à la revivre de nouveau. Une fois ne suffisait-il pas ?

Dans une autre bobine, il avait quatorze ans. Il se revit le jour où on l'avait accusé d'avoir triché en classe alors que tel n'était pas le cas. Un élève s'était emparé de documents appartenant au professeur et les avait remis sur son bureau en désordre pour bien indiquer qu'ils avaient été consultés. Puis, il avait faussement dénoncé Mike, affirmant l'avoir vu faire. L'enseignant l'avait cru. Après tout, Mike était un enfant de fermier qui portait toujours des vêtements étranges, bien qu'il ait de très bonnes notes en classe.

On le renvoya chez lui, et il fut exclu de la classe pour la journée. Dans l'autobus qui le ramenait à la maison, il se demandait comment il allait expliquer la situation à ses parents. Il se détendit un peu, sûr qu'ils le croiraient. Hélas, ce ne fut pas le cas et Mike se sentit complètement abandonné sur cette terre. Il savait que ses parents l'aimaient, mais il aurait voulu qu'ils lui accordent le bénéfice du doute au moment où il en avait tant besoin. Il était anéantie par la solitude.

Michaël était assis dans son fauteuil de cinéma depuis des heures, mais le Mike sur l'écran n'avait pas encore terminé sa croissance. Il pensa au temps qui allait encore s'écouler avant qu'il n'arrive à la fin de sa torture. Il lui semblait avoir perdu toute trace de spiritualité. Il avait l'impression qu'on le battait. Empreints d'une précision inouïe, les films ne lui laissaient pas de répit. Il n'y manquait aucun détail, aucun élément ; les voix et les personnages se révélaient tels qu'il les avait effectivement connus. Le processus l'ébahissait, mais le sujet le désarmait !

Ses premières fréquentations maintenant ! Embarrassant ! Il portait toujours ces vêtements étranges, qui provenaient maintenant des magasins, mais sa mère n'avait aucun sens de la mode et faisait des combinaisons pour le moins étranges, sans parler du choix des tissus. Les filles, à l'école ou à l'église, jugeaient Mike intéressant, mais il savait qu'elles se moquaient de ses vêtements. Il avait honte ! Il ne mit pas longtemps après avoir surpris quelques conversations à son sujet, à se décider à faire des économies et à acheter ses propres vêtements. À partir de là, il sentit croître sa confiance, car il avait un certain flair pour choisir ce qui lui allait. Il examina la question et il décida d'aller faire ses achats en compagnie d'une fille ou deux pour l'aider à mieux choisir. Les filles adoraient ça ! Imaginez ! un gars qui aime fréquenter les magasins ! Ce fut le début d'une importante métamorphose. De l'adolescent mal fagoté qu'il était, il devint un jeune homme attrayant et désirable, ce qui entraîna chez lui un changement de sa personnalité. Il prit énormément d'assurance. Il réussit à maintenir de bonnes notes et s'engagea activement dans plusieurs activités parascolaires. Et puis, un jour, la jalousie poussa quelqu'un à mener contre lui une campagne de dénigrement, ce qui lui fit perdre le poste de président qu'il convoitait. La rumeur circula qu'on l'avait surpris à faire des obscénités dans les toilettes des filles. Tout le monde avait envie d'y croire ; c'était à la fois une nouvelle à sensation et... complètement faux. Il était le favori aux élections puisqu'il avait occupé la présidence à plusieurs reprises mais la rumeur l'emporta et Mike subit une énorme perte. Du même coup, il perdit l'affection de sa première petite amie, Carole. Elle refusa dès lors de lui adresser la parole. Sa peine le rongea pendant des semaines et il laissa tomber toutes ses fonctions à l'école. Il était victime, encore une fois. Et il revoyait tout, étape par étape, sur l'écran devant lui. L'événement s'étira, toujours en temps réel, découvrant chaque parcelle de cet incident malheureux. Il en sortit changé, et le poids pesait encore sur lui pendant qu'il le revivait.

Le cinéma se poursuivit. On ne lui offrit pas de repas du midi. En effet, l'entité qui actionnait le projecteur savait que Mike n'aurait pas d'appétit. Elle avait raison. À chaque fin de bobine, on entendait le bruit du ruban frappant le métal, et la noirceur tombait sur la pièce. Puis, il y avait un silence étrange, rompu seulement par le bruit des engrenages de la bobine et des interrupteurs du projecteur. Ni Mike ni Violette ne prononçaient une seule parole. Puis, l'écran s'animait de nouveau des pires images de la vie de Mike ! Il savait, alors que les projections avançaient dans le temps, que l'événement majeur serait bientôt devant lui. Puis, il le vit... le jour de l'accident mortel de ses parents.

Michaël savait très bien qu'il n'avait pas à demeurer dans son fauteuil s'il ne le voulait pas. Tous les anges l'avaient entretenu de son libre choix. Il aurait voulu fuir, et dans son esprit, il formulait des pensées qu'il souhaitait transmettre à tous les anges. *Dieu, s'il te plaît, ne me fais pas vivre tout ça encore une fois. Ça suffit !* Mais, il revit toute la scène, convaincu qu'un camion lui roulait sur le corps.

Mike ne flancha ni ne pleura dans son fauteuil. Il attendrait à plus tard. Il resta là, impassible, regardant le théâtre de sa vie se dérouler devant lui en temps réel. Il revécut l'appel téléphonique, le choc, les funérailles, la douleur et la peine, la vente de la maison, de la grange et des terres ; la vente de l'équipement de la ferme, y compris celle du vieux tracteur. Il revit le triage qu'il fit des effets personnels de ses parents, les photos des jours meilleurs, leurs photos de mariage et même les lettres d'amour qu'ils s'écrivaient durant leurs fréquentations. Mike resta immobile, essayant de ne pas revivre toutes ces émotions. Il força son esprit à les refouler mais se sentit victime dans son fauteuil. Il sentit les convulsions involontaires de la douleur qui surgissaient par vagues dans son corps. Il brûlait de l'envie de laisser sortir sa peine en pleurant. La présentation était en tous points semblable à la réalité. C'était la chose la plus cruelle qu'on lui eût jamais imposée. Tout ce qu'il voyait depuis des heures avait fait de lui l'objet d'une mauvaise blague. Et maintenant, on le poursuivait jusque dans cette pièce pour le punir. Il jugeait la situation injuste et se demandait à quoi elle pouvait bien servir.

Il respira de soulagement lorsque l'épisode du décès prit fin. Il ne pouvait rien imaginer de pire. Il était en sueur, épuisé et se sentait diminué. Le sujet était d'envergure et il ne pouvait détacher ses yeux de l'écran tellement la réalité était prenante.

Lorsqu'il vit « Criquet », de son véritable prénom, Shirley, il sut encore une fois ce qui l'attendait. L'incident qu'il allait revoir correspondait à la fin de son histoire d'amour à Los Angeles et à la rapidité avec laquelle la situation s'était détériorée. Il s'était jeté dans cette aventure à corps perdu alors que Criquet avait pris la chose avec une telle légèreté. Cela n'avait pas été une aventure mortelle mais cela aurait pu l'être. En tout cas, cela avait été la mort dans son cœur, très certainement. Mike essaya encore une fois de s'endurcir pendant que la scène se déroulait devant lui. Qu'elle était belle ! Une voix inoubliable ! L'événement était encore tout frais et avait d'ailleurs été à l'origine de sa récente dépression, de son manque de confiance et du statu quo quant à son emploi minable. Devant lui s'étalaient en fait les scènes du deuxième grand malheur de sa vie. Puis le film lui montra son lieu de travail, des images de son patron maniant habilement la violence verbale et l'espace restreint dans lequel il avait accepté de travailler à Los Angeles.

La séance prit fin à seize heures. Les dernières scènes se déroulaient dans son appartement, lorsqu'il avait été attaqué puis transporté à l'hôpital. Puis, l'écran redevint vierge et il entendit le bruit du ruban signalant la fin d'une autre bobine. Le bruit continuait, mais la salle restait dans le noir. Mike se leva et, plaçant ses mains en forme de visière au-dessus de ses yeux, se retourna en direction de la lumière crue du projecteur pour essayer de voir Violette. Elle n'était pas là. La conclusion du film marquait sûrement la fin de la leçon d'aujourd'hui et, comme dans le film, Mike se retrouvait seul.

La fin du ruban continuait de frapper la bobine de métal et Mike sortit de la salle pour se diriger vers ses appartements. Il n'avait toujours pas faim. Il était déprimé. On avait agité ses émotions jusqu'à la moelle et il se mit immédiatement au lit, sans se dévêtir. Violette ne vint jamais lui souhaiter une bonne nuit. Il appréciait son tact, car il n'avait absolument pas envie de parler. Cette nuit-là, il continua à voir les films dans ses rêves. Il revit le tyran de ses jeunes années, ses parents et Criquet. Décidément, ils ne le quittaient pas : n'en pouvant plus, il se laissa finalement aller, pleurant à chaudes larmes. Le fait d'avoir revu ses parents, tellement vivants, renforça sa peine. C'était la deuxième fois, depuis son arrivée sur cette terre sacrée, bénie et angélique, que Michaël se sentait complètement seul et dans une noirceur totale, une véritable victime de la vie. Et maintenant, les scènes de film l'avaient prouvé !

***

Le lendemain matin, Mike se sentit un peu reposé, mais resta songeur. Et il avait faim. Il ne se fit pas prier pour engouffrer un copieux petit déjeuner. La menace de la veille pesait encore sur lui mais il avait l'impression que le pire était derrière lui. Il se sentait fort et même s'il ne comprenait pas encore l'utilité de tout cela, il était déterminé à ne pas se laisser glisser à nouveau dans la noirceur et la dépression. Aujourd'hui, il ne pouvait arriver que quelque chose de mieux.

Après le petit déjeuner, Mike s'habilla. Comme par magie, on lui avait laissé de nouveaux vêtements violets, pour remplacer ceux dans lesquels il avait dormi. Lorsqu'il fut prêt, Violette se montra dans l'entrebâillement de la porte, sans dire un mot. On aurait dit qu'elle voulait lui offrir un moment pour s'exprimer et se « vider le coeur » ou simplement l'occasion de lui reprocher l'expérience douloureuse vécue la veille. Mike était conscient de sa présence. Elle le surveilla pendant quelques instants et finalement s'adressa à lui.

– Michaël Thomas de l'Intention pure, as-tu quelque chose à dire ?

– Oui. Y a-t-il d'autres films ?

– Oui, répondit doucement Violette.

– Bon, alors, allons-y ! dit Mike, attendant qu'elle bouge. Violette était surprise. Dans cette maison, l'expérience des anges avec les humains n'avait jamais été telle. Vert avait raison. Ils avaient affaire à un être à part. Il réussirait peut-être. Il ferait peut-être partie des rares élus. Elle n'avait jamais vu tant de détermination et un changement si rapide. Elle se sentait privilégiée de prendre part à sa formation et ressentit un grand amour pour lui. Elle se retourna et se dirigea vers la salle de cinéma.

Mike connaissait la routine. Il s'installa dans son imposant fauteuil violet et bien rembourré de la première rangée, tel un prisonnier sur sa chaise électrique, attendant le courant ou plutôt, dans son cas, la fermeture des lumières et le début de la projection. Il était plus résolu que jamais. Rien ne l'empêcherait d'atteindre son but. RIEN !

Encore une fois, sa vie de déroula devant lui, depuis son enfance. Mais il comprit aussitôt que cette fois, ce serait différent. Le sujet avait changé. Le titre aurait pu être « Les mauvaises actions de ma vie ». Les épisodes de l'enfance étaient amusants, et Mike rit de bon coeur à plusieurs reprises. Il était bon de rire, même s'il avait encore les côtes endolories de ses pleurs de la nuit précédente.

Au fur et à mesure que le temps s'écoulait, certaines des

choses qu'il revoyait commençaient à l'embarrasser. Violette les connaissait sûrement toutes et il ne tenait pas à les revivre. Plus le temps passait, plus il se faisait petit dans son fauteuil. En fait, il se sentait de plus en plus mal à l'aise.

Il avait dix ans et se trouvait dans l'église. Il s'amusait à faire circuler les dessins obscènes qu'il avait conçus avec ses petits copains. Ils les glissaient dans les enveloppes de l'église, puis dans la corbeille qui circulait parmi les fidèles pour recueillir les dons de la semaine. Ensemble, ils riaient en imaginant l'expression des dames patronnesses qui dépouillaient les enveloppes de la quête pour compter les fonds. Vraiment, ils s'amusaient beaucoup !

À l'âge de douze ans, Mike s'était faufilé dans la cour et avait fait démarrer le tracteur de son père pendant que ses parents étaient à l'église. Il avait feint d'être malade pour rester à la maison. Le tracteur démarra sans problème, mais Mike ne savait pas comment le faire avancer. Il essaya chaque manette et chaque pédale, de plus en plus frustré. Il ne comprenait pas le fonctionnement de la pédale d'embrayage et pensait que, comme pour la voiture familiale, une pédale servait à avancer et une autre, à arrêter. Il entendit plusieurs bruits étranges et, bien sûr, il brisa le mécanisme d'embrayage.

Lorsque son père découvrit le problème, il demanda à Mike de lui dire la vérité.

– Mike, as-tu essayé de démarrer et de faire avancer le tracteur ?

– Mais non, voyons !

Mike eut aussitôt honte et se sentait encore honteux aujourd'hui. Son père savait la vérité ; Mike le voyait dans ses yeux. Ce jour-là, Mike comprit ce que signifiait rompre l'unité familiale. Le sentiment était affreux et l'avait poursuivi toute sa vie. Le facture de réparation faramineuse avait fait prendre conscience à Mike de sa stupidité et les avait tous contraints à se priver de nourriture décente pendant plusieurs semaines. Chaque fois qu'ils se mettaient à table, Mike dégustait le résultat de son geste. Il lui fallait en plus le revivre en couleurs et en trois dimensions ! Il se fit menu dans son fauteuil. Quelle vraisemblance !

En grandissant, Mike devint plus fort. À l'époque, les élèves se suivaient d'une école à l'autre tant et aussi longtemps que leurs parents respectifs habitaient au même endroit. C'est ainsi que le tyran Henry et Mike continuèrent de fréquenter les mêmes écoles. S'il menait le bal au primaire, il en fut autrement au secondaire. Il ne dépassait plus les autres d'une tête comme autrefois et les règles du jeu devinrent plus équilibrées. Henry ne réussissait pas bien en classe et il obtint difficilement son diplôme. Michaël profita de chaque occasion qui s'offrait de lui rendre la vie impossible. Il se servit de sa taille et de sa popularité pour l'intimider, l'injurier ou le menacer.

Au cours des premières années du secondaire, il se servit de son pouvoir de président pour l'exclure de tout ce qui pouvait être bon. Il utilisa habilement son influence pour éloigner l'ancien tyran d'événements agréables, comme la remise des diplômes et de domaines où il excellait. Mike agissait toujours sans demander l'avis de personne et se réjouissait de chaque occasion qui s'offrait de ruiner ses années au secondaire. Même si Henry savait ce qui se tramait, il n'y pouvait rien. Il fut éventuellement en mesure de se venger, mais Mike n'en sut rien avant de se retrouver dans son fauteuil violet pour voir toute la situation se dérouler devant lui. C'était Henry qui lui avait fait perdre son poste de président ; c'était lui qui avait lancé les rumeurs qui l'avait empêché de conserver son poste.

Plus tard, Mike avait appris que Henry avait mal tourné et qu'il s'était retrouvé en prison. Il s'était souvent demandé si les choses se seraient passées autrement si Henry avait pu faire tranquillement son chemin durant ses années de secondaire. Mike avait honte de ce qu'il avait fait et se voyait de nouveau confronté à ses actions du passé.

Il se trouvait vraiment stupide. Le film montrant ses mauvais coups était plutôt long, et l'aspect immoral ressortait avec le temps. Michaël avait peut-être même détruit toutes les chances d'un homme. Il se sentait tout à fait nul mais continua de regarder l'écran.

Au cours de sa dernière année au secondaire, il avait triché à un examen. Sa moyenne générale était bonne, mais sa note était faible en histoire des États-Unis. Il en imputait la faute à un professeur ennuyant et réussit, en utilisant la clé conservée d'un ex-président de classe, à se procurer une copie de l'examen. Il estimait que c'était une douce vengeance puisqu'on l'avait injustement accusé et puni quelques années auparavant. À son esprit, son geste était tout à fait justifié.

Mais la situation se gâta. Le sort voulut que l'enseignant remarque immédiatement le progrès subit de Mike et l'accuse du geste qu'il avait commis. Mike, mettant à profit sa forte personnalité et s'appuyant sur ses bonnes notes dans les autres matières et sur sa réputation, dénonça le professeur à l'administration. Ce dernier vit inscrire à son dossier une remarque qui ruina sans doute la progression de sa carrière. Mike n'en avait jamais eu conscience avant de s'installer dans le fauteuil moelleux de la salle violette.

Oh ! Quelle horreur ! Être victime de la vie est déjà difficile mais se regarder mentir et tricher est horrible. Mike ne désirait plus voir ces images et aurait souhaité qu'on y mette fin.

Son voeu se réalisa. Il n'y avait pas d'incidents intéressants à observer à l'âge adulte. Toute sa vie avait été chavirée par le décès de ses parents. Il avait mûri rapidement, et une intégrité ferme s'était développée en lui. Il portait fièrement le nom de sa famille, et le travail ardu de ses parents lui servait de modèle. Il soupira d'aise lorsqu'il entendit encore une fois le bruit de la pellicule sur la bobine indiquant la fin du film. Cette fois, le projecteur s'arrêta et les lumières revinrent graduellement. Violette s'approcha près de lui.

– Michaël, voudrais-tu me suivre ?

Sans dire un mot, Mike obéit en se tirant lourdement du fauteuil où il avait passé tant d'heures. Il espérait ne plus jamais le revoir et détesta cet endroit où on lui avait déroulé le film de sa vie. En sortant, il jeta un coup d'œil au projecteur, s'attendant à voir tous les films qu'on lui avait montrés depuis les deux derniers jours, mais l'endroit était propre et dégagé.

Violette était l'entité la plus prévenante qu'il ait rencontrée. Elle n'était pas pour autant meilleure que Bleu, Orange ou Vert, mais elle était différente. Chaque ange avait manifesté des qualités que Mike avait appréciées. Violette dégageait de la bienveillance et de l'affabilité. Mike aurait voulu s'installer dans la maison violette pour y vivre sous cette tutelle parentale apaisante. C'était merveilleux d'écouter sa conversation. Tout était si facile quand elle était là. Ce sentiment était familier à Mike ; il réalisa que c'était le sentiment d'être un enfant sans responsabilité. Il était donc normal qu'il l'ait rencontrée dans la Maison des responsabilités. Elle représentait un parent, et Mike se sentait comme un petit enfant, dégagé de la vie.

Violette le guida vers une grande pièce. On aurait pu croire que c'était une salle de conférences mais on n'y trouvait que deux fauteuils. Il y avait un tableau d'affichage sur un des murs et plusieurs symboles et graphiques sur les autres.

Dans les premières maisons, les anges ne s'étaient jamais assis si longtemps. Puisqu'ils ne se fatiguaient pas et n'avaient pas besoin de dormir, ils n'avaient pas besoin non plus de s'asseoir comme les humains. Ils le faisaient uniquement pour les mettre à l'aise, comme maintenant. Violette avait pris place devant Michaël.

– Michaël Thomas de l'Intention pure, comment te sens-tu ? Elle avait entamé la conversation par une question qui permettrait à Mike d'exprimer ses émotions au sujet du dernier jour de projection, ce qu'il fit, y ajoutant une pensée qui avait accaparé son esprit au cours de la soirée précédente.

– Ma chère Violette – Mike l'aimait vraiment beaucoup – je sais que tu ne peux intentionnellement blesser un humain ; je sais que ta conscience angélique ne te permet pas de causer de la douleur, de la souffrance, du doute ou de la peur. Mais en me montrant ces films, tu as produit tout cela et je suppose qu'il y a une explication. Comment je me sens ?

Mike s'arrêta un peu pour réfléchir, car il voulait exprimer ses émotions des derniers jours le plus honnêtement possible.

– Agressé, dit-il, horrible, attaqué, triste de mes propres échecs, coupable de mes actions, en colère contre ceux qui m'ont assailli, dévasté par la peine produite par des circonstances indépendantes de ma volonté, abattu, tourné vers l'intérieur. Mike ouvrait totalement son coeur à Violette. Il le faisait sans trop d'émotions puisqu'il les avait toutes exprimées la nuit précédente. Il essayait de décrire ce qu'il ressentait à Violette. Les mots vinrent d'abord aisément, puis il commença à se répéter. Violette le laissa tout de même poursuivre. Le processus de libération était en cours. Michaël s'était exprimé, s'était plaint et plaint encore. Il ne demanda jamais pourquoi on lui avait montré ces films. Intuitivement, il savait que Violette allait répondre à cette question... et il avait raison.

Quand il eut fini, il eut soif. Il but l'eau qu'on avait laissée à sa portée et indiqua par un geste de la main qu'il avait terminé. Violette se redressa et commença son enseignement.

– Michaël, lui dit-elle en le regardant droit dans les yeux avec une intensité dont l'origine devait être divine, il en était certain. « En tant qu'humain préparant son retour *chez lui,* c'est la dernière fois que tu ressens quelque chose du genre. » Elle le laissa réfléchir quelques instants et se leva pour se diriger vers un mur en apparence tout blanc. Elle déroula un parchemin fixé à l'extrémité du mur, près du plafond, ce qui rappela à Mike les cartes géographiques fixées aux murs des classes au-dessus des tableaux noirs. Le parchemin portait les mêmes étranges caractères de style arabe déjà vus dans la Maison des cartes. Il ne parvenait pas à les lire.

– Mon rôle consiste à t'expliquer que toi, ainsi que tous ceux qui se sont retrouvés dans ta vie, avez soigneusement planifié ce que tu as vu se dérouler sur l'écran du « cinéma de la vie » au cours des deux derniers jours. Mike écoutait attentivement, sans vraiment comprendre comment c'était possible.

– Planifié ?

– Oui.

– C'est impossible. Il y avait des accidents, des coïncidences, des faits divers, plusieurs facteurs dus au hasard.

– Tu as tout planifié avec les autres.

– Mais, comment ?

– Michaël Thomas, tu sais déjà que tu es une entité éternelle. Tu es ici pour obtenir l'autorisation et la formation nécessaires pour rentrer *chez toi,* pour retourner sur cette terre sacrée où tu crois trouver des réponses, la paix, un sens à ta vie, selon ta propre définition des choses. Ce que tu ne sais pas encore, c'est que tu as fait en tant qu'humain sur la terre plusieurs séjours. Cette fois, tu es Michaël Thomas.

Mike avait déjà entendu parler des vies antérieures, et une personne de confiance lui confirmait encore cette notion qu'il accepta avec émerveillement. Violette continua.

– Lorsque tu n'es pas sur la terre, tu planifies les leçons de ta prochaine vie, car tu es le seul à connaître tes besoins. En collaboration avec les autres, tu prépares tes leçons de vie. Certains acceptent de te mettre au défi. D'autres consentent à être le sable de ton huître pendant des années ! D'autres encore acceptent d'être plus près de toi et certains même mourront pour t'aider à réaliser tes besoins et les leurs. Cela fait partie de leur contrat ! Ébahi par cette information, Mike demanda :

– Mes parents, savaient-ils ?

– Vous le saviez TOUS, Michaël, et c'est le plus grand présent que tu aies reçu de toute ta vie. Les yeux de Violette laissaient voir une compassion comme Mike n'en avait jamais vue. Elle le connaissait à un tel point ! Elle était prête à tout lui expliquer, s'attendait à de fortes émotions et pouvait répondre à toutes ses questions. Elle était formidable.

– C'est assez complexe, vois-tu Michaël. Chaque incarnation humaine est reliée aux autres. Des contrats sont établis avant ton arrivée, prévoyant ta puissance d'apprentissage et de croissance. Tu es l'épine de quelqu'un d'autre et une perle d'une valeur inestimable. Ce que tu appelles accident ou coïncidence est soigneusement planifié.

– C'est la prédestination ?

– Non, tu choisis tout. Le chemin est tracé et tu peux décider de le suivre ou non. Tu peux même en créer un nouveau si tu le désires. C'est d'ailleurs exactement ce que tu es en train de faire. Lorsque tu as exprimé l'intention d'emprunter ce chemin, tu as balancé le contrat que tu avais conclu avec les autres. Tu es allé au-delà des événements planifiés pour l'apprentissage de tes leçons et tu as plutôt choisi la mine d'or. Maintenant, tu as une véritable vision d'ensemble de toute la situation.

– Mais pourquoi les films, alors ?

– Pour que tu puisses revoir chaque détail de ta vie qui te semble négatif et comprendre que tu as participé à sa création. Tu as pris part à sa planification et tu l'as accomplie selon un plan établi. En d'autres termes, tu es responsable de tout.

Mike était étonné par toutes ces idées. Il n'en comprenait pas encore le mécanisme.

– Et si j'avais voulu tout changer ? Pourquoi ai-je choisi des expériences si difficiles et si tragiques ? Violette était prête à répondre.

– Lorsque tu n'es pas ici, Michaël, tu possèdes l'esprit de Dieu. Tu n'en es pas conscient maintenant, mais c'est ainsi. La mort et les circonstances émotives sont de l'énergie vers Dieu. Tu es éternel, et les allées et venues des humains sont destinées à des objectifs beaucoup plus élevés que tu ne le crois, un but que tu comprendras un jour quand tu prendras ma forme. Pour l'instant, qu'il te suffise de savoir que ce que tu appelles tragédie, malgré toute l'horreur que tu y perçois dans ton état d'esprit actuel, peut être le catalyseur d'un changement planétaire, d'une augmentation de la vibration et d'un présent au-delà de toute imagination. C'est la vision d'ensemble qui compte, et non pas l'événement réel. Malgré la confusion qui peut s'en dégager pour l'instant, c'est ainsi. Violette arrêta quelques instants pour permettre à Mike de réfléchir. Puis, elle reprit.

– Pour ce qui est de changer les événements, c'est un choix que tu as toujours eu, mais qui est caché à la plupart des humains. C'est le test de la vie, Michaël. Tu pourrais regarder la situation de cette façon : lorsque tu quitteras la maison, tu auras tendance à suivre la route. C'est la solution la plus naturelle. C'est facile et tu n'as pas à penser à ta direction. Le chemin est là et t'indique la voie ; alors, pourquoi ne pas le suivre ? Mais, en vérité, sur la terre des sept maisons, le chemin mène toujours dans la même direction, ondulant légèrement. Voilà pourquoi, tu pourrais atteindre la maison suivante sans doute plus rapidement si tu te dirigeais dans sa direction, sans emprunter le chemin. Tu pourrais même découvrir des merveilles sur ta route, hors des sentiers battus. Le chemin ondule mais conduit toujours dans la même direction, vers l'avenir. La plupart des humains restent sur la route, ne réalisant jamais qu'ils peuvent la quitter s'ils le désirent. C'est lorsqu'ils font autrement que tout change pour eux, surtout leur avenir. Ils commencent en fait à s'écrire un nouveau futur dès qu'ils expriment l'intention de quitter la voie. Ils trouvent la paix lorsqu'ils parviennent à mieux maîtriser leur vie. Ils découvrent leur but. Certains passent même par ici ! Violette avait un sourire entendu.

– Et la Maison des responsabilités ? interrogea Michaël.

– C'est ici que tu apprends que TOI, Michaël Thomas de l'Intention pure, est directement responsable de tout ce qui constitue ta vie. La tristesse, la peine, les présumés accidents, les pertes, ce que les autres t'ont fait, la douleur et, oui, même la mort. Tu savais qu'elle serait là, tu l'avais planifiée avec les autres, et tu as joué le jeu jusqu'à maintenant.

– Dans quel but ?

– Dans un but d'amour, Michaël. L'amour le plus élevé. Tu connaîtras le plan d'ensemble au moment opportun. Pour l'instant, tu dois saisir que tout est important et fait partie d'un amour que tu connais déjà et auquel tu participes dès à présent. Les apparences sont parfois trompeuses.

Les mots résonnaient aux oreilles de Michaël. *Les apparences sont parfois trompeuses.* C'était les paroles du premier ange, celui de la vision qui avait suivi le vol. Puis les autres les avaient aussi prononcées. L'esprit de Mike se récitait ces nouveaux concepts. Puis, il se rappela les paroles de Bleu dans la Maison des cartes. *Ce sont les contrats de tous les êtres humains de la planète.* Dans les petites cavités que Bleu gérait, et il y en avait des millions, se trouvaient les plans éventuels de toute l'humanité, établis par les individus eux-mêmes et prêts à être altérés par ceux qui le souhaitaient.

La vérité du message frappa soudain Mike comme une masse. Si seulement il avait su ça lorsqu'il était jeune. Il aurait tellement mieux compris la vie. Il aurait pu changer son futur. Il aurait pu trouver la paix. Les décès, les amours perdus, la dépression, quels éléments d'espoir et de sagesse ils auraient pu constituer ! La pensée du choix lui permettant de modifier sa vie l'éblouissait. Violette avait raison. Mike avait suivi le chemin de sa vie sans broncher, permettant à tout ce qu'il avait planifié de se produire. Il avait du mal à saisir cette notion de planification. Elle le rendait responsable de tout ce qui s'était passé. Il se retrouvait devant une perspective totalement différente. Ça lui aurait été si utile ! Sa vie aurait été complètement différente. Aucun membre de l'Église ne lui avait appris une chose pareille. Il aimait Dieu et il avait toujours accepté le caractère sacré de sa demeure, mais on lui avait toujours appris qu'il était un mouton qui suivait un berger. Aucun enseignant spirituel ne lui avait dit qu'il avait tant de pouvoir.

– Violette, s'il en est ainsi, pourquoi ne m'a-t-on pas appris ça à l'église ?

– L'Église n'enseigne pas tout sur Dieu, Michaël. Il arrive même qu'on t'y apprenne beaucoup de choses sur les humains et sur ce qu'ils pensent de Dieu. Violette ne portait pas de jugement et ne critiquait pas les humains ; elle rapportait simplement les faits.

– L'Église a-t-elle eu tort ?

– Michaël, la vérité est la vérité, et tu en trouveras des parties dans l'ensemble de tous les systèmes spirituels. Tu es hautement respecté pour ta recherche de la vérité à propos de Dieu. L'amour, les miracles et le mécanisme du fonctionnement des choses sont tous présents à un certain degré dans ton lieu de dévotion. Voilà pourquoi tu y ressentais l'esprit de Dieu. L'esprit honore la quête, même en présence d'une connaissance partielle. N'oublie pas que ton existence véritable t'est inconnue même maintenant, au moment où tu entends la vérité. Ton Église et toutes les quêtes spirituelles de ta planète sont grandement respectées parce qu'elles représentent la recherche de Dieu et de la vérité spirituelle. Mais il est triste que les humains exercent un contrôle sur cette quête et l'empêchent de se développer en la limitant et en maintenant ceux qu'ils dirigent dans la peur.

Le mérite se trouve dans la recherche et non dans la découverte. Le caractère sacré de la planète réside donc chez celui ou celle qui foule son sol et non dans ses édifices aux nombreux clochers. Violette s'approcha du parchemin qu'elle avait déroulé. « Tu penses que tes Saintes Écritures sont sacrées. Regarde bien ceci, dit-elle en lui indiquant l'écriture cryptique du papier. Ce sont les dossiers akashiques de l'humanité. Ils contiennent les dossiers de toutes les vies et des contrats potentiels. » Elle fit une pause pour marquer son respect. « Michaël, ce sont là les écrits les plus sacrés de l'univers et ils ont été écrits et réalisés par ceux qui ont décidé d'être des humains. »

Elle le regarda fixement, ce qu'elle n'avait pas fait depuis quelque temps. Il saisissait le message. Tout à coup, il se rendit compte qu'elle avait adopté une attitude de respect à son égard, de respect spirituel. Le renversement des rôles le mettait mal à l'aise. Il voulait en apprendre plus et elle répondait à sa demande.

Les jours qui suivirent dans la Maison des responsabilités s'écoulèrent dans la découverte de messages profonds sur l'humanité et la vie. Non seulement Mike en apprit-il davantage sur ce qu'il était, mais il sut qui il avait été. Toutes les pièces du casse-tête s'imbriquaient les unes dans les autres. Violette lui fit voir les dossiers et les contrats de ses parents et d'autres qui avaient traversé sa vie. Tout ce qui lui était transmis était parfaitement approprié et il ne vit rien qui aurait pu changer son avenir. Toutefois, une image beaucoup plus étendue de sa vie commençait à prendre forme. Le détail le plus impressionnant ? Que les humains sont en fait des parties de Dieu qui errent sur la planète sans le savoir, ce qui leur permet de transformer les caractéristiques spirituelles et la vibration de la terre même ! Violette faisait constamment référence aux humains comme à des personnages haut placés. Les humains étaient des entités qui devaient changer le fondement même de la réalité sur une très vaste échelle ; et tout tournait autour des leçons apprises sur la terre, leçons qu'ils avaient planifiées ensemble !

Puis, il fut temps de repartir. Mike se sentait une nouvelle créature. Sa connaissance du déroulement des choses avait décuplé. Il avait tout assimilé et sentait qu'on l'avait induit en vérité. Au moment où il revêtait son armure pour entreprendre le voyage qui le mènerait à la prochaine maison, il entendit les paroles d'Orange résonner à ses oreilles. *L'épée de la vérité, le bouclier de la connaissance, l'armure de la sagesse.* Les éléments s'assemblaient pour former un tout spirituel serré. Il comprenait que les armes présentaient un caractère cérémonial et un but. Les paroles lui étaient répétées, expliquées et il parvenait finalement à les comprendre.

Violette raccompagna Mike au seuil de la porte.

– Michaël Thomas de l'Intention pure, tu me manqueras.

– Violette, j'ai l'impression de quitter la maison et non d'être en route pour m'y rendre. Mike se sentait près d'elle et elle était devenue en quelque sorte un membre de la famille. Jusqu'à présent, il avait rencontré trois anges frères et, maintenant un ange mère ! *Qu'est-ce qui m'attend maintenant ?*

– D'autres membres de la famille, lui dit Violette, saisissant ses pensées.

À la porte, Mike retrouva ses chaussures où il les avait déposées. Il se rappela aussi qu'on n'avait pas répondu à sa question sur ce point. Il regarda tour à tour ses chaussures et Violette.

– Encore une chose, dit-il, souhaitant savoir pourquoi on lui avait demandé de les enlever.

– Oui, Michaël, je n'ai pas oublié. Mais tu peux me répondre maintenant. Elle souriait, attendant patiemment la réponse. Mike la savait, mais hésitait à la verbaliser. C'était tellement grandiose, tellement flatteur !

– Dis-le Michaël. Violette reprenait son rôle d'enseignante.

– Parce que l'humain est sacré. Et parce que dans cette maison, les humains foulent une vibration plus élevée. Visiblement émue, Violette répondit :

– Je n'aurais pu espérer de meilleure réponse, Michaël Thomas de l'Intention pure. C'est en réalité la présence de l'humain et non celle de l'ange qui rend cette place sacrée. Michaël, tu es vraiment un être humain extraordinaire. Je rends hommage au Dieu en toi. J'ai une question à te poser. Mike connaissait la question mais permit tout de même à Violette de la poser.

– Michaël, est-ce que tu aimes Dieu ?

– Oui, Violette, j'aime Dieu. Il était sur le point d'éclater. Il ne craignait pas de montrer ses émotions à Violette. Il était triste de quitter l'endroit où il avait retrouvé l'énergie qu'il croyait avoir perdue à tout jamais à la mort de ses parents. Il se retourna et descendit quelques marches, et puis se retourna encore.

– Tu me manqueras, mais tu resteras dans mon coeur.

Il se lança sur le chemin qui le mènerait à la prochaine maison et se retourna une fois de plus pour ajouter une dernière chose à l'ange qui le regardait s'éloigner.

– Regarde Violette !

Dans un style théâtral et avec des mouvements d'enfant, Michaël Thomas quitta le chemin tracé dans un grand envol et s'aventura dans la plaine luxuriante. Il se retourna et s'écria :

– Regarde, j'ai décidé de tracer mon propre chemin ! Il riait et sautait et continua ainsi jusqu'à ce qu'il ne puisse plus apercevoir la maison violette.

–Violette demeura sur le seuil jusqu'à ce qu'il disparaisse. Telle une mère, elle était remplie de fierté. Puis elle rentra et referma la porte. Elle reprit sa forme naturelle, qui n'était pas humaine mais tout de même magnifique et s'adressa aux autres.

– Si c'est là un spécimen de la nouvelle génération d'humains, toute une étape spirituelle nous attend !

***

Sur le sentier, quelques mètres plus loin, une créature horrible attendait. La forme répugnante avait soigneusement préparé son piège et elle était convaincue que Michaël Thomas ne pourrait soupçonner ce piège. L'entité négative savait que Mike avait quitté la maison et avait repris sa route. Elle le sentait et était ravie !

Il ne faudra pas longtemps, maintenant. Alors que Michaël Thomas me croira derrière lui, je l'attaquerai par devant. Il ne saura pas ce qui se passe ! Elle s'amusait de l'astuce qu'elle avait réussi à imaginer dans cette terre de rêve. À tout instant maintenant...

L'horrible forme attendit longtemps. Michaël Thomas avait quitté le sentier.

CHAPITRE NEUF

La Cinquième Maison

Il ne fallut pas longtemps avant que Mike s'aperçoive que le trajet hors du sentier battu comportait certains défis. Il devait constamment vérifier la position du soleil pour s'assurer de marcher dans la bonne direction. De plus, il consultait régulièrement sa carte pour ne pas rater la maison. Il progressait donc beaucoup plus lentement.

Malgré ces quelques difficultés, il trouvait l'étape plus agréable que les autres. Il réalisait un désir de rendre Violette fière de lui. Il le faisait aussi pour lui, pour se prouver qu'il pouvait s'opposer à tout ce qui était établi, même en terre spirituelle. Il songeait aussi qu'une fois suffirait et que lorsqu'il aurait atteint la prochaine maison, il reprendrait probablement le sentier tout tracé pour se rendre aux autres demeures. C'était plus facile, sans faire obstacle à ses choix. En fait, il sentait plus que jamais que sa décision de rester sur le sentier s'affermirait parce qu'il aurait connu l'opposé. Il pouvait faire un choix éclairé depuis qu'il avait expérimenté les deux façons de voyager et ne se sentait pas tenu de suivre la voie tracée.

Mike constata aussi que l'impression d'être surveillé avait disparu. Avait-il conjuré le sort de son poursuivant ? L'entité sombre et sinistre qui le poursuivait avait-elle tout simplement disparu ? Non. Dans sa sagesse, Mike comprit que le fait d'avoir modifié sa façon de se déplacer avait confondu la vilaine créature qui s'était acharnée sur lui depuis le début. Elle réaliserait sans doute rapidement ce qui s'était passé et se mettrait à sa recherche. Dans ces conditions, Mike devait faire preuve de prudence, assurer ses arrières et surveiller la voie qui s'étendait devant lui.

Au bout de quatre heures environ, le ciel se couvrit. Michaël ne se faisait pas d'illusions. Une autre de ces tempêtes bizarres, effrayantes et violentes se préparait ; mieux valait songer à se trouver rapidement un abri. Il se rappelait que la dernière fois il s'était retrouvé écrasé au sol, priant qu'on lui conserve la vie.

Mike sortit sa carte pour voir ce qui l'entourait. Encore une fois, elle lui indiquait son entourage immédiat. Il constatait qu'il venait de passer un abri ressemblant à une grotte. Mike se rappelait l'avoir contournée, mais du côté opposé à son ouverture. Il remit la carte dans ses bagages et rebroussa chemin jusqu'à ce qu'il retrouve l'entrée de la grotte.

Pendant le peu de temps qu'il avait mis à revenir sur ces pas vers l'abri qu'il croyait trouver, la tempête avait pris une ampleur étonnante. Le ciel était devenu noir et le vent s'élevait. La pluie commençait à se joindre aux vents lorsque Mike entrevit l'ouverture de la grotte et décida de presser le pas. Au moment même où il franchissait l'entrée, la nature se déchaîna. Mike dut se placer tout au fond de la grotte pour éviter de se faire mouiller ou d'être attiré par la force colérique des éléments. Il ne pouvait s'empêcher d'être émerveillé par la vigueur de l'intempérie et remercia Bleu de lui avoir remis cette carte lui ayant permis de se mettre à l'abri du danger au tout dernier moment. Encore une fois, la carte, toujours à jour, lui avait rendu un fier service.

Il regarda le spectacle, bien au chaud, à l'intérieur. Il ne pouvait quitter des yeux l'action terrible qui se déroulait dehors. Quelle chance d'être en sécurité !

Alors qu'il se demandait pourquoi il y avait de telles tempêtes sur cette terre sacrée, il lui sembla entendre la voix de Bleu.

– *Michaël Thomas, il n'y a jamais de tempête sur cette terre, sauf lorsqu'un humain est sur la voie de l'apprentissage.*

– Tu veux dire que si je n'étais pas ici, il n'y aurait pas de tempête ?

– *Oui*, lui répondit la voix de Bleu.

– Mais, je n'en fais pas partie. La tempête ne m'atteint pas.

– *Voilà !* dit Bleu en riant. *Tu as appris à te servir de la carte.*

Crois-le ou non, des humains ont écarté la carte dès le début de leur voyage, pensant que c'était une blague. Tu as compris son rôle, et son caractère « actuel » est devenu ton mode de vie. Tu as un pied dans le temps spirituel présent, mais tu apprends aussi à mesurer le temps linéaire au fur et à mesure que tu progresses sur la route. Voilà pourquoi, lorsque la leçon de la tempête se présente, tu peux y échapper et te mettre à l'abri. Michaël, nous t'aimons tendrement !

Cette idée fit sourire Mike. Tout ça pour lui ! Une telle énergie ! Et toute cette planification ! Il regarda dehors et hurla au vent :

– Tu peux te calmer maintenant. Je suis en sécurité. Il ne parvenait pas à arrêter de rire.

La tempête dura environ deux heures. Le temps s'éclaircit au crépuscule. Mike se demandait s'il avait le temps d'atteindre la prochaine maison et s'il parviendrait à la trouver sans la présence du soleil. Cependant, il se sentait bien et apte à se défendre. Il examina la grotte, observa l'angle du soleil et se dirigea vers le nord, où il savait trouver la maison.

Il n'avançait pas très vite dans cette obscurité. C'était la première fois qu'il était dehors en pleine nuit sur cette terre. *Y aurait-il des étoiles, une lune ?* Il le sut rapidement. Il ne vit rien de tout cela. Lorsque la dernière lueur du crépuscule eut disparu, il se retrouva dans la noirceur totale. Et quelle noirceur ! Impossible de voir la carte. *Il comprit qu'il aurait dû rester dans la grotte.* Il n'était pas prêt à affronter ce type de situation. Il s'assit, ne voulant pas trébucher sur un objet qu'il n'aurait pas vu en travers du chemin.

Au bout d'une heure dans cette obscurité totale, Mike remarqua que ses yeux fonctionnaient d'une étrange façon. Peut-être se passait-il quelque chose de bizarre ? Plus tôt, le soleil s'était éteint à l'ouest comme il se devait. Mike en avait déduit que le nord se trouvait du côté de cette montagne qu'il avait décidé d'utiliser comme point de repère. Or, comme il n'y avait ni lune ni étoiles, il ne parvenait plus à voir la montagne, du moins au début. Faiblement, au nord, le sommet de la montagne commençait à se poindre. La même lueur rouge qui avait accompagné le coucher de soleil était tout à coup visible, faisant ressortir le point de repère que Mike s'était fixé. Et un éclairage quelconque provenait de cette direction.

Mike se leva, alerte mais prudent. Cette faible lueur rouge émanant du nord lui permettait graduellement de voir la terre qui l'entourait. Il se dirigea, lentement et silencieusement, vers la lueur rouge. Il glissait ses pieds sur le sol, pour éviter d'être surpris par une dénivellation trop abrupte. Penché vers l'avant et scrutant le sol du regard, il avançait à pas de tortue.

Dans son cheminement laborieux, Mike trébucha et tomba sur une surface plutôt douce. Le sentier ! Il avait décidé de l'abandonner, et c'est lui qui le retrouvait au moment opportun. Quel endroit étrange !

Mike vit que le sentier formait un angle oblique par rapport à la montagne qu'il avait choisie pour lui indiquer le nord. Il était par contre convaincu que le chemin le mènerait vers la prochaine maison qu'il n'avait pas encore dépassée, il en était certain. De plus, il constata que la lueur provenait d'un point vers lequel le sentier se dirigeait. Il se plaça vers ce qu'il estimait être le centre du sentier et continua d'avancer toujours très lentement. Il essayait de se tenir au milieu du sentier, mais, de temps en temps, il en frôlait ses extrémités. Il riait.

C'est encore pire que le brouillard sur la côte de Santa Monica, en juin ! Il se rappelait avoir circulé à bicyclette le soir dans un brouillard si épais qu'il parvenait à peine à discerner la ligne blanche au centre de la route. Comme il aurait voulu que le sentier ait une ligne blanche !

Mike remarqua qu'à l'approche de la lueur, il pouvait voir plus clairement. Peu à peu, le sentier devint presque complètement éclairé, ou du moins, suffisamment pour que Michaël puisse se redresser et marcher normalement. Il devait tout de même être prudent. Il ne connaissait pas l'origine de la lumière et devait être prêt à toute éventualité.

Au détour du chemin, Mike comprit l'origine de la lueur. Il n'en croyait pas ses yeux ! C'était la prochaine demeure. Elle était d'un rouge vif. Mike constata qu'à l'encontre des autres maisons, celle-ci brillait vraiment de l'intérieur.

Il se permit de ralentir son rythme à l'approche de la maison rouge. La lumière de la maison se rendait jusqu'à lui et, en s'approchant, Mike vit la pancarte indiquant MAISON DES RELATIONS. Il s'arrêta.

– Oh là là ! dit-il en soupirant. Voilà une matière que j'ai déjà ratée ! J'espère qu'il n'y a pas d'autres films !

– Eh oui, il y en a ! Le jeune ange rouge était apparu soudainement sur le palier. « Salut à toi Michaël Thomas de l'Intention pure. Nous croyions t'avoir perdu. »

– Pas de chance, mon ami rouge, dit Mike, j'ai tout simplement décidé de prendre mon temps. Je suppose que je n'avais pas particulièrement envie de voir tes films. Ressemblent-ils à ceux de Violette ?

– Absolument pas !

L'ange rouge était magnifique. Une véritable vedette de cinéma, un personnage d'action au corps taillé au couteau. Il était immense. Il avait une personnalité décontractée et agréable, de sorte que sa haute stature n'effrayait pas, comme dans le cas des autres anges d'ailleurs. Ses vêtement rouges lui donnaient un air sacré. Mike se rappelait avoir vu cette couleur chez les hauts prélats de l'Église.

– As-tu faim, Mike ?

– Terriblement.

Rouge guida Mike dans la maison, après lui avoir fait signe d'enlever ses chaussures ! Il fit un clin d'œil à Mike, comme pour lui rappeler pourquoi le sol était sacré. Michaël était intimidé d'attirer encore une fois tant de respect et ne dit rien. Il retira ses chaussures et les déposa devant la porte.

Comme auparavant, l'extérieur de la maison ne laissait rien prévoir de son intérieur. La maison était immense. Elle comportait des escaliers, des arches, et les fenêtres laissaient voir des paysages qu'on ne devinait pas de l'extérieur. Décidément, Mike ne s'habituerait jamais à l'inconsistance entre la physique et la réalité. Tout ça n'était pas sans lui rappeler *Alice au pays des merveilles,* et il se demanda si l'auteur avait déjà visité cette terre dans ses rêves. Quelle pensée étrange ! Devait-il chercher un lapin blanc ?

– Blanc, c'est la suivante, Michaël ; pas de lapin hélas !

Mike rit. Donc, la prochaine maison était blanche ! La Maison blanche ! Il trouvait l'idée amusante et Rouge aussi. Mike avait le sentiment que ce qu'il allait apprendre ici serait intéressant. Il percevait Rouge comme un membre de sa famille. Tout comme Vert, Rouge aurait pu être son frère, peut-être même un frère célèbre. Bleu et Orange étaient comme des oncles et, bien sûr, Violette était la mère. Il avait hâte de rencontrer le père !

– Tu as l'impression de faire partie de la famille ? Rouge s'était arrêté devant les appartements de Mike. Et, bien sûr, l'odeur de nourriture se percevait aisément.

– Oui !

– Tu ne pouvais mieux tomber. Tu es dans la bonne maison. Rouge avait guidé Mike jusqu'à la salle à manger et, comme toujours, un merveilleux repas l'y attendait.

– À demain matin, Michaël Thomas. Dors bien et que tes leçons t'apportent la paix. Avant de se retirer et de refermer la porte, Rouge lui souhaita un dernier bonsoir.

Mike riait sous cape en constatant la politesse dont les anges faisaient preuve au fur et à mesure qu'il avançait sur son chemin. Il se sentait très en paix. Il savait que Rouge était au courant de ses expériences dans la maison violette ainsi que des sentiments et des émotions puissants qui en avaient surgi dans l'âme de Mike. Il appréciait qu'on lui fasse savoir que les prochaines leçons seraient différentes.

Mike mangea d'un bon appétit. Il n'avait pas pris de repas durant la journée et son parcours dans la noirceur avait exigé beaucoup d'énergie, plus qu'il ne l'avait d'abord cru. Fatigué, il s'endormit aussitôt après le repas. Il était calme et ressentit la paix et le confort que lui offraient la maison rouge. Il dormit paisiblement et profondément, tout comme s'il avait déjà atteint son but.

***

Plus tard, alors que Michaël Thomas dormait profondément, une créature verte, sale, repoussante et en colère boudait sur le sentier, devant la maison rouge. La forme sombre et répugnante savait que Mike était à l'intérieur. Elle avait attendu encore et encore sa venue au détour de la route, mais rien ne s'était produit.

La silhouette difforme écumait de colère et de rage bouillante, et n'y comprenait rien. Comment Mike avait-il su qu'elle l'attendait ? Il devait avoir quitté le chemin. Michaël avait effectivement atteint la maison sans suivre le même parcours. Mais comment ? L'entité malveillante savait que les anges ne pouvaient intervenir. Ils n'avaient donc pu lui dire qu'elle était là. Il faudrait revoir le plan d'attaque. En devançant Michaël, elle l'avait perdu. Fallait-il retourner à la tactique de la poursuite ? C'était en tout cas, la façon de savoir où Mike se trouvait. Que faire ?

Comme d'habitude, l'horrible créature trouva une place pour faire le guet en attendant que Mike reparte de la maison rouge. Tant et aussi longtemps qu'elle savait où Mike se trouvait, elle était contente. L'entité négative s'occupa à penser à sa confrontation avec Mike. Elle refit sans cesse des plans, révisant les stratégies et en construisant de nouvelles. Il faudrait beaucoup d'énergie et un peu de tricherie mais elle connaissait bien Michaël Thomas. L'entité connaissait ses pensées et ses réactions et réexamina les techniques à utiliser pour la réussite du plan. La confrontation aurait lieu sur le chemin menant à la dernière maison, là où Michaël serait le plus vulnérable. Elle attendrait. Il fallait compter sur la ruse. Il faudrait faire semblant, emprunter une autre forme, quelque chose que la masse verte ne parviendrait à maintenir qu'un court instant, mais c'est tout ce qu'il fallait.

***

Comme dans les maisons précédentes, Mike se leva et enfila les vêtements prévus à son intention. Propres et frais, ils étaient rouges. Michaël se rappela encore une fois les paroles d'Orange qui lui avait dit qu'il n'y aurait pas de déchets humains reliés à ses repas sur cette terre. Mike se rendit également compte que sa barbe n'avait pas poussé depuis le début de son voyage. C'était en quelque sorte comme si le temps était suspendu, prévenant le fonctionnement et le vieillissement de ses cellules. Quel endroit ! Il se régala du petit déjeuner préparé pour lui dans la pièce attenante et songeait à son périple lorsqu'on frappa à la porte. Rouge entra.

– Je vois que tu es frais et dispos, Michaël Thomas.

– Tout à fait. Merci de cette charmante hospitalité. Mike se sentait bien. Il était encore ébahi de l'apparence éblouissante de Rouge.

– Tu mérites tout cela, Michaël Thomas de l'Intention pure, dit Rouge en souriant. Puis, il fit signe à Mike de se lever et de le suivre dans la salle de formation de la Maison des relations. Rouge guida Mike vers des pièces qu'il n'avait pas vues la veille. Cette maison était très différente des autres. Tout ce rouge rendait Mike vivant et énergique. C'était une sensation extraordinaire. Puis, ils arrivèrent dans une grande salle de spectacle dont la disposition ressemblait étrangement à celle de la maison violette, sans oublier le fauteuil moelleux, encore une fois trop près de l'écran. Rouge savait que, de cette place la projection risquait d'indisposer Michaël à la suite de son expérience dans la maison précédente.

– Ce n'est pas ce que tu crois, Michaël, dit Rouge d'un ton rassurant.

– Merci, mon ami, dit Mike avec reconnaissance. Dois-je m'asseoir ?

– Oui.

Rouge se dirigea vers l'arrière de la salle comme l'avait fait Violette avant lui et entreprit de faire fonctionner l'équipement. Confortablement installé dans son fauteuil, Mike était prêt, et la projection commença.

Cette fois, il n'y avait pas de son. Rouge expliquait ce qui se déroulait sur l'écran. Il avait eu raison. Les images étaient régénératrices, formatrices, inspirantes et extraordinaires ! Il n'y avait ni tristesse ni repli sur soi, et les émotions de Mike n'étaient pas sollicitées. On avait plutôt l'impression d'assister à une présentation de diapositives et non à des images animées.

– Tu vois, Mike, tout ceci traite de la famille. Tu as déjà appris dans la maison précédente que tu joues plusieurs rôles sur la planète et il en va de même pour ceux qui sont autour de toi. Tu as aussi appris que tous les humains acceptent et planifient la direction de leur vie avant même de la commencer. Maintenant, le temps est venu pour toi de comprendre la relation entre les acteurs. Nous allons bien définir la famille.

Incrédule, Mike vit apparaître devant lui, vingt-sept beaux visages. Rouge leur attribua des noms très longs que Mike n'avait jamais entendus. Ils avaient tous une résonance angélique et Mike pensa qu'il devait être difficile de les écrire. Il entendit des noms comme Angenon, Aleeilou, Beaurifee, Vereeifon, Kooigre, et encore bien d'autres. Ensuite, Rouge lui présenta ce qui ressemblait à l'arbre généalogique de chacun. En tête du tableau, Mike vit des noms terrestres et des visages qu'il reconnaissait mais aussi des noms et des visages inconnus. Michaël reconnut d'abord ses parents, des amis de l'école ou de l'église, des confrères de travail et plusieurs personnes qu'il avait à peine connues. Il y avait même des étrangers. Mike prit le temps d'identifier chacun d'eux. Il revit des enseignants qui l'avaient influencé ; il revit Henry le Tyran et son premier amour, Carole ! Il vit son ami John, puis le voleur qui l'avait presque assassiné dans son appartement. Et, il revit Shirley, la femme qu'il avait aimée et perdue à Los Angeles.

Il y avait d'autres images de gens qu'il ne connaissait absolument pas. Une femme attira particulièrement son attention. Elle arborait une magnifique chevelure rousse, des yeux verts et un sourire éclatant. Mike ressentait l'énergie de cette image, sans savoir pourquoi. L'image suivante lui fit dresser les cheveux sur la tête ! C'était la femme ivre dont la voiture avait percuté celle de ses parents et causé l'accident fatal. Elle avait été tuée sur le coup et Mike pensa qu'elle l'avait bien mérité. Mais qu'est-ce qu'elle faisait là ? Mais... sa propre image était là aussi.

Sous la première rangée de photos, reliées entre elles par des lignes, se trouvaient d'autres images de gens à leur tour reliées par des lignes horizontales.

– Tu vois, chaque ligne horizontale représente la durée d'une vie, Michaël Thomas, dit Rouge pendant que Mike examinait l'ensemble. Ce sont toujours les mêmes acteurs. Les noms changent et les genres aussi, mais ce sont les mêmes entités et elles composent ta véritable famille. En groupe, vous voyagez à travers le temps ; certains s'ajoutent, d'autres se retirent mais vous formez tous une famille. Maintenant, tu vas entendre leur histoire.

Ce qui se produisit ensuite fut l'un des phénomènes les plus extraordinaires et les plus révolutionnaires que Mike eut jamais expérimentés. Il fut totalement décontenancé par ce qu'il vécut dans la salle aux fauteuils rouges et en présence du magnifique ange de la même couleur. Il était immobile et bouche bée dans son fauteuil rouge, revêtu de ses vêtements rouges.

La première image dans l'angle supérieur gauche du tableau se décupla soudain pour couvrir toutes les autres et s'anima. Puis, il y eut du son et Shirley, l'amour de Mike, apparut vivante sur l'écran, dont elle sortit pour se placer devant Mike. Elle était réelle et ne faisait plus partie d'un film ou d'une séance de diapositives. Elle s'adressa directement à Mike et se mit à lui raconter son histoire.

– Michaël Thomas, je suis Reenuei de Quadril Cinq. Je fais partie de ta famille et je t'aime tendrement. Pour toi, dans cette vie, je suis Shirley. Au siècle dernier, j'étais Fred, ton frère. Puis avant, Cynthia, ton épouse. Michaël Thomas de l'Intention pure, nous avons un contrat dont l'énergie s'appelle le karma. Nous avions prévu nous rencontrer encore dans cette vie, ce que nous avons fait. Nous avons conclu une relation entreprise il y a des siècles et nous l'avons bien fait. Nous avions convenu de générer en toi des sentiments qui te mèneraient à la croisée que tu franchis maintenant. C'est le présent que nous avons échangé. Nous avons accompli cette étape ensemble.

Mike restait bouche bée. Elle n'était pas une image sur l'écran, mais bien réelle. Il écoutait une entité qu'il connaissait bien lui dire qu'elle était Shirley, qu'il l'avait connue avant, encore et encore. Quelle manifestation d'amour ! Chaque parole regorgeait de vérité et de signification. Chaque explication se révélait indéniablement complète. Quelle histoire ! Quel endroit ! Mike ne savait pas si Shirley pouvait l'entendre là où elle était, mais la silhouette incontestablement réelle qui se tenait devant lui méritait une réponse.

– Merci, chère Shirley ! Mike salua celle qu'il avait connue et aimée. Il avait capté la relation selon un angle tout nouveau. Elle était devenue une amie plus qu'une femme qui avait ruiné sa vie. Shirley disparut graduellement de l'espace occupé devant lui.

L'image qui se présenta ensuite faisait référence à une relation d'amour complexe, à une intrigue. C'était le professeur de secondaire préféré de Mike, M. Burroughs. Il lui expliqua avoir fait partie de sa vie à plusieurs reprises, comme bien des gens d'ailleurs. Cette fois, ça avait été durant la formation scolaire de Mike. Le rôle de celui-ci était évident. Ils s'étaient en fait aidés mutuellement de plusieurs façons, ce dont Mike n'était pas vraiment conscient. Ils avaient un contrat et l'énergie karmique de l'apprentissage, bien que très subtile. Mike le salua à haute voix, et l'image de son professeur s'évanouit également.

Soudainement, grande comme la vie, apparut l'image de son père. Mike n'était pas triste : son père était vivant ! La forme de ce dernier se retira de l'écran pour prendre tout bonnement place devant Mike. Il commença à parler et Mike l'écouta avec grand plaisir.

– Michaël Thomas, je ne suis pas qui tu crois, dit une entité douce dont la voix résonnait différemment de ce que Mike avait connu. Je suis Anneehu de Quadril Cinq et je fais partie de ta véritable famille. Le visage que tu vois devant toi est celui de ton père et j'ai joué mon rôle dans la vie humaine exactement comme je l'avais planifié avec ta mère et toi avant même que nous n'arrivions sur terre. Tout ce qui s'est passé était pertinent et nous sommes partis rapidement pour accomplir encore plus dans d'autres domaines spirituels. En te quittant pour vaquer à d'autres occupations, nous t'avons laissé ton plus grand présent, Michaël. Notre départ a servi de catalyseur à ton illumination. Nous étions nés à la vie et avions à enseigner la lourde leçon karmique de la mort et tout s'est déroulé comme prévu. C'est la raison pour laquelle tu occupes ce fauteuil. Nous t'aimons tendrement pour le voyage que tu accomplis et pour le fait que tu reconnaisses maintenant le présent.

Mike sentait la vie émanant de cette entité qui s'adressait à lui. Il mémorisa son nom Anneehu. Il voulait que sa résonance soit désormais empreinte en lui. Comment la tristesse pouvait-elle entourer la mort de son père, maintenant qu'il savait la vérité à ce sujet ? La notion de présent prenait de plus en plus d'importance au fur et à mesure que l'entité qui avait été son père poursuivait son histoire. Elle l'entretenait des guerres qu'ils avaient faites ensemble, des frères et des soeurs qu'ils avaient été, il y avait bien longtemps, sur des continents qui n'existaient déjà plus sur la terre.

Quand le père de Michaël eut terminé, il sourit et s'évapora, comme les autres avant lui. Mike était ému, mais ni triste, ni replié sur lui-même. Tout était tellement énergisant ! Il parla à l'image de son père au moment où elle disparaissait.

– Je suis très reconnaissant de ce présent. Mike était convaincu de la véracité de ces faits et inclina la tête en signe de respect.

Sa mère apparut ensuite et Mike écouta avidement, cloué sur sa chaise, son histoire sur la leçon karmique auprès de lui et des autres.

– Je suis Eleeuin, aussi de Quadril Cinq. Je t'aime tendrement et t'ai accompagné de nombreuses fois par le passé. Elle poursuivit son explication des rôles qu'elle avait joués dans ses vies. Elle l'avait même tué, alors qu'ils étaient deux soeurs. Elle parla de l'énergie créée par les actions d'une vie et qui se répercutait sur les suivantes et de la façon dont elle participait aux leçons d'interaction. Elle n'ébranla pas Mike sur le plan émotif et ne suscita pas en lui de mélancolie. Elle lui donna de l'information dans un style magnifique. Elle aussi était réelle, vivante. Lorsqu'elle commença à disparaître, il s'adressa aussi à elle.

– Merci du présent, Eleeuin. Mike tenait à se souvenir des véritables noms de ses parents. Se rappeler ceux de tous les autres était au-delà de ses compétences mais il voulait conserver ces deux-là éternellement dans sa mémoire.

Une à une, les images se manifestèrent devant Mike dans

toute leur réalité. Elles se présentèrent et évoquèrent l'amour qu'elles avaient eu pour Michaël Thomas. Elles parlaient souvent de la famille et toutes venaient de cette place au nom étrange de Quadril Cinq.

Durant la journée, Mike ne rencontra que neuf des vingt-sept visages qui figuraient à l'écran, et les lumières furent rallumées. Silencieux, Mike constata encore une fois qu'il n'avait pas pris de repas du midi. Rouge quitta son poste de projectionniste et se planta devant lui.

– Fatigué ?

– Non, vivifié ! Faut-il arrêter ? Rouge rit de bon cœur et fit signe à Mike de le suivre vers la salle à manger.

– Nous avons des images pour deux autres journées encore. Presque toute la famille y passera ! Des millions de questions venaient à l'esprit de Mike se dirigeant vers la salle à manger.

– Rouge, je t'invite à dîner. Je sais que vous ne mangez pas mais j'ai tellement de questions à te poser.

– Oui, bien sûr. Rouge s'amusait. Mike pensa qu'il avait certainement autre chose à faire, oubliant qu'il était là pour lui et tous les autres qui empruntaient ce chemin.

Ils pénétrèrent dans la salle à manger où deux places avaient été mises. Surpris, Mike regarda Rouge.

– Qui mange avec nous ?

– Je pensais que tu m'avais invité, dit Rouge d'un ton légèrement ironique.

– Mais tu ne t'alimentes pas !

– Qui a dit ça ? Rouge s'amusait vraiment et il s'installa à la table devant Mike avant de se verser un verre de jus de fruits. Mike était ébahi.

– Je n'ai jamais... enfin, les autres anges n'ont jamais mangé. J'ai conclu que... Rouge l'interrompit.

– Michaël, les anges n'ont pas besoin de se nourrir mais je vais me joindre à toi dans cette obligation humaine parce qu'il est agréable pour toi d'avoir de la compagnie pour dîner, n'est-ce pas ?

– Exact. Mike ne pouvait réfuter cet argument. Il y avait des semaines qu'il ne s'était pas attablé en bonne compagnie. Il avait bien failli en avoir lorsqu'il était avec Vert. Au moins, il n'avait pas toujours été seul à l'heure des repas. Rouge était amusant. Il était peut-être le plus amusant d'eux tous.

– Je me sens honoré de cette pensée, lui dit Rouge en mangeant son pain, lisant dans ses pensées. Mike dînait en prenant de nombreuses poses pour faire place aux questions s'adressant à Rouge.

– Ce qui vient de se passer est-il réel ? Quand ces gens me parlaient, le faisaient-ils par le biais d'un nouveau type de projection technique que je ne connais pas encore ? Rouge ne put s'empêcher de rire encore une fois, en s'essuyant le menton avec sa serviette.

– Pourquoi les humains veulent-il absolument associer la réalité à l'illusion ? Même lorsque la vérité saute aux yeux, les humains la rejettent parce qu'elle leur semble irréelle. Décidément, je ne comprendrai jamais !

– Et alors ? insista Mike.

– Absolument réel. Plus réel que la réalité sur terre, Michaël. Ils sont ici, en personne, pour toi, dans cette maison.

Sans véritablement comprendre, Mike continua quand même à interroger Rouge.

– Et tous ces noms aux consonances étranges ? J'ai remarqué que mon image n'en avait pas, seulement l'écriture bizarre que j'avais déjà vue.

– Tu en as un, Michaël, mais il est dissimulé pour l'instant. Tu l'apprendras un jour, si nécessaire ; ou du moins la partie que tu parviendras à prononcer. Pour l'instant, c'est sans incidence sur ton illumination. Tu vois, tu ne sais pas mon nom et ça ne t'a pas empêché de profiter de ton temps ici. Rouge prit une autre bouchée.

Michaël ne s'était jamais arrêté au fait qu'il ne connaissait pas les noms des anges qu'il avait rencontrés dans les maisons. Il les nommait par leur couleur. Ça semblait plus facile ainsi, et tous l'y encourageaient.

– Rouge, quel est ton véritable nom ? Mike voulait vraiment le savoir. Il reprit encore un peu de salade en attendant la réponse de Rouge.

– Tu supposes qu'un nom est un son ?

Mike remarqua que Rouge mangeait très maladroitement. C'était la première fois, de toute évidence ! La nourriture s'échappait de sa bouche et retombait dans son assiette. Il avait utilisé quatre serviettes jusqu'à maintenant et tentait de son mieux d'imiter les manières des humains en matière de consommation. C'était d'ailleurs très drôle mais Mike était trop préoccupé par ses questions pour s'arrêter à ce détail. Ce n'est que plus tard qu'il en rirait, mais pas aux dépens de Rouge bien sûr. Rouge poursuivit, après s'être encore une fois essuyé la bouche.

– Tous les noms des entités de l'univers constituent de l'énergie, y compris le tien et le mien. Ils ont des couleurs, des vibrations, des sons et même... une intention ! On ne peut les attribuer simplement comme un son résonnant dans l'air, comme un nom terrestre. Tous les noms que tu as entendus ou lus aujourd'hui ne représentent qu'une partie de l'énergie du nom entier de l'entité. Tu les as entendus ou lus du mieux que tu le pouvais, en fonction de tes capacités. Lorsque les entités spirituelles se rencontrent, elles peuvent « voir » les noms. Chaque entité porte avec elle sa lignée entière et ses réalisations dans les couleurs et les vibrations de son *Mer-Ka-Ba,* le nom du corps angélique. C'est beaucoup plus complexe que ce que tu peux saisir maintenant, Michaël, parce que c'est interdimensionnel.

– Rouge, dit Mike, comptant en apprendre plus long, aujourd'hui, dans la salle de cinéma, pourquoi certaines images de la rangée du haut n'ont-elles pas présenté leur histoire alors que ç'aurait dû être leur tour ? Mike pensait surtout à la femme à la chevelure rousse dont l'énergie l'avait frappé. Elle était dans la première rangée, mais n'avait pas pris la parole.

– Ce sont des humains que tu n'as pas encore rencontrés, Michaël. Rouge but une gorgée de jus et tenta sans succès d'éviter que le liquide ne coule de chaque côté de sa bouche. Il dut avoir recours à une autre serviette, la septième !

– Alors, ceux que je n'ai pas connus, ils ne comptent pas ?

– Les contrats non remplis ne sont normalement pas montrés

ici, Michaël. Ça ne signifierait rien pour toi puisque tu n'as pas rencontré ces personnes. Ceux qui se présenteront à toi sont ceux que tu connais déjà.

Mike s'appuya sur le dossier de sa chaise pour mieux réfléchir à une pensée qu'il n'avait pas eue depuis quelque temps. Il s'interrogea sur la pertinence de ce voyage au pays des sept maisons. S'il était resté à Los Angeles, il aurait pu connaître les personnes dont les plans spirituels correspondaient aux siens. Avait-il mis fin à quelque plan cosmique ? Quelles en seraient les conséquences ? Rouge « écoutait » et répondit à la question non formulée.

– Michaël, écoute-moi bien. Certaines choses qui s'offrent à toi sont incompréhensibles sur le plan des trois dimensions. Ton esprit n'est pas celui de Dieu ici. Tu ne peux pas savoir ce que nous savons déjà. Tu es encore humain et nous t'aimons beaucoup pour ce que tu es. Il se passe plus de choses ici que tu ne le crois. Tu as choisi de quitter le chemin, et c'est un accomplissement. Il n'y a rien d'inapproprié dans ce que tu as choisi de faire. Nous ne t'apporterions pas toute notre aide s'il n'était pas sacré que tu sois ici au moment présent.

Mike n'avait jamais perçu son choix de faire ce voyage comme une décision sacrée. Il continuait à le percevoir telle une fuite. Il apprenait à rentrer *chez lui* et, pour une raison quelconque, c'était un geste honoré et béni de ces êtres angéliques. Rouge avait raison. Mike ne voyait pas la situation dans son ensemble.

– Vais-je comprendre un jour ?

– Lorsque tu seras devant la porte du but et que tu l'ouvriras, tu comprendras.

Rouge se leva et quitta gracieusement la pièce. Après son départ, Mike se leva et alla se placer près de la chaise qu'il avait occupé. On aurait cru qu'un enfant de trois ans avait mangé là. Les miettes de nourriture et le jus étaient répandus partout. Mike éclata de rire.

– Rouge, je t'aime, s'exclama-t-il. Mike réalisa la générosité de Rouge, qui avait accepté de partager son repas. Il avait essayé ! *Même les anges ne sont pas doués dans certains domaines, je suppose.* Puis, il se mit à réfléchir et se demanda s'il y avait des choses que Dieu ne pouvait pas faire ! Une voix se fit immédiatement entendre à son esprit... celle de Violette !

– *Oui, Dieu ne peut pas mentir. Dieu est incapable de détester. Dieu ne peut prendre de décision partiale dans son champ d'amour. C'est essentiellement la raison pour laquelle il y a toutes ces leçons sur la terre, pour que Dieu puisse subir un test d'impartialité.*

Oh là là ! Mike savait que quelque chose de profond venait d'être divulgué mais il n'y comprenait rien. *Sans doute qu'en temps et lieu, ces choses prendront leur véritable sens,* pensa-t-il. Que c'était bon d'entendre la voix de Violette encore une fois. Quel endroit magnifique !

Durant son sommeil, Mike revit les deux entités angéliques Anneehu et Eleeuin entourées de couleurs vives et de motifs géométriques. Une vraie merveille ! En dépit du spectacle de lumières, il dormit très bien.

***

Michaël était impatient de recommencer le lendemain. Il engouffra son petit déjeuner et suivit Rouge dans la salle de spectacle. Il se rua littéralement vers son fauteuil moelleux et attendit les exposés et les paroles éclairées de sa nouvelle famille. Tout était parfait.

Henry le Tyran, se présenta à lui. Il parla du contrat qui les liait et de sa lourdeur. Mike et Henry avaient navigué ensemble autrefois et leurs vies d'alors avaient dicté les leçons à tirer dans celle qu'ils venaient de franchir. C'était fascinant et surtout plein de sens. Ils étaient associés dans une danse d'énergie éternelle. Il disparut, et Mike le remercia d'avoir si bien joué son rôle.

Ensuite, la femme qui avait provoqué l'accident de ses parents s'adressa à lui. Elle prenait plaisir à s'exprimer. Elle se qualifiait de « catalyseur final » un autre langage spirituel que Mike ne captait pas encore. Elle laissait entendre que ce soir-là elle avait rendez-vous avec les parents de Mike sur cette route de campagne sombre et qu'elle s'était présentée à l'heure prévue. Elle parla des sessions de planification et de la façon dont les entités avaient applaudi lorsque tout fut joué. La mort offrait une énergie tout à fait différente pour ceux qui étaient de l'autre côté. Une vraie pièce de théâtre !

La femme ne s'excusa nullement pour ce qu'elle avait fait. Elle n'avait pas à le faire puisque tout était dans l'ordre des choses. Mike ne portait plus de jugement. Il abonda même dans son sens.

– Merci du précieux présent, dit-il. Il avait prononcé ces paroles sincèrement.

Le défilé des membres de la famille était terminé pour la journée. Mike se leva pour aller dîner. Il avait rencontré neuf autres personnes. Cette fois, il n'invita pas Rouge à manger, mais lui demanda tout de même de rester avec lui pendant le repas. Il avait d'autres questions à poser et ne voulait pas être distrait par la nourriture éparpillée ici et là et le jus renversé !

– Rouge, plusieurs de ces entités vivent encore sur la terre. Comment peuvent-elles alors se présenter à moi et me parler ?

– Tu fais encore appel à l'expérience humaine pour comprendre la réalité du retour *chez toi*. Le véritable Michaël Thomas peut être à plusieurs endroits à la fois. L'aspect de Dieu qui constitue la partie la plus élevée de ton âme n'est pas entièrement présent lorsque tu es sur la terre. Il est ailleurs, vaquant à d'autres occupations, comme la conception d'autres plans d'énergie avec la famille puisque tu as décidé de changer de route. Rouge souriait pendant que Mike prenait le temps de saisir ce qu'il venait d'entendre.

– De nouveaux plans ?

– Oui, de nouveaux plans.

Mike était estomaqué. Les pièces du casse-tête commençaient à se placer. Les séances de planification se déroulaient non seulement au début, avant son arrivée, mais il devait y en avoir de nouvelles, à cause des choix éclairés qu'il avait faits. Elles faisaient appel à des parties de lui qu'il n'avait même pas conscience qu'elles existaient !

– Cela veut-il signifier que j'ai une personnalité multiple ?

– Michaël, ferme les yeux. Concentre-toi. Rappelle-toi les

événements de la journée. Imagine-toi de nouveau dans la salle rouge... Où es-tu maintenant ?

– Dans la salle rouge.

– Je croyais que tu étais ici en train de manger ?

Mike ouvrit les yeux et regarda Rouge d'un air découragé.

– Attends un peu. C'est dans mon imagination. Ce n'est pas plus important que mes rêves. Mon corps réel est ici. Mes pensées sont dans la salle rouge.

– Bien. Qu'est-ce qui est le plus réel : ton corps ou tes pensées ?

– Mon corps... enfin je pense. Mike était incertain de sa réponse. Rouge ne dit rien. Il se pencha plutôt vers Mike et lui donna matière à réflexion.

– Michaël, la nuit dernière... tu as rencontré tes parents encore une fois. Et cette fois, ils t'ont montré leur énergie réelle et tu les as appelés de leurs noms véritables. Tu as voyagé avec eux et tu t'es bien amusé.

Mike cessa de manger.

– Es-tu en train de me dire que c'était réel ?

– Oui.

– Mais je dormais, c'était un rêve.

– Ta nature humaine ne te permet pas de saisir la réalité de l'esprit, Michaël. Seule ta conscience forme la réalité. L'aspect physique est temporaire. Ta structure cellulaire, bien qu'elle soit un véhicule sacré, n'est que la résidence de ta conscience, et tu peux amener ton esprit où tu veux. Crois-moi, c'est ainsi.

Rouge souriait.

– Je peux quitter mon corps ?

– Tu le fais régulièrement, Michaël. Par conséquent, tu peux être à deux endroits à la fois, comme tu dis toi-même. Ce n'est pas aussi inhabituel que tu le crois. Dans la mesure où tu n'oublies pas de revenir à ton véhicule humain, tout est bien. Tu t'es engagé à mouvoir ta conscience dans ce véhicule, tant et aussi longtemps que tu seras sur terre, mais tu peux quand même voyager.

– Tu dis qu'il y a des parties de moi qui ne sont pas ici ?

– Oui. Rouge connaissait la question qui suivrait.

– Où sont-elles ?

Rouge se leva de sa chaise et se dirigea vers la porte, comptant laisser Mike se reposer pour la nuit. Il se retourna pour répondre à la dernière question.

– Dans le lieu le plus sacré qui soit. Avec tous les autres. Dans le temple de la physique. Avec Dieu.

Sur ce, Rouge se retira.

Mike venait d'entendre une somme importante d'information et ne parvenait pas à la comprendre. *Le temple de la physique ? Qu'est-ce que ça pouvait bien être ? Un projet à la fois physique et religieux ? Ça ressemblait plutôt à un film de Harrison Ford ! Qu'est-ce que ça pouvait bien signifier ?* Chaque nouvelle question semblait en soulever d'autres.

Mike se mit au lit. Tout juste avant de s'endormir, il se rappela ce que Rouge lui avait dit sur la réalité de ses rêves. S'était-il vraiment déplacé la veille, avec ses parents ? Dans l'affirmative, pourquoi ne le savait-il pas clairement ? C'était tellement nouveau, si étonnant ! Mike y pensait encore lorsqu'il s'enfonça dans cet état où l'esprit humain perd toute conscience claire de ce qui se passe vraiment. Il se dirigea encore une fois vers son endroit préféré, là où il s'était rendu plusieurs fois : le point de jonction entre l'amour et la réalité où les membres de la famille se réunissent pour s'entretenir du passé, du présent et du futur. Là où les lois de la physique sont en apparence violées mais où, en fait, elles se créent. Bien sûr, il oublierait tout par la suite.

***

Il en était à sa dernière journée dans la maison rouge. Il ne lui restait que quelques entités astrales à rencontrer, puisqu'on avait passé par-dessus cinq d'entre elles qui ne faisaient pas partie de l'expérience de Mike jusqu'à maintenant. Il revit le professeur qu'il avait signalé à l'administration et le voleur qui avait apparemment tout déclenché en pénétrant dans son appartement. Tout ça semblait si loin !

Mike les écouta tous. Il respectait le fait qu'ils fassent partie de sa famille et qu'ils soient reliés de diverses façons à sa vie actuelle et à ses vies passées. Lorsque tout fut terminé, il possédait une vision d'ensemble comme très peu d'êtres humains en ont. Il comprenait plus clairement le sens de la vie. Encore une fois, il regretta de ne rien pouvoir ramener de tout cela à Los Angeles ou de n'en rien avoir su plus tôt.

S'il avait saisi la notion de contrat et d'énergie karmique plus tôt, il aurait pu comprendre beaucoup mieux la moindre expérience émotive, ce qui aurait fait de lui l'être humain le plus accompli à avoir vécu sur la planète ! Mais peut-être ces choses ne devaient-elles jamais être connues des humains de la terre ? Peut-être était-ce là une partie des leçons dont on parlait si souvent ? C'était comme être dans la noirceur et tenter de voir la lumière à tout prix. C'était un casse-tête immense. Mike se sentait reconnaissant devant la connaissance et l'illumination que lui apportait son périple.

Ce soir-là, Michaël célébra son corps, comme Vert le lui avait appris. Il sentit une autre transition et se comporta exactement comme le lui avait appris Vert. En moins de quelques heures, tout fut terminé, et Mike sut hors de tout doute qu'il avait franchi une autre étape où, d'une certaine manière, la biologie avait fusionné avec son esprit. Il semblait que l'acceptation des connaissances acquises ici et dans les autres maisons avait produit une réaction psychologique de ses cellules. Puis, il se rappela l'explication de Vert sur la façon dont son esprit se manifestait dans chacune de ses cellules. Tout se tenait, décidément.

Il dormit profondément, encore une fois, sans tenir compte de ses voyages astraux et de ses réunions de famille et se réveilla reposé. Après le petit déjeuner, il revêtit son armure, se para de son épée et de son bouclier et partit à la recherche de Rouge. Il était là, prêt à le raccompagner à la porte. Il fut touché à l'approche de Mike.

– Michaël Thomas de l'Intention pure, tu as changé.

– Je sais. Mike était timide à la pensée de la cérémonie et du changement qu'il avait vécus la veille. « Comment peux-tu le savoir ? Comment un ange peut-il déterminer qu'un humain a subi une transformation de vibration ? »

Rouge regardait Mike avec une expression d'ébahissement.

– Tes couleurs te trahissent. Je n'ai jamais vu un humain se transformer si profondément, si rapidement. Tu es un cas unique ici. Tu as tout accueilli et saisi rapidement ce qui t'a été offert. Tu es un être humain vraiment spécial.

Rouge se retourna et guida Mike dans le dédale de corridors, vers la porte d'entrée de la maison rouge. Mike commença à mettre ses chaussures, qu'il trouva là où il les avait laissées. Il n'avait rien compris à propos des couleurs, mais c'était sans importance.

– Je n'oublierai jamais cette maison, mon cher Rouge. C'est ici que j'ai rencontré ma famille pour la première fois.

Rouge souriait. Il savait la vérité. Michaël avait rencontré sa véritable famille pour la première fois en tant que Michaël Thomas, l'être humain. Mais Michaël la connaissait en fait très bien.

– Michaël Thomas, tu n'es pas au bout de tes surprises. Il te reste encore deux maisons. Ta nouvelle maison te permettra de percevoir de façon encore plus intense ce qui t'attend. Te sens-tu prêt ?

Était-ce un avertissement ?

– Y a-t-il un problème qui m'attend ? demanda Mike d'un ton inquiet.

– Tu devras affronter certains défis. Spirituels, physiques et d'autres, qui feront appel à tes émotions humaines avant que tu ne franchisses la porte du but. Ce seront sans doute les plus grands que tu auras rencontrés sur cette terre. Certains pourraient même remettre en question tout ce chemin et sa réalité. D'autres t'étonneront par leur ampleur. Tu pourrais même avoir peur.

Mike réagit en entendant cela. Il savait qu'une épreuve l'attendait. Mais il restait déterminé, jugeant qu'il ne pouvait abandonner après avoir parcouru tout ce chemin.

– Je comprends, dit-il. Je suis prêt.

– Oui, je sais que tu l'es, cher ami humain. Rouge regardait Mike comme s'il le voyait pour la première fois. « J'ai une question à te poser. Tu l'entendras ce matin, puis deux autres fois seulement. La dernière fois sera la plus importante. »

Enfin ! Mike était heureux qu'un ange lui donne des renseignements sur la raison de cette question qu'on lui posait à chacune des maisons. Il devait y avoir un lien avec la septième maison et avec ce qu'il trouverait.

– Je suis prêt à entendre la question, Rouge. Bien sûr, Mike connaissait la question mais voulait laisser à Rouge l'honneur de la poser. Rouge savait que Mike lui laissait savourer ce moment et l'appréciait.

– Michaël Thomas de l'Intention pure, est-ce que tu aimes Dieu ?

– Tout comme je t'aime et aime tous les autres, oui, j'aime Dieu. Mike s'avança et posa un geste qu'il risquait pour la première fois. Il serra Rouge dans ses bras. Il n'était pas facile d'encercler cet immense ange rouge de ses bras, mais Mike fit de son mieux. Rouge accepta gracieusement la salutation physique et se pencha même pour permettre à Mike de le voir dans les yeux. Rouge enlaça Mike complètement, l'enrobant dans le tissu léger de ses vêtements rouges.

– Ce geste est très significatif, dit Rouge en s'éloignant de Mike. Comme Vert et Violette me l'ont dit, tu es le premier dont la vibration permet le contact physique avec un ange. Rouge était ému. « Nous n'avons jamais pu serrer un humain dans nos bras jusqu'à maintenant. Jamais je ne l'oublierai. »

Mike considéra cette remarque comme un compliment et s'engagea sur le sentier le menant à son parcours. Il devait choisir entre la route toute tracée ou l'autre. Oui, cette fois il emprunterait le chemin tracé jusqu'à la prochaine maison, blanche selon ses renseignements. Il se retourna une dernière fois pour saluer Rouge de la main. Rouge était sur le palier et regardait Mike s'éloigner. Il était émerveillé de ses progrès. Il était fier que les présents de Mike et ses armes s'harmonisent si bien à lui en tant qu'être humain. Il ne l'avait jamais vu à un tel degré.

Il ne fallut que quelques instants avant que la répugnante créature imprégnée de mort ne surgisse des arbres et se mette en route derrière l'être humain qui se dirigeait vers la prochaine maison. L'horrible créature ne laissait aucune trace de pas en marchant. Elle passa tout près de Rouge en le regardant de ses yeux féroces. Pour la première fois, l'ange lui adressa la parole.

– Fantôme, tu n'as aucune chance.

Sur ce, Rouge se retourna et se retira dans sa maison rouge.

CHAPITRE DIX

La Sixième Maison

La marche vers la maison suivante se déroula pratiquement sans incident. Mike savait de façon certaine qu'on le suivait. Même s'il n'avait pas peur, il se tenait sur ses gardes. Il pouvait en fait sentir l'énergie sombre de l'entité qui le suivait à courte distance. Il ne l'avait pas sentie auparavant. C'était arrivé soudainement. Michaël Thomas avait-il reçu un nouveau don, un sixième sens ? Il était convaincu de l'existence de cette énergie. Comment était-ce possible ? Quelle était cette chose ? Que voulait-elle ? Pourquoi ne se manifestait-elle pas ? Pourquoi le suivait-elle tout le temps ?

Mike se rappelait la tempête et comment la sombre créature avait surgi de sa cachette pour l'attaquer au moment où il était très vulnérable avant de disparaître quand l'éclair avait frappé. L'entité avait-elle peur de Michaël ? Dans ce cas, il n'avait rien à craindre. Il lui suffisait simplement de garder le fantôme à distance durant le trajet qu'il lui restait à parcourir vers les deux dernières maisons.

Cependant, Mike sentait intuitivement qu'il aurait probablement un moment d'affrontement avec la sinistre chose qui le suivait d'une maison à l'autre. Rouge avait déjà laissé entendre une telle possibilité et la nouvelle intuition de Mike lui faisait appréhender la même chose. *Sois prudent, Mike !* entendait-il encore et encore à ce sujet. Son esprit lui parlait... vraiment ? Il commençait à réaliser que les voix des anges se mêlaient en quelque sorte à la sienne. C'est ainsi qu'il recevait des conseils sur son voyage. Tout était si nouveau.

En poursuivant sa route, il aperçut la chose à deux reprises en jetant un coup d'œil derrière lui. Au moins, c'est là que se trouvait l'entité. Michaël pensa que si elle était brillante, elle le devancerait durant son étape menant de la sixième à la septième maison. *Mieux vaudrait surveiller ça,* lui murmura une voix à l'esprit. Mike sortit sa carte pour vérifier si la sombre entité dégageait une énergie qui y figurerait. La carte était normale, montrant tout ce qui se trouvait à deux cents mètres du point rouge VOUS ÊTES ICI. Mike se retourna pour voir d'où venait le mouvement qu'il avait senti et constata que la chose se tenait en dehors des limites de la carte, donc assez loin. Il ne faudrait pas oublier cet élément d'information précieux.

Mike trouva la maison blanche en début d'après-midi. Elle était petite et toute simple, comme les autres. Il s'approcha, cherchant du regard la pancarte qui lui indiquerait ce qu'il y apprendrait. Sa curiosité fut bientôt satisfaite : il se tenait devant la MAISON DE L'AMOUR. Étrange. Qu'est-ce que ça pouvait bien être ? Il avait trouvé de l'amour dans chacune des maisons. Il avait visité la Maison des relations et en plus, il trouvait sur son chemin une maison consacrée à l'amour.

Il se dirigea vers la porte d'entrée. Aucun ange ne vint l'accueillir. Il chercha l'endroit réservé aux chaussures et le trouva rapidement. Mike se demanda s'il devait attendre un ange blanc mais il décida d'enlever ses souliers et de pénétrer dans la maison.

Il fut envahi par l'odeur de fleurs ! Il se rappelait avoir ressenti quelque chose de semblable. Il se tenait dans le hall d'entrée menant à une vaste pièce blanche et indéfinie. Il s'engagea plus avant dans la maison jusqu'à ce qu'il atteigne un grand espace blanc. Il avait déjà vu cette place : c'était là qu'il avait eu sa première vision ! Tout à coup, le grand ange blanc déjà rencontré dans sa vision se trouva devant lui.

– Salut à toi Michaël Thomas de l'Intention pure ! Nous voici de nouveau face à face.

L'ange arborait un sourire radieux et... quelle voix ! Mike était ravi de le revoir. La superbe qualité de ses vêtements le frappa une fois de plus. L'ange semblait se fondre dans la maison. Mike reconnu immédiatement que Blanc était différent des autres.

Il flottait ! Les autres marchaient. Blanc avait une contenance qui lui conférait presque une distinction divine plus élevée, si la chose était possible. Les autres anges qu'il avait rencontrés étaient devenus ses amis, ses frères. Celui-ci était plutôt comme un prêtre. Il irradiait ! Mike sentait qu'il ne fallait pas le toucher et que son énergie était immense. Les nouvelles forces intuitives de Mike le servaient bien.

– Tu as un visage cette fois, lui dit Mike en clignant de l'œil. Il se souvenait que tous ses traits étaient flous la dernière fois qu'ils s'étaient rencontrés.

– Eh oui, et c'est parce que tu t'es rendu jusqu'ici que tu peux les voir. Tu as bien réussi, Michaël. Ta vibration est plus élevée que celle de tous les humains qui sont passés ici avant toi. Ton nom affiche déjà des couleurs qui en témoignent, des couleurs que tu conserveras, peu importe ton degré de succès ici, que tu te rendes à la prochaine maison ou non.

Tiens, encore cette insinuation. Voulait-on le prévenir qu'il ne réussirait pas ? Est-ce qu'on en doutait ? Rouge lui avait laissé entendre la même chose, avait supposé que peut-être, il flancherait dans les derniers moments de son périple sacré. *Qu'est-ce qui l'attendait de si ardu ?*

– C'est dans cette maison que ton désir de poursuivre sera mis à l'épreuve, dit Blanc, qui captait l'énergie de Mike. Les apparences sont parfois trompeuses. Sers-toi de cette phrase comme guide et tu réussiras ce qui t'attend.

Mike se tenait devant l'ange qui avait exprimé cette idée le premier, une idée qui s'était révélée si vraie ! Elle le prévenait contre les suppositions, le mettait en garde et l'aiderait. Mike souhaitait mieux connaître Blanc.

– Blanc, tu es différent.

– Oui, Michaël. Je le SUIS. Tu es dans la Maison de l'amour. Elle vient au deuxième rang de la pureté dans toutes les maisons que tu auras visitées. Ce n'est pas une maison de formation comme les autres. Elle est la source des maisons. Elle est le centre.

– Mais, elle est la sixième ou la septième d'une série de maisons ! s'exclama Mike.

– C'est que les apparences sont parfois trompeuses, dit l'ange en souriant. Crois-moi, elle est le centre. La disposition des maisons ne sert qu'à ton enseignement ; elle ne fait que se conformer à des exigences humaines.

Mike voulut aussitôt en savoir plus sur la maison.

– Que va-t-il se passer ici ?

– La révélation.

L'ange flotta plus près de Mike. Quel beau visage il avait ! Il servait sûrement à témoigner de l'amour. Magnifique, frappant, et si paisible. Blanc continua à répondre aux questions.

– Une percée au pays des choix. Un réexamen de tout ce qui est. Un autre changement de vibration, si tu le désires.

– Qui es-tu vraiment ? Tu n'es pas seulement l'ange blanc de la sixième maison, j'en suis certain.

– Je SUIS connu de tous, Michaël Thomas, et parce que je suis connu de tous, j'existe.

C'était la même réponse que Mike avait reçue la première fois qu'il avait posé la question. Il n'y comprenait rien.

– Je ne comprends pas vraiment ta réponse, Blanc, mais je suis sûr qu'un jour j'y arriverai. De tous les anges que j'ai rencontrés jusqu'à maintenant, tu es incontestablement le plus grand.

Mike était sincère. Il commençait à réaliser que l'entité devant lui portait une importance spirituelle indéniable et une énergie puissante.

– C'est peut-être vrai, mais il y en a un autre encore plus grand que nous tous.

Blanc attendit pendant que Mike réfléchissait à cette phrase. Puis il tourna en flottant, faisant signe à Mike de le suivre. Il le guida à travers un dédale de corridors flous et indescriptibles. Mike ne distinguait aucun détail ! Les pièces et les corridors, dans la mesure où on pouvait vraiment leur attribuer ces noms, auraient pu avoir n'importe quelle forme.

– Est-ce que j'ai des problèmes de vision ? Tout s'entremêle.

– Presque tout ce que tu vois ici appartient à une dimension plus élevée, Michaël Thomas, et ton esprit est incapable de bien le percevoir. C'est pourquoi je ne suis pas allé t'accueillir à la porte ;

je peux difficilement sortir de la maison car les lois de la physique à l'extérieur n'acceptent pas ma dimension.

Mike savait qu'on l'entraînait sur un terrain de connaissance qui lui était encore inconnu et il ne poursuivit pas le sujet. Blanc le guida vers une porte familière qu'il pouvait distinguer clairement et il lui dit :

– Tes appartements sont à ta mesure. Tu dois y entrer seul. Je t'attendrai ici, demain, après ton petit déjeuner.

Dans toute son élégance, Blanc montrait un sourire radieux, ce qui rendait Mike très à l'aise. Quelque chose dans sa voix portait Mike à vouloir l'entendre encore et encore. Elle était magnifique. Michaël se rappela l'impression que lui avait faite son rire la première fois qu'il l'avait entendu. Il aimait sa compagnie.

– Dois-tu vraiment partir ?

– Oui, mais je serai là demain matin.

– Tu me manqueras.

Mike avait le sentiment de dire au revoir à un membre de la famille perdu de vue depuis longtemps. Il ne voulait pas vraiment qu'il s'en aille. Il ne pouvait se passer de l'énergie qui circulait entre eux. Le phénomène était hors du commun. Il parvint à le verbaliser en quelques mots dans une question que Blanc avait d'ailleurs devinée.

– Blanc, qu'est-ce que je ressens ? Peux-tu me l'expliquer dans des termes que je pourrai comprendre.

– Non. Mais je vais quand même te répondre.

L'ange magnifique était prêt à répondre à tout, même si ses propos dépassaient l'entendement spirituel de Mike. Il dit :

– Je représente la source de la matière. Mon existence est la raison d'être de l'univers. Je vis sur le plan du paradoxe scientifique le plus élevé qui soit, mais je suis responsable des émotions du coeur humain. Je suis le plus petit fragment de la matière et la plus grande partie de l'univers. Je représente l'ensemble de la lumière. Je suis l'espace entre le noyau de l'atome et la brume de l'électron. Je suis la force la plus puissante de l'univers et la plus grande source d'énergie. Je viens de la plus lointaine et la plus puissante force de l'univers. Je suis le sable du sablier et je suis le centre, là où le temps n'existe pas. Je suis la force créatrice qui permet à la matière de réagir à la conscience. Je suis un miracle. Je SUIS l'amour.

Mike ne comprit rien à ce qui venait de se dire, mais il n'en demeurait pas moins ébahi par le message. Une impression de sacré et de sainteté se dégageait de Blanc. Mike se tenait devant un aspect de Dieu sacré et béni. Il n'était pas devant un professeur, mais devant une personnalité, une célébrité à la voix incomparable. Mike avait d'ailleurs eut la même impression la première fois qu'il l'avait rencontré.

– Merci Blanc, lui dit-il, merci beaucoup.

Blanc regarda longuement Mike avant de reprendre la parole. Sa voix soyeuse coula aux oreilles de Mike comme la rosée du matin sur les pétales d'une fleur.

– Tu ne passeras pas beaucoup de temps ici, Michaël Thomas. Demain, je t'expliquerai les quatre attributs de l'amour et je te ferai rencontrer quelqu'un. À la façon dont le regard de Blanc se posait sur lui, Mike savait que quelque chose d'important se préparait. Il ressentit tout l'amour et la compassion de l'ange.

Blanc se retira, laissant Mike sur son appétit : il aurait voulu entendre cette merveilleuse voix plus longtemps, il aurait voulu plus de connaissances, plus de paix. Mais ce qui se dégageait de Blanc c'était la paix ! Malgré son départ, la paix demeurait. Quelle extraordinaire sensation !

Mike avait oublié la faim qui le tenaillait jusqu'à ce qu'il sente l'odeur de nourriture provenant de la pièce voisine. Comme chaque fois, il déposa rapidement ses effets dans le placard et se rafraîchit avant de passer à table.

Après le repas, il dormit mieux qu'il ne l'avait fait de toute sa vie. La qualité de son sommeil surpassa de beaucoup tout ce qu'il avait expérimenté dans les maisons précédentes. Le sentiment de paix était si dense qu'on aurait pu le trancher au couteau. Une sérénité imposante lui apporta un repos profond et complet.

****

Lorsque la vilaine entité aux yeux rouges atteignit la maison blanche, elle ne s'arrêta pas pour grimper à un arbre ou se cacher derrière une pierre et faire le guet. Mike venait d'entrer dans la maison et elle savait que son passage devant la demeure serait inaperçu. La sombre créature poursuivit sa route avec son vil but comme guide. Pendant une heure environ, elle se déplaça rapidement sur la route en direction de la maison suivante et trouva la place parfaite pour l'embûche. Elle examina les environs et tenta de voir tous les points de fuite possibles que Michaël Thomas pourrait essayer. Puis elle s'installa et commença son attente, revoyant tous les points de son plan. La ruse était parfaite. Michaël n'avait aucune chance ; il serait pris par surprise.

Toute personne ayant cheminé sur le sentier au crépuscule de ce soir-là, ou la silhouette difforme s'était embusquée, aurait vu un homme seul, debout sous un arbre, se répétant les mêmes mots encore et encore, comme s'il se préparait à faire un discours. En approchant de cette âme, toute simple en apparence, le voyageur aurait vu les traits d'un honnête fermier et entendu la voix d'un père bienveillant, le père de Michaël Thomas.

***

Mike se réveilla tôt et se prépara. Les appartements qui l'avaient logé étaient semblables à ceux des autres maisons, sauf qu'ils étaient tout blancs. Il avait toujours trouvé que le blanc ton sur ton donnait une allure féminine aux pièces, mais il était en train de changer d'avis. Ici, le blanc apportait la paix et la sérénité. Dans le placard, il trouva des vêtements blancs et les pantoufles assorties.

Il mangea – un délicieux repas d'ailleurs. En plus d'avoir un goût exquis, la nourriture avait une apparence des plus attrayantes. La table avait été dressée sur une nappe blanche et la vaisselle, les verres et même les ustensiles étaient blancs. La couleur des aliments contrastait fortement avec le blanc et donnait l'impression d'un tableau de maître. Mike mangea lentement, se donnant le temps d'admirer l'élégance qui l'entourait. Tout ce blanc lui donnait l'impression d'être dans un château, parmi les membres d'une famille royale.

Après le repas, Mike prit une longue inspiration. Il avait la certitude que le magnifique grand ange blanc l'attendait de l'autre côté de la porte. *Qu'allait-il se passer ici ?* Si l'amour constituait la plus grande puissance de l'univers et que Mike s'en approchait en augmentant sa vibration, que pouvait-il se produire qui parvienne à l'éloigner du sentier ?

Mike ouvrit la porte et se glissa dans le corridor flou de la maison blanche. Il avait raison. L'ange blanc l'attendait à l'endroit où ils s'étaient séparés le veille.

– Bonjour Michaël Thomas, lui dit l'ange d'un ton enjoué.

Mike sentit immédiatement l'immensité de l'énergie qui se dégageait de Blanc.

– Bonjour Blanc !

– Es-tu prêt à franchir la prochaine étape ?

– Oui.

Mike aimait l'atmosphère du lieu malgré la légère appréhension qui le tenaillait. Blanc le mena dans une pièce où il pouvait s'asseoir. Le pièce ne disposait pas de matériel d'enseignement ni d'écrans ni de diagrammes ; ce n'était qu'une salle blanche agrémentée d'un fauteuil où Mike fut invité à s'asseoir. L'ange s'installa devant lui et commença son exposé.

– Michaël Thomas de l'Intention pure, je dois te présenter les quatre attributs de l'amour. Lorsque l'amour divin pur transpercera ton être, toutes tes cellules vibreront de son intensité. Ta perception se transformera. Ton comportement auprès des autres se modifiera. Ton discernement sera puissant. C'est le fondement de toute la création mais, phénomène curieux, votre langage ne possède qu'un seul mot pour désigner cette réalité. Je veux t'en montrer le fonctionnement. Viens, suis-moi.

L'ange souriait. Mike fut surpris par ce qui suivit. Il pensait avoir tout vu dans les cinq premières maisons mais, tout à coup, l'ange l'amenait en voyage. Dans son fauteuil, il fut projeté dans une réalité interdimensionnelle. Blanc et lui avaient toujours l'air réels mais tout ce qui les entourait avait pris l'apparence d'un rêve.

Il était emporté dans un mouvement mais ne se sentait pas étourdi. La pièce blanche et floue se transforma en une gamme de couleurs et de sons qui évoluaient rapidement devant ses yeux. Toujours dans son fauteuil, Mike fut transporté ailleurs et, bien qu'en état de surprise, il n'eut pas peur. Tout était merveilleux !

Peu de temps après, Mike et Blanc atteignirent une « destination » quelconque, choisie par l'ange. Le caractère indistinct de la nouvelle dimension s'estompa soudain et ils se retrouvèrent dans un décor d'hôpital. Mike fut surpris. Il croyait que Blanc l'amenait dans un endroit paradisiaque pour observer l'amour divin. Mais non, il était dans une chambre d'hôpital de dimensions moyennes et un patient était couché sur un lit. Il était branché à de nombreux tubes et Mike s'aperçut qu'il était dans une salle de soins intensifs.

Tout était si réel ! Il entendait tout ce qui se passait et sentait l'odeur des produits antiseptiques que les hôpitaux utilisent sur les planchers et les murs. Il avait passé tellement de temps sur une terre spirituelle et sur un sentier sacré que ces bruits et ces odeurs agressaient ses sens et le faisaient tressaillir. C'était à la fois différent et connu. Les deux voyageurs s'installèrent de façon à bien observer ce qui se déroulait dans la chambre. Ils flottaient en quelque sorte dans un coin de la pièce. L'atmosphère était tranquille et Mike était calme. Seuls les sons des différents appareils médicaux se faisaient entendre. Mike regarda partout. L'homme étendu dans le lit était d'un âge avancé. Il avait le visage terreux et l'air très mal en point. Il avait les yeux fermés.

– Qu'est-ce qu'il a, demanda doucement Mike à Blanc, comme si le patient pouvait l'entendre.

– Il est en train de mourir.

Mike allait poser une autre question lorsqu'une femme au début de la quarantaine pénétra dans la chambre, seule. Elle se tint immobile quelques instants, fixant l'homme sur son lit. Mike comprit qu'elle était unique. L'intuition de Mike demeurait alerte malgré ce cadre qui s'apparentait à une vision.

– Qui est-elle ? demanda Mike.

– Elle est la fille de l'homme qui se meurt. Mais ce que tu vas voir la concerne directement. Elle se prénomme Marie et elle a toutes les raisons du monde de détester cet homme.

– Pourquoi devrait-elle détester son père ?

– Parce qu'il a abusé d'elle alors qu'elle n'était qu'une enfant. Elle en a gardé des séquelles émotives et physiques. Sa vie en a été ruinée.

Blanc se tut pendant qu'ils regardaient Marie s'approcher du lit. L'ange poursuivit :

Sa mère n'en a jamais rien su parce que Marie avait trop peur de lui en parler. Leur relation en a été affectée et Marie a quitté la maison très tôt pour s'éloigner de son père. Sa mère a cru que sa fille s'éloignait d'elle et toutes deux n'ont jamais pu communiquer en tant qu'adultes. Marie n'a jamais rien dit et sa mère est morte en pensant que sa fille ne l'aimait pas.

– C'est terrible. Mike était sincèrement désolé. Il sentait l'injustice de la situation et se sentait triste pour Marie. L'ange regarda Mike, surpris.

– Ils font partie de la même famille, Michaël. Aurais-tu oublié les leçons de la maison rouge ? Mike eut honte. Non, il n'avait pas oublié, mais c'était la première fois qu'il essayait de relier ce qu'il avait appris à propos de sa propre famille spirituelle à un autre humain. Il comprit que Blanc faisait allusion au fait que le père et la fille étaient liés par un contrat karmique, tout comme ceux qui le liaient à sa propre famille spirituelle.

– Les choses se sont gâtées plus tard. Lorsque Marie a voulu vivre des relations humaines normales et se marier, les souvenirs de ses expériences passées avec son père lui gâchèrent sa vie. Elle n'a jamais pu vivre un mariage heureux et avoir des enfants.

Mike soupira et dit :

– Tout un contrat !

Il était touché par la lourdeur de ce qu'avait dû vivre Marie. L'ange jetait un regard d'admiration sur Mike. Il n'avait pas à prononcer une seule parole. C'était sa façon de faire un compliment. Il le savait maintenant.

– Vois-tu, Michaël Thomas, que ce qui s'est passé entre Marie et son père constituait un contrat d'amour incomparable ?

– Oui, je le vois. Mais, en tant qu'humain, c'est un concept que je trouve difficile à comprendre et à accepter.

– C'est ta dualité qui fonctionne ici. En tant qu'être humain, tu ne comprendras peut-être jamais complètement certaines choses et c'est parfaitement normal.

Mike continuait à observer la scène dans la chambre. Marie regardait doucement son père, attendant peut-être qu'il se réveille. Elle déposa certaines de ses choses sur la table de chevet.

– Elle doit le détester horriblement, dit Mike d'une voix à la fois douce et triste.

– Non, Mike, elle l'aime tendrement.

Mike n'en croyait pas ses oreilles.

– Après tout ce qu'il a fait ?

Marie possède des caractéristiques communes aux tiennes et des traits différents aussi. L'ange arrêta et se retourna pour bien voir la réaction de Mike. « Contrairement à toi, elle est sur la terre maintenant mais, comme toi, elle a pleinement pris conscience de tout l'enseignements reçu dans les six premières maisons. »

Mike était éberlué ! Il avait cru que la transformation spirituelle qu'il avait subie n'était accordée qu'aux humains ayant accompli le même périple que lui. Il ne savait que dire. *Comment était-ce possible ?* L'ange vit l'anxiété et la confusion de Mike et poursuivit :

– Marie a initié son propre changement de vibration ; elle a mis neuf ans à le faire. Tu as effectué le tien en quelques semaines ! Tu es vraiment unique. Les renseignements que tu as recueillis dans les cinq premières maisons tout comme ceux des deux dernières, circulent sur la terre depuis les temps immémoriaux. Pour qu'un humain les obtienne, il doit prendre conscience de sa dualité et avoir l'intention de découvrir la vérité à propos de son existence. On a beaucoup écrit sur le fonctionnement des choses et il existe plusieurs humains qui enseignent à obtenir cette compréhension.

Mike demeurait calme. Toute cette information était nouvelle et il devait en prendre note lentement pour bien la comprendre. Il commença à s'agiter. S'était-il trompé au moment de la première vision en demandant à Blanc de lui permettre de quitter la terre et de rentrer *chez lui* ? Il se rendait compte que tout ce qu'il était en train d'apprendre, il aurait pu le faire sans se déplacer.

Blanc, pourquoi lui a-t-il fallu neuf ans ?

– Elle a obéi à son propre rythme, Michaël, et nous lui en accordons tout le mérite. Elle n'a pas eu, comme toi, l'avantage de recevoir l'enseignement directement des anges. Elle n'a pas eu l'honneur de rencontrer les membres de sa famille face à face comme tu l'as fait. Elle ne connaît pas leurs noms angéliques comme toi. Elle a mis plus de temps parce qu'elle vit toujours dans la vibration trois et dans une énergie inférieure. Voilà pourquoi sa dualité est plus forte et qu'il a fallu plus de temps à sa conscience pour se développer et à l'illumination pour s'installer.

Mike s'assit et regarda Marie. Sa vibration était élevée. Pourtant, elle avait l'air si petite et si délicate.

– Ne te laisse pas tromper par les apparences, Michaël, elles sont parfois trompeuses. L'ange blanc avait encore une fois lu l'énergie de Mike. « Elle est une Guerrière de la Lumière. Elle a vaincu le géant et elle est toute puissante. »

Mike se sentait de plus en plus mal à l'aise. *Qu'est-ce que ça voulait dire exactement ?* Il allait le demander lorsque Blanc reprit la parole.

– Michaël Thomas de l'Intention pure, nous sommes ici pour regarder cette femme t'enseigner les quatre attributs de l'amour. Mike n'osait pas bouger. Il sentait qu'il allait recevoir une leçon importante. Alors qu'il croyait s'approcher du but, les choses devenaient plus complexes. L'ange poursuivit :

– Sois bien attentif ; elle porte en elle le même pouvoir que moi. Elle comprend l'amour, Michaël, et pour cette raison, une partie de moi réside en elle. Il n'y a pas de plus grand pouvoir. Elle a aussi accepté l'insigne d'or.

Mike sut que ce n'était pas le moment de poser d'autres questions. Il regardait pendant que Blanc poursuivait son explication sur ce qui se passait.

– Michaël Thomas, le premier attribut de l'amour est celui-ci : L'AMOUR EST SILENCIEUX. Tu vois comme Marie est entrée dans la pièce sans tambour ni trompette ? Son père est très malade. Il ne peut se défendre dans sa faiblesse. Toutes les conditions propices à la vengeance sont en place. Marie aurait pu entrer dans la pièce bruyamment et susciter sa peur. Il est conscient de ce qu'il a fait ; il a honte et se sent coupable. Sa vie aussi en a été affectée et il n'a pas su comment régler la situation. Mais il n'a pas le même niveau de connaissance spirituelle qu'elle. Il n'a pas sa puissance. Regarde comme elle est calme, Michaël Thomas.

Mike et Blanc observaient la scène en silence. Marie replaça les draps de son père. Elle s'assit près de cet homme frêle et appuya sa tête sur sa poitrine. Mike pouvait ressentir ce qu'elle sentait ! Blanc le permettait. Marie avait une attitude de paix et de sérénité. Aucune pensée aigrie n'habitait son cœur. Elle avait entièrement pardonné à son père et ni son esprit ni son cœur ne gardaient de rancœur ou le sentiment d'être victime de la situation. Quelle femme ! Mike sentait la compassion qu'elle éprouvait pour cet homme qui avait si bien rempli son contrat et qui avait imposé une si forte contrainte à la vie de sa fille.

Après un long moment, le père ouvrit les yeux et s'aperçut de sa présence. Elle se leva à son réveil. Ses yeux s'agrandirent et on pouvait y lire la peur et la surprise. *Qu'est-ce qu'elle faisait là ?* Il ne l'avait pas vue depuis des années. *Allait-elle l'invectiver, ou pire encore ?* Il réagissait car les appareils auxquels on l'avait branché commençaient à indiquer un rythme accéléré.

– Regarde, Michaël. Tu verras le deuxième attribut de l'amour : L'AMOUR N'A PAS D'EXIGENCES. Elle pourrait tout exiger de son père à l'instant même, car il est faible et se sent coupable. Il est riche ; elle pourrait revendiquer sa richesse, des compensations en raison de ce qu'il a fait ou même simplement lui demander d'admettre à haute voix ses gestes passés. Elle pourrait le menacer, le ruiner, ou les deux. Regarde bien Michaël.

Marie plaça sa main sur la tête de son père et lui murmura quelques mots à l'oreille. Aussitôt, le fonctionnement des appareils indiqua un ralentissement. Il soupira et Mike vit des larmes couler de ses yeux.

– Que lui-a-t-elle dit, Blanc ?

– Elle a dit : *Je t'aime, papa et je te pardonne complètement.*
Mike était bouche bée devant le scénario qui se déroulait sous ses yeux. Il se demandait s'il aurait eu la force et la sagesse d'en faire autant dans les mêmes circonstances. Il était rempli d'admiration pour Marie.

– Elle ne lui a rien demandé ?

– Non, Michaël, elle se contente tout simplement d'être.
Encore une fois, Mike ressentait les émotions de Marie. Tout le karma entre ces deux êtres était résolu. Elle était libre et accordait en quelque sorte la même liberté à son père sur cet aspect de leur vie à tous les deux. Elle venait de désamorcer un élément qui avait rempli cet homme d'amertume et de culpabilité pendant plus de trente-cinq ans. Son visage en témoignait. Au lieu de chercher vengeance, Marie avait fait un présent à son père. Les larmes coulaient maintenant abondamment sur les joues de ce dernier. Elle se rassit près de lui et encercla de ses bras cet être précieux qui avait été son père puis elle posa de nouveau sa tête sur sa poitrine. Il n'y avait eu aucun échange de paroles. Ce n'était pas nécessaire.

– Michaël Thomas, le troisième attribut de l'amour est le suivant : L'AMOUR NE S'ENORGUEILLIT PAS. Après avoir établi toute la gloire de sa maturité, elle n'a rien à ajouter. Il lui doit beaucoup à cause de cette réconciliation divine, mais elle garde le silence. Elle aurait pu se réjouir de sa puissance et s'enorgueillir de son acte de pardon. Pourtant elle demeure silencieuse. Elle aurait amplement raison de se vanter des neuf années qu'elle a consacrées à atteindre son but, mais elle ne dit rien.

Mike était en admiration devant cette femme. Elle était une guerrière accomplie et percevait des choses que Mike commençait tout juste à apprendre. Et elle était toujours sur la terre ! Quelle vie riche et paisible elle devait connaître ! Tourné vers lui-même, Mike demeurait tout de même ébahi de la scène qu'il venait de voir.

Le père n'avait rien à ajouter. Tout avait été pardonné et chacune de ses fibres ressentait une inestimable paix et un immense soulagement. Marie n'avait posé aucun geste spirituel à l'égard de son père. Elle n'avait fait que s'améliorer elle-même, mais il en avait été atteint. C'était là un autre phénomène qui méritait qu'on s'y arrête. Mike savait que ce qu'il venait d'observer portait une signification importante.

Le père regarda longuement sa magnifique fille et ferma doucement les yeux. Son visage s'éclairait d'un sourire de pure paix. Elle lui avait offert le meilleur présent qui soit, au moment opportun. Les appareils de mesure commencèrent à faire entendre des tonalités différentes pour finalement cesser. Mike sut que le père s'en était allé. Les préposés aux soins se précipitèrent à son chevet, mais il n'y avait plus rien à faire. Après s'être agités autour de lui pendant quelques minutes et avoir effectué les derniers gestes, ils lui recouvrirent la tête et le laissèrent seul avec Marie. Blanc s'adressa à Mike encore une fois :

— Michaël Thomas, le quatrième attribut de l'amour est le suivant : L'AMOUR A LA SAGESSE D'UTILISER PARFAITEMENT LES TROIS PREMIERS ATTRIBUTS ! Elle a utilisé sa carte intuitive, ce qui lui a permis de se présenter exactement au bon moment. Regarde ce qu'elle fait maintenant.

Mike porta son attention sur ce qui se passait dans la chambre. Marie ne pleurait pas sans retenue la mort de son père. Elle n'était pas envahie par la douleur, même si elle ressentait un amour illimité pour cet homme. Elle avait demandé la permission de rester près de lui. Mike la vit poser la main sur la poitrine de l'homme qui avait été son père, la semence de sa propre existence. Elle leva la tête et regarda Blanc et Mike. Elle semblait s'adresser directement à eux. Ils purent entendre sa voix forte pour la première fois.

— Que la terre se rappelle cet homme que j'aime tendrement! D'une voix assurée, elle poursuivit : « Il est venu accomplir son contrat de façon parfaite. J'accepte son présent ! Célébrez son retour *chez lui.* »

Marie rebaissa les yeux, prit ses affaires et quitta la pièce. Mike était ébahi devant ce qu'il venait de voir. Il était rempli de l'émotion du moment. Il venait d'être témoin de l'accomplissement et de la conclusion d'un contrat. Et quelle conclusion !

– C'est la sagesse de l'amour qui a permis à Marie de célébrer la mort de son père et non de la pleurer, dit Blanc dans toute sa propre sagesse. Puis il se tourna vers Mike, voulant susciter l'expression de sa réaction.

– Que ressens-tu devant tout ceci, Michaël Thomas de l'Intention pure ? Avec une grande patience, Blanc attendit que Mike retrouve ses esprits.

– Je sens, dit Mike en avalant la boule qui lui serrait la gorge, je sens que je viens d'apprendre autant en ces quelques instants et par cette femme frêle, qu'auprès de tous les anges depuis le début de mon voyage.

Prenant conscience de ce qu'il venait de dire, il se sentit ridicule et ajouta :

– Ce n'est pas que je n'apprécie pas... Blanc leva son bras flou pour empêcher Mike de continuer.

– Ta réponse était parfaite, Michaël Thomas. Parfaite. C'est l'être humain qui a pu faire la différence. C'est ainsi que doivent être les choses et ainsi qu'elles seront lors des prochaines épreuves.

Puis la scène devint floue et Mike eut encore une fois l'impression qu'il se déplaçait et qu'on le transportait. Ils furent rapidement de retour dans la salle blanche de la maison blanche, là où tout avait commencé. Mike était silencieux.

– As-tu d'autres questions Michaël Thomas ? demanda Blanc. Mike réfléchissait sur ce qu'il aurait vraiment souhaité. Il savait ne pas avoir atteint la puissance de Marie. Il savait que même s'il en avait appris beaucoup et avait compris plus en profondeur le fonctionnement des choses, il n'avait rien de la force silencieuse de Marie. Il avait des outils, une carte magique et une importante somme de connaissances. Il avait atteint un niveau vibratoire élevé et vécu de nouvelles expériences, mais il ne possédait pas l'amour de Marie. Il demanda la question magique.

– Puis-je avoir cet amour puissant, Blanc ?

– Si telle est ton intention, Michaël Thomas.

– C'est mon intention.

– Michaël Thomas de l'Intention pure, aimes-tu Dieu ?

Mike se redressa, se disant que ce devait être la raison pour laquelle tous les anges lui avaient posé la question – pour cet instant précieux, pour qu'il puisse se lever et répondre :

- Oui, j'aime Dieu, dit Mike d'une voix assurée.

– Alors, que ton intention pure crée la puissance.

Mike ne sut pas très bien ce qui se passa ensuite. Il perdit sa conscience d'être humain et rêva... qu'on le transportait quelque part. Il assista à une cérémonie, à une célébration ; on lui remit quelque chose, un présent qui s'intégrerait à sa structure moléculaire. Il vit ses parents de nouveau. Tout était à la fois flou et merveilleux.

Lorsqu'il revint à lui, il était dans le lit de sa chambre blanche. C'était le soir et il était épuisé. Il avait l'impression d'avoir vécu une cérémonie d'initiation quelconque. Son esprit était ombragé et il ne parvenait pas à se concentrer. *Que s'était-il passé ?* Il avait besoin de dormir. Il se glissa sous les couvertures et s'endormit aussitôt. Comme toujours, il dormit profondément.

***

Dès son réveil, le lendemain, Mike sut qu'un autre changement biologique s'était produit en lui. Il resta longtemps assis sur le bord de son lit à réfléchir. Il se sentait reposé, en paix, presque rajeuni ! Même s'il lui était difficile de le définir de façon précise, il avait le sentiment d'être plus sage. C'est tout ce qu'il savait et ça brouillait tout.

Il ne parvenait pas à chasser de son esprit l'image de Marie et de son père. Elle vivait sur la terre et cependant, elle était un être spirituel remarquable. Elle avait accompli de grand changements de vibration et avait la maîtrise de sa vie. Elle était restée là ; elle n'avait pas demandé à rentrer *chez elle*. Elle avait traversé toute l'étendue de la vie terrestre. Lui, il s'y était soustrait !

Avait-il été intègre ? Mike commençait à comprendre que sa nouvelle sagesse le menait à l'introspection d'une façon qu'il n'avait jamais connue auparavant. Bien sûr, il était honnête ; il était probablement l'un des hommes les plus honnêtes qui soient.

Sa vie sur la ferme auprès de parents vertueux avait donné des résultats mais il n'avait encore jamais éprouvé de sentiments tels que ceux qu'il ressentait maintenant. L'honnêteté terrestre ne se comparait en rien à l'honnêteté spirituelle. Celle-ci incluait la sagesse à plusieurs niveaux avant de se transformer en intégrité totale.

Mike saisissait peu à peu ce que Rouge et Blanc avaient voulu dire à propos de son choix de poursuivre la route. Sa nouvelle vision des choses modifiait graduellement son mode de pensée. Empruntait-il la bonne voie ? Y avait-il une quête spirituelle plus élevée que celle qu'il avait entreprise ?

Il continua à réfléchir à la question en s'habillant pour le petit déjeuner. Il se promettait de poser des questions bien précises à Blanc. Les murs, les planchers et les corridors présentaient à ses yeux une forme tout à fait définie maintenant. Il vit certains détails pour la première fois. C'était d'une beauté magnifique ! Mais ce n'était pas tout.

Il était envahi par le sentiment de pénétrer dans le monde des anges. Il sentait qu'il faisait équipe avec la grande entité blanche. Il avait l'impression d'être une partie de la réalité de Blanc. Il l'aimait beaucoup. Cette simple pensée accéléra sa respiration.

– Ta vision s'est modifiée, Michaël Thomas. C'est l'instauration d'un changement dimensionnel et biologique. C'est le même qu'a subi Marie. Tu le vis parce que tu l'as souhaité avec une pureté que nous avons rarement vue. Blanc avait parlé avant que Mike ne s'adresse à lui.

– Blanc, j'ai des questions importantes à te poser.

Alors qu'il avait voulu s'exprimer doucement et respectueusement, Mike fut surpris par le son de sa propre voix. Elle était beaucoup plus pleine que d'habitude, ou plus forte, il ne savait trop. Elle était différente en tout cas, d'une manière étrange, et il n'était pas à l'aise devant ce changement. Comme si on abusait de lui. Il était tendu.

– Essaie de te calmer un peu, lui dit l'ange d'un ton rassurant. Qu'est-ce que tu entends quand ma voix te parle ? La paix et l'amour t'ont atteint depuis le début de notre relation. Tu as même posé des questions à ce sujet, tu te souviens ? Ton intention d'avancer peut sembler te priver de biens personnels précieux, mais c'est une étape de ton périple. Rappelle-toi les paroles de Bleu. Il t'a dit que tu étais à l'aise avec ton ancienne vibration et qu'il faudrait du temps pour t'ajuster à la nouvelle. Tu en as fait l'expérience près de la maison d'Orange lorsque tu as été dépouillé de tes biens. Tu as pleuré leur perte, mais elle était nécessaire à ta progression. Puis tu les as oubliés. Hier tu as exprimé l'intention de subir ta plus importante transformation, à la suite de quoi, tu as énormément changé. Tout prend un caractère plus personnel au fur et à mesure du progrès. Ta vue, ta voix et même tes pensées servent tes fins dans une plus vaste mesure. Tu te transformes en Guerrier de la Lumière, comme Marie !

Mike saisissait très bien ce que Blanc lui disait, mais l'information l'amenait à sentir davantage l'urgence de l'interroger sur sa quête spirituelle. Il fit un effort pour ne pas tenir compte du nouveau son étrange de sa voix.

– Merci, Blanc, je comprends. Je te suis reconnaissant du présent et je vais m'y habituer, comme je l'ai fait auparavant. Mais j'ai besoin de conseils.

Sachant ce qui préoccupait Mike, Blanc poursuivit :

– Je peux te dire beaucoup de choses et je vais le faire dans toute la mesure du possible. Il existe un domaine qui relève uniquement de ta sagesse. Ton intention t'a accordé le pouvoir de choisir et un discernement avisé. Ce sont des choix imprégnés de ta propre essence. Ils forment ton avenir et créent ta réalité. Ils touchent ceux qui t'entourent et c'est pourquoi ils t'appartiennent entièrement.

Mike s'attendait à entendre de pareils propos. Il avait assez d'expérience de l'endroit pour savoir que les anges ne feraient pas le trajet qui lui était réservé. Il savait que les leçons s'adressaient uniquement à lui et que ces gestes devaient émerger de sa pensée. Mais il voulait obtenir des connaissances qui pourraient l'aider à mieux comprendre ce qui se passait vraiment et ce qu'il devait faire à partir de maintenant.

– Blanc, tu es un excellent professeur, dit Mike de sa nouvelle

voix qui le rendait fou ! Ça lui rappelait la première fois qu'il
l'avait entendue sur un enregistrement lorsqu'il était enfant.
« C'est ma voix ? Impossible ! »

–Blanc se retourna rapidement avant que Mike ne puisse lui
demander autre chose et s'élança dans le corridor. Mike suivit
l'immense entité flottante. Il avait l'impression qu'on lui faisait
faire un tour guidé d'une maison qu'il ne connaissait pas. Tout
semblait tellement différent ! Elle était d'une beauté spectaculaire.
On aurait dit un musée d'architecture et de sculptures. Des objets
à couper le souffle s'offraient constamment à la vue du visiteur. Sa
vision d'autrefois ne lui avait pas permis de tout voir et il en vint
à s'interroger sur ce qu'il ne parvenait pas à capter maintenant et
sur ce qu'il verrait en atteignant une dimension encore plus élevée.

– Les couleurs, Michaël, dit Blanc sans même se retourner.

– Quoi ? fit Mike sans comprendre et en suivant Blanc.

– Ce que tu ne vois pas, ce sont les couleurs.

– Mais nous sommes dans la maison blanche. L'ange laissa
sortir un grand éclat de rire qui remplit tout l'espace et fit sourire
Mike.

– Seulement pour l'œil humain, Michaël. La véritable couleur
de l'amour dépasse la vibration que tu parviens à percevoir. Elle
n'a pas le blanc que tu perçois maintenant. Tu vois tout en blanc
parce que tu ne disposes pas des vibrations appropriées. C'est une
absence de couleurs que tu vois mais, en réalité, la couleur reflète
l'ensemble des vibrations de l'univers. Elle se situe au sommet de
l'échelle du spectre. C'est la couleur de la lumière interdimensionnelle, tellement resplendissante qu'elle possède une
substance et une épaisseur. Son éclat est des milliards de fois
supérieur à la lumière de votre soleil. C'est la couleur de la vérité.
Mais en tant qu'être humain, tu ne peux pas tout voir.

– J'adore cet endroit ! s'exclama Mike.

– Nous verrons si ton sentiment se maintient, lui dit Blanc.

Encore une fois, Mike éprouva de la curiosité devant la
supposition de Blanc concernant un autre changement en lui.
D'autres questions lui venaient à l'esprit. Ils franchirent encore des
corridors éclatants jusqu'à ce que Blanc conduise Mike dans une

pièce qui contenait des fenêtres et un fauteuil.

– Un autre voyage, demanda Mike ?

– Non, pas vraiment. Mais tu iras quelque part.

Blanc s'installa devant Mike et se déclara prêt à poursuivre les activités.

– Michaël Thomas de l'Intention pure, que désires-tu savoir ?

Mike avait des tas de questions à l'esprit.

– Blanc, du fond de ta sagesse et dans des termes que je puisse comprendre, peux-tu me dire si ma quête spirituelle sur cette grande terre est appropriée.

Mike sentait le besoin de savoir si sa démarche avait du sens.

– Oui, je le peux. Blanc demeura muet quelques instants, comme s'il se préparait à répondre par un oui ou par un non à la question. Puis, il reprit la parole avant que Mike n'ait la chance de préciser son point.

– Je t'ai dit dès le début que tes actions correspondent à ta vie. Et d'ailleurs, nous n'appuierions jamais un geste qui ne te conviendrait pas.

– Mais Marie ? lança Mike avec des mots qui s'empêtraient dans sa nouvelle voix. Elle a reçu tous les présents et les outils et elle est toujours sur la terre. N'est-ce pas mieux ? Ne poursuit-elle pas ainsi un objectif spirituel plus élevé ?

– Pour elle, répondit sagement Blanc.

– Mais Blanc, je suis en train d'apprendre à me servir moi-même ! Je retourne *chez moi*, où se trouve l'amour. Mes prétentions sont égoïstes. Elles ne servent pas la terre. Je suis un chemin qui *semble* me fournir ce que *je* veux seulement.

– Semble, coupa Blanc ?

– Oui, ça semble, rétorqua Mike d'un ton exaspéré. Puis il se tut.

– Depuis quand te préoccupes-tu d'être au service de la terre, Michaël ? Blanc s'amusait et Mike était surpris par cette question à laquelle il mit quelque temps à répondre.

– Je ne sais pas, avoua Mike, songeur. J'imagine que ça fait partie du nouveau moi.

– Qu'est-ce que je t'ai dit à propos de l'apparence des choses quand nous nous sommes rencontrés ? Blanc mettait Mike à l'épreuve.

– Que les apparences sont parfois trompeuses, répondit Mike. C'était le thème de son voyage. Même Bleu et Violette avaient utilisé ces termes. Avec Blanc, on arrivait à trois.

– Très bien, assura Blanc. Quoi d'autre ? Mike se tut. Il ne se rappelait pas. L'ange poursuivit : « Ton désir de rentrer *chez toi* n'est pas égoïste, mais naturel, et n'entre pas en conflit avec ton désir de rendre grâce à ton rôle d'être humain. Maintenant que tu as accompli tout ce chemin, je vais ajouter quelque chose d'autre. Il y a une nouvelle énergie sur votre planète. Elle vibre en laissant entrevoir la possibilité d'un but merveilleux. Ton désir de rentrer *chez toi* s'insère dans la réalité de cette nouvelle énergie. Le voyage que tu as entrepris est réservé à quelques êtres humains seulement et n'est possible que depuis quelque temps. Michaël Thomas, tu es un précurseur dans ce domaine. Voilà pourquoi nous célébrons ton succès et ta sagesse. »

Mike réfléchit quelques instants avant de parler. Sa logique mesurait les faits qu'il avait devant lui.

– Bon d'accord, alors le voyage est approuvé. Mais dans mon cas, aurait-il pu être préférable que je demeure sur la terre et que je fasse ce que Marie a fait ?

– Pour toi ? Serais-tu égoïste ?

– Ce n'est pas ce que j'ai voulu dire. Mike se rendait compte que les arguments logiques ne fonctionneraient pas auprès du maître de l'amour. « Je me demande tout simplement où je devrais être, ce que je devrais faire pour accomplir le plus grand bien. C'est là ma véritable question. »

La question remplit Blanc de fierté. Il sourit à Mike et parla lentement.

– Michaël, le fait de soulever cette question démontre que tu commences vraiment à comprendre comment les choses se passent. Ta sagesse s'exprime peu à peu.

– Merci, mais quelle est la réponse ? Mike ne tint pas compte du compliment et grimaça en insistant pour obtenir une réponse de l'ange. Il ne se sentait pas à l'aise de se montrer un peu agressif envers une entité si douce.

– Le plus grand bien ? C'est ta propre réalité, Michaël. Et, en tant qu'humain dont la vibration vient de s'intensifier, tu créeras pour toi-même. Aucune entité de l'univers ne peut le faire pour toi

–Blanc s'était déplacé vers la porte et Mike comprit qu'il s'était engagé dans une discussion qui ne le mènerait nulle part. Il y avait des questions auxquelles les anges ne voulaient ou ne pouvaient répondre. Il essaya tout de même une autre tactique.

– Blanc, serais-je capable de distinguer le plus grand bien ?

– Le prochain événement sera un test à cet égard. Il ouvrit la porte, se préparant à sortir. Mike se demanda où il allait. Blanc continua à parler. «Tu ne possèdes pas encore tous les renseignements. Tu es dans la Maison de l'amour et il te reste des éléments à apprendre ici.» Sur ce, il se glissa dans le corridor. En refermant la porte, il ajouta : « Ça va devenir plus difficile à partir de maintenant. » Mike entendit le bruit de la porte qui se refermait et ce fut le silence total.

Il savait que quelque chose se préparait, quelque chose de puissant. Qu'est-ce que ça pouvait bien être ? Qu'est-ce qu'on pourrait bien lui enseigner qui lui causerait une détresse encore plus grande sur l'opportunité de son voyage ? Il se retourna face à l'emplacement qu'avait occupé Blanc. Il se sentait patient. Il savait maintenant que la prochaine étape s'accomplirait dans la solitude, sans Blanc, et que ce dernier l'avait voulu ainsi.

La pièce se transforma lentement et la lumière qui l'enveloppait prit un aspect différent. Le blanc des murs s'estompa et un espace délimité d'environ cinq mètres devant Mike se mit à briller. Puis Michaël vit graduellement apparaître une forme difficile à distinguer. Mike était très attentif. Il allait rencontrer quelqu'un. Il se rappela que Blanc avait mentionné cette rencontre. La silhouette continua à se préciser et la lumière qui l'entourait devint de plus en plus brillante. Mike pouvait voir la personne qui se présentait devant lui. Il n'était plus surpris par cette façon magique de lui présenter les choses et c'est sur le bout de sa chaise qu'il regardait l'espace se modifier devant ses yeux.

C'était une femme. Sa silhouette se précisa lentement. Il se mit à respirer plus intensément, avec un peu d'appréhension. Son intuition était très aiguisée. Toutes les cellules de son corps vibraient d'excitation, lui signalant qu'il voyait quelque chose d'extraordinaire. Son nouveau pouvoir de discernement l'incitait à se préparer à quelque chose d'unique et de puissant. L'image devint enfin complète. Son visiteur était arrivé !

La femme qui se trouvait devant lui le laissa sans souffle. Il ne s'agissait pas simplement de beauté. Il se sentit instantanément à l'aise, en terrain familier, et c'est ce qui émut tout son être. Elle était resplendissante. Mais qu'est-ce qu'il ressentait ? Il lui semblait que son cœur était en état d'alerte.

Sa chevelure rousse tombante encadrait un visage rempli de compassion et d'une beauté indescriptible. Elle souriait à Mike, dont le cœur battait la chamade. Comparables à des émeraudes, ses yeux contrastaient fortement avec son teint d'ivoire. Mike aurait juré qu'il sentait une odeur de violettes. Son esprit fut envahi d'une multitude de pensées. Peut-être était-il en présence de la déesse de l'amour, comme ces sirènes des légendes anciennes ? Il avait du mal à respirer jusqu'à ce qu'il se rende compte qu'il retenait son souffle ! Que se passait-il ? Il la regardait avec ravissement. Qu'est-ce qui le faisait se pâmer de la sorte ? Pourquoi son cœur s'emballait-il ? Son esprit s'embrouillait et il soupirait de désir devant cette créature de rêve.

Mike avait déjà rencontré plusieurs anges, mais celui-ci était le plus merveilleux. C'était peut-être de lui que Blanc parlait quand il avait laissé entendre la possibilité d'un ange encore plus grand que les autres. Mike ne parvenait pas à prononcer une seule parole. Le lien qui unissait leurs deux cœurs était renversant. Il avait l'impression de se retrouver à une réunion d'Anciens et d'être sur le point de revoir un amour perdu. Le brouillard avait complètement disparu et elle se tenait là dans toute sa grandeur.

Mike était en état de choc. Toutes ses expériences ne l'avaient encore jamais amené à vibrer de cette façon. Il ne parvenait pas à se concentrer sur les paroles qu'il aurait voulu prononcer. Il ne savait pas quoi demander. Il la connaissait... mais la connaissait-il vraiment ? Pourquoi sa présence l'affectait-il à ce point ? Quel sentiment cela lui rappelait-il ? Puis il se rendit compte qu'il la connaissait. Elle était un des visages de la maison rouge sur le diagramme de la famille. Elle n'était pas venue alors lui parler comme les autres. Elle était l'image de cette femme à la chevelure rousse dont l'énergie l'avait attiré instantanément. Pourquoi ne l'avait-il pas rencontrée alors ? Qu'est-ce que Rouge lui avait dit à propos des visages qu'il n'avait pas rencontrés ? Ils correspondaient à des contrats non remplis. Qu'est-ce que ça pouvait bien vouloir dire ?

La révélation se déployait lentement à l'esprit de Mike pendant qu'ils continuaient à se regarder dans un silence lourd. *Puisqu'elle se trouvait sur le diagramme dans la maison rouge, c'est qu'elle n'est pas un ange. Elle était une partie de sa famille karmique.* Mike commençait à ressentir des sentiments étranges à l'égard de cette rencontre, même si son âme continuait à lui chanter un air tout nouveau, un chant qui traitait de joie, de vision et d'amour. C'était à la fois chargé d'émotion et tellement paradoxal ! D'une part, son cerveau lui apprenait qu'il se préparait à des difficultés, et d'autre part, il était si heureux ! Son bonheur ressemblait à celui d'un enfant qui voit Disneyland pour la première fois après avoir compté les jours qui le séparent de sa visite. Quant à son trouble, il provenait de son cœur ; on aurait dit qu'il était tordu !

Michaël se sentit ridicule. Il constata encore un fois qu'il respirait mal. La silhouette qui se tenait devant lui affectait sa physiologie. La vue même de cette beauté faisait réagir son corps. *Pourquoi ses mains transpiraient-elles ?* Cette femme n'était pas un ange, mais elle touchait chacune des cellules de son corps. Il ne savait plus s'il était physiquement capable de parler. Il se sentait ému et au bord des larmes, comme devant un ami retrouvé qu'on avait cru mort depuis longtemps. C'était vraiment une expérience qu'il ne pourrait effacer. Heureusement, elle parla la première.

– Mike, c'est moi.

La familiarité et la bonté de sa voix le renversèrent. Il était heureux d'être assis car ses genoux étaient mous et ses jambes n'auraient pu le supporter. Son corps entier réagissait à une voix indéniablement connue. Mais qui était-elle ? Ses yeux brillants et son expression le suppliaient de la reconnaître. Ce qu'il fit mais pas de la façon dont elle l'aurait souhaitée. Il devait dire quelque chose. Son adrénaline agissait comme celle d'un jeune garçon à qui la fille qu'il reluque depuis quelque temps déjà adresse enfin la parole. Elle avait un corps physique magnifique et ses vêtements lui allaient à ravir. Michaël pouvait parfaitement l'imaginer dans ses bras. Mon Dieu ! Il se sentit embarrassé et dégoûté à l'idée qu'il commençait a ressentir du désir physique. Qu'est-ce que Vert avait dit à ce sujet ? Que la relation physique accompagnée d'amour véritable était un catalyseur d'illumination ? La nature humaine de Mike créait des pensées qu'il trouvait déplacées dans les circonstances, mais c'était la réalité et ses sentiments devaient être convenables et parfaits sur le plan spirituel. Soudain, il entendit le rire de Vert. Il n'en tint pas compte et, prenant son courage à deux mains, il dit, d'une voix tremblante :

– Ton costume est très beau.

Pour l'amour du ciel, qu'est-ce qu'il avait dit ? Quelle sorte de phrase ridicule, insignifiante, déplacée, inepte et insipide venait-il d'exprimer ? Une créature éblouissante se présente devant lui dans la Maison de l'amour et, dans son ravissement béat, voilà tout ce qu'il a trouvé à dire. Il avait honte de sa stupidité. Elle sourit. Il craqua.

– Merci, Michaël, répliqua-t-elle en un clin d'œil. Je suis Anolee, ta partenaire d'amour. Jusqu'à un certain point, il le savait déjà. Son cœur battait encore plus fort au son de sa voix. Il essuya ses mains moites sur son pantalon puis se rendit compte qu'elle avait remarqué son geste. Elle s'avança vers lui. La lumière qui l'entourait la suivit. Il se cala dans son fauteuil, comme pour disparaître. C'est le bruit du coussin qui s'écrasait qui lui en fit prendre conscience. Il aurait voulu se lever, mais il craignait d'être incapable de se tenir debout et il n'aurait pas supporté qu'elle le voit vaciller ! Il s'était déjà montré assez ridicule. Elle s'amusait de sa timidité, mais ne fit aucune remarque à se sujet. Il était envahi par sa présence. Lorsqu'elle s'était approchée, il l'avait regardée marcher et avait reconnu sa démarche. En fait, il y avait quelque chose en elle qu'il connaissait intimement. Sa présence ne faisait que rendre cette réalité plus intense. Elle poursuivit :

– Si tu étais resté sur la terre, Michaël, l'énergie était favorable à notre rencontre. Nous l'avions planifiée ensemble, tu te souviens ?

Mike ne s'en souvenait pas et il ne voulait pas l'entendre. Elle lut la douleur naissante sur son visage et la défaillance de son cœur.

– C'est sans importance, lui dit-elle. Je suis venue te dire que la voie que tu poursuis est respectée. La famille est fière et nous célébrons tous. Moi plus particulièrement.

Mais Mike ne parvenait pas à fuir ce qui lui sautait aux yeux. Ça n'avait pas d'importance que tout soit bien. Il n'avait rien à faire des réjouissances de la famille. Tout ce qu'il voulait, c'était elle ! Toute sa vie, il avait cherché le véritable amour. Il savait que c'était possible et qu'il pouvait vivre une relation prévue et approuvée par Dieu. Il l'avait souhaité, enfant, en voyant l'amour qui unissait ses parents et le respect qu'ils se témoignaient. Il l'avait souhaité, adulte, et c'est pourquoi l'échec d'une relation amoureuse l'avait laissé si déprimé. C'était là la difficulté de sa quête sur la terre. C'était dans son contrat. Maintenant, la réalité était devant lui et il pouvait l'accueillir et prendre conscience qu'elle avait toujours été présente. La vérité le frappa de plein fouet : IL AVAIT QUITTÉ TROP TÔT !

Puis, une autre pensée l'envahit et il dut demander :

– Anolee, devions-nous avoir des enfants ?

– Oui... trois, lui répondit-elle.

Il fut attristé par la réponse et demeura muet. Il la laissa lui donner les noms spirituels des enfants, mais chaque mot le faisait souffrir. Même si la présence d'Anolee devait le remplir d'amour, il se sentait torturé. Chaque mot déchirait son cœur et l'amenait à prendre conscience de ce qui lui avait manqué. Les enfants qui n'étaient pas nés, les expériences. Qu'est-ce qu'il avait fait ? Il commençait à perdre la maîtrise de ses émotions. Il voulait la tenir dans ses bras et lui dire combien il regrettait de n'être pas resté. Ce n'était pas la raison de sa présence devant lui, mais c'était tout de même ce qu'il aurait voulu faire. Les larmes coulaient sur ses joues et il se mit à trembler. Elle lui avait donné toute l'information qu'elle devait lui communiquer.

Elle se tenait devant Michaël Thomas sans parler. L'énergie en puissance qui les unissait était tellement forte qu'on aurait pu la trancher au couteau. Mike avait devant lui la plus belle créature qui soit et il ne parvenait qu'à pleurer. C'était pathétique. Tous ses sens étaient remplis d'un sentiment d'échec.

L'air était chargé d'électricité et d'une énergie d'intention spirituelle et d'amour, malgré le sentiment d'insatisfaction et de perte irréversible. Quelle amère ironie ! La seule rose qu'il aurait pu croiser sur son chemin lui avait échappé. Il ne pourrait jamais apprécier son parfum et elle finirait par se faner sans jamais avoir été tenue et aimée pour sa beauté parfaite et son élégance.

Le contrat entre eux présentait une immense puissance et c'est pourquoi le cœur et l'esprit de Mike étaient rompus. La silhouette commençait à s'effacer et il réagit immédiatement. Il s'entendit presque crier :

– NON, s'il te plaît, ne t'en vas pas ! Mike avait l'impression qu'il ne la reverrait plus jamais. Il voulait encore quelques instants. Les mots qu'elle lui adressa en guise d'adieu résonnèrent comme du charabia d'ange à ses oreilles.

– Michaël, les apparences sont parfois trompeuses.

La femme radieuse et resplendissante qui aurait pu être le grand amour de sa vie s'évanouissait devant ses yeux en prononçant des banalités qu'il avait déjà entendues. Avec son départ disparaissaient tous les espoirs d'une vie. Il venait de voir et d'entendre ses rêves de bonheur s'anéantir pour des prétendues intentions spirituelles.

Mike était au désespoir. Il ne pouvait pas bouger. Immobile telle une statue, il garda le regard fixe pendant des heures avec l'espoir que la précieuse entité reviendrait occuper l'espace qu'elle avait empli, espace que sa seule présence rendait sacré. Il supplia Dieu de lui accorder encore quelques instants avec sa partenaire disparue.

La lumière de la pièce s'estompa et changea de couleur avec

la tombée du jour. Puis ce fut la noirceur, qui s'apparentait à la nuit sans lune et au désespoir qui s'était installé dans le cœur de Mike. Il demeura assis dans le silence propre à ceux qui viennent de subir une défaite certaine et décisive. Il était dépourvu de toute joie. L'agonie de la douleur et un sentiment de perte pénible et sombre venaient de se substituer à la paix que son voyage spirituel lui avait apportée. Son énergie épuisée par l'intensité de la blessure et de la révélation, Mike finit par s'endormir. Il demeura immobile même dans son sommeil et ses rêves rejouèrent à maintes reprises l'angoisse de la rencontre ratée.

Le cœur de Mike était déchiré.

***

L'aube ramena la lumière dans la pièce. Mike n'avait pas quitté son fauteuil. Il avait l'impression d'avoir participé à un marathon et ses articulations le faisaient souffrir puisqu'il avait passé un grand nombre d'heures dans la même position. Il avait besoin de manger, mais n'avait pas vraiment faim. Il se tira péniblement de son fauteuil et se dirigea vers ses appartements.

Comme toujours, la nourriture était prête. Il mangea sans un regard d'appréciation pour la beauté qui l'entourait ni reconnaissance pour la saveur du repas. Lorsqu'il eut terminé, il se dirigea près du lit qui n'avait pas été touché. Il ouvrit le placard et retrouva les présents que les anges lui avaient remis avec amour lorsqu'il s'était arrêté dans leurs maisons.

Il se sentit envahi d'un sentiment de tristesse empreint de sagesse. Il se rappela sa question à Blanc : Serais-je capable de distinguer le geste destiné au plus grand bien ? Maintenant, il comprenait le test. Son essence même le poussait à retourner sur terre à l'instant. Tout ce qu'il avait à faire était de refermer le placard, de sortir de la maison et de prendre à gauche au lieu de continuer à droite. Il le savait très bien. Ce serait le signe qu'il souhaitait mettre fin à son périple et rebrousser chemin. Blanc lui avait bien dit qu'il ne serait alors pas jugé, qu'il ne serait pas coupable mais qu'il ne serait pas non plus illuminé.

Mike savait parfaitement quel geste poser. Même Anolee lui avait rappelé à quel point ils étaient tous fiers de lui et il pensa que le cœur de sa bien-aimée souffrait probablement autant que le sien. Et pourtant, elle l'avait incité à poursuivre sa route. Il distinguait le plus grand bien. Tourner à gauche consisterait à le servir et à répondre à ses désirs d'amour humain. Blanc lui avait expliqué que son discernement de la vérité serait perçant et c'était vrai. Il n'avait aucun doute sur le chemin à prendre ; il était seulement extrêmement tenté de dévier. Son cœur le suppliait de rebrousser chemin. Il ne détruirait rien, reprendrait sa vie humaine et rencontrerait Anolee. Sa vie terrestre serait agréable.

Il saisit sa carte pour la tenir près de lui, fermant les yeux et revoyant le temps qu'il avait passé dans la maison bleue. Il revêtit lentement son armure et sentit le pouvoir qu'elle lui procurait. Il la loua et remercia Dieu du précieux symbole qu'elle représentait. Il prit son bouclier et le plaça contre sa poitrine, le tenant de ses deux mains, savourant toute sa signification. Puis il le mit sur son dos, pour mieux le transporter et le rendre prêt à l'utilisation au besoin. Comme un guerrier se préparant au combat, il saisit son épée et la brandit d'un geste majestueux qui la fit vibrer dans l'air. Il revit la cérémonie auprès d'Orange et la signification de l'épée. Puis, il la loua aussi et la glissa dans son fourreau, où elle était protégée mais prête à servir. Mike se redressa dans ses beaux habits de voyage et quitta la pièce d'un pas déterminé.

Blanc l'attendait à la sortie de sa chambre. Il vit l'armure, le bouclier, l'épée et comprit aussitôt les intentions de Mike. Blanc sourit et salua Mike bien bas, ses mains réunis comme pour une prière, un geste de respect que Mike ne saisit pas. Puis, il parla :

– Michaël Thomas de l'Intention pure, comment te sens-tu ?

– Ce n'est pas facile, Blanc, tu avais raison. Je n'avais pas soupçonné combien ce serait difficile. C'est la chose la plus difficile que j'ai jamais eu à faire. Je ne suis pas complètement à l'aise... mais je sais que c'est ce qu'il faut faire. Si tu n'y vois pas d'inconvénient, j'aimerais partir maintenant puisque l'endroit ne produit pas de bons souvenirs.

– Qu'il en soit ainsi ! Blanc se tourna et accompagna Mike

vers la porte en continuant à lui parler. « Ce n'est pas terminé, mon ami. » Blanc flottait dans le corridor qui menait vers la porte principale.

– Je sais. Sans connaître les détails, mais avec toute la force de son intuition, il savait qu'il lui restait beaucoup à voir et à faire durant ce voyage, même s'il n'avait plus qu'une seule maison à visiter. Une fois de plus, son intuition ne le trompait pas.

Blanc se tint sur le pas de la porte pendant que Mike remettait ses chaussures. Somme toute, Michaël n'avait pas tellement aimé la maison blanche. Blanc avait bien pressenti les sentiments de Mike, qui était heureux de partir. Blanc le sentait sans poser de jugement. D'ailleurs, il était en admiration devant cet humain. Les autres avaient raison. Mike était différent. Il réussirait s'il parvenait à franchir la dernière partie de son chemin. Il jouissait d'un excellent discernement et d'une détermination encore plus forte.

Après s'être chaussé Mike s'avança sur le terrain de la maison. Il arrêta et se retourna vers la porte. Blanc lui parla de l'intérieur puisqu'il ne pouvait se risquer à l'extérieur.

– Michaël Thomas de l'Intention pure, il n'y a pas de plus grand amour pour un homme que de sacrifier son cœur au bénéfice du tout.

Il lui sourit en refermant la porte et Mike entendit à peine ses dernières paroles couvertes par le bruit de la porte.

– Apparences trompeuses. Tu verras, tu verras. Nous t'aimons tendrement.

Mike franchit lentement et péniblement le trottoir de la maison qui menait au sentier. Il quittait la maison qu'il avait le moins aimée et commençait à en avoir assez de cette phrase qu'on lui avait servie à plusieurs reprises. Tout le monde l'avait citée. Il avait l'impression que cette maison lui avait tout pris, alors qu'en réalité il en avait retiré beaucoup. Il resta longtemps près de la barrière blanche qui menait à la maison, regardant à gauche et à droite. Puis, il franchit la barrière et se plaça au centre du sentier où il se tint longtemps immobile. Il était tourné vers la gauche, les yeux fermés, prenant bien soin de ne pas avancer. Il fit une petite cérémonie qui lui était propre et demanda aux anges qu'il avait rencontrés d'y assister. Puis il parla à haute voix :

– Je ne fais pas de sacrifice parce que je vais te rencontrer un jour, Anolee. Et au moment opportun, je connaîtrai ces enfants qui ne me sont jamais nés lorsque je rentrerai *chez moi*.

Il prenait à cœur l'enseignement des anges sur la nature temporaire de la terre et la réalité absolue de l'esprit. Sa déclaration portait la promesse d'un amour différent dans un autre lieu, mais d'une réunion néanmoins. Il s'accrochait résolument à la réalité d'une éventuelle réunion sacrée, où il retrouverait l'amour de sa vie, sa partenaire bien-aimée. Il pourrait alors consacrer son temps à l'aimer et elle le lui rendrait.

Dans un soupir, Mike fit volte-face. Il reprit sa route à grands pas décidés. Son armure résonnait doucement sous le soleil. Il était conscient de laisser derrière lui une des plus grandes occasions de bonheur qui soient. Il lui avait tourné le dos et même si sa décision le faisait souffrir, il se consolait à la pensée de la promesse d'amour de Dieu et à la conviction absolue qu'il reverrait Anolee. Il était pensif, résolu et sérieux. Michaël Thomas venait d'en apprendre long sur l'amour. Cette maison lui avait donné la plus importante leçon sur lui-même et sur Dieu ; son âme avait été vidée jusqu'à ce qu'il parvienne à distinguer la moindre parcelle de vérité et de discernement pour les mettre à son service.

Cette fois-ci, il ne regarda pas derrière lui. Il marchait d'un pas assuré. Bien que quelque peu tiraillé, il se sentait puissant et en sécurité. Cette terre lui appartenait. Il sentait qu'il la possédait. Il en avait payé le prix. Il découvrirait rapidement si tout cela était vrai puisque à une heure environ sur la route, une autre épreuve l'attendait. L'entité négative lui fournirait LA bataille de son âme.

CHAPITRE ONZE

La Septième Maison

Le temps ne s'était pas vraiment gâté, mais il aurait pu être plus agréable. Mike s'était habitué à un merveilleux ensoleillement accompagné de températures modérées ou à un assaut violent des éléments au point de transformer une pastèque en raisin en moins de dix minutes. Mais aujourd'hui, le ciel était couvert et gris et donnait aux choses une apparence uniforme. La journée était fraîche et une brise légère rôdait telle une menace avec une irrégularité semblant vouloir communiquer un message mystérieux. Les nuages ne s'accumulaient pas mais ne se dissipaient pas non plus. Mike marchait depuis une heure. Le temps ne le préoccupait pas mais il en était tout de même conscient.

Son allure était réglée. En se dirigeant vers la prochaine maison, il demeurait vigilant, jetant un coup d'œil derrière lui de temps à autre mais son esprit était envahi par la décision qu'il avait prise. En avançant vers la dernière maison, il avait le sentiment puissant qu'il venait de franchir une étape spirituelle subtile et un point déterminant de son périple. Il ne parvenait pas à oublier la vision de sa vie sur terre avec Anolee et les enfants à leurs côtés, tous souriants. Lorsqu'il y repensait, son cœur planait et il se sentait bien. Devant lui, le sentier ondulé menant à un défi inconnu le rendait triste et plein d'un immense sentiment de perte. La mort n'avait pas frappé, mais un coin de son cœur était en deuil. Il poursuivit sa route, ne se rendant pas compte que le paysage se modifiait graduellement.

Mike aborda un angle particulièrement prononcé. Il remarqua qu'il venait de franchir un bout de chemin très étroit dont les côtés abrupts descendaient vers une sorte de canyon. Il remarqua pour la première fois que les collines arrondies et les plaines luxuriantes qu'il avait traversées jusque-là avaient été remplacées par un paysage plutôt désertique parsemé de gros rocs et de falaises et agrémenté à l'occasion d'un arbre majestueux qui en accentuait la nudité. Il s'aperçut que le changement topographique lui avait complètement échappé tant il était absorbé par ses pensées. Le sentier s'engageait dans une gorge aux abords très escarpés, ce qui, ajouté aux nuages gris, diminuait l'intensité de la lumière à un point tel qu'on aurait pu se croire au crépuscule et non au petit matin. L'intuition de Mike se faisait sentir. Les objets devant lui n'étaient pas clairs. Était-ce des roches ou... ?

Sois plus alerte. Attention au danger !

Mike réalisa soudain qu'il avait passé la dernière heure dans un état d'hébétude. Il s'arrêta pour prendre quelques bonnes respirations afin de clarifier son esprit. Il se sentait étrange. Mais pourquoi donc ? Obéissant à son instinct, Mike se mit à chercher des signes de danger. Il fouilla du regard le sentier derrière lui, pensant y trouver peut-être la sombre entité qui l'avait suivi chaque fois qu'il était à l'extérieur. Rien. Aucun mouvement. L'uniformité grise qui sévissait depuis une heure avait contribué à la léthargie de son esprit. Mis à part le changement de température et du paysage, il ne distinguait rien d'inhabituel ni de menaçant mais son instinct l'incitait tout de même à se préparer à quelque chose. Mike remercia intérieurement son nouveau pouvoir, qui jouait bien son rôle. Il sortit sa carte. Peut-être l'informerait-elle ?

Il l'examina. Étrange. Elle indiquait le passage étroit dans lequel il se trouvait et les environs, mais il y avait quelque chose de différent. Il regarda de plus près. Là ! À cent mètres devant lui, un point qu'il ne pouvait apercevoir de l'endroit où il se tenait était complètement vierge. Habituellement, la carte indiquait ce qui se situait autour du VOUS ÊTES ICI. Elle ne donnait que peu d'indices sur le passé ou le futur mais elle était en général précise et éloquente. Alors, que pouvait bien signifier ce point vierge vers l'avant, comme si l'endroit avait été effacé ?

– Bleu, que signifie un point vierge sur la carte ? demanda Mike à haute voix.

Bleu ne répondit pas mais l'intuition de Mike s'exprima. La réponse lui vint presque immédiatement. Il lui revint en mémoire que la « chose » qui le suivait s'était toujours tenue en dehors des limites de la carte. Peut-être se montrait-elle sous la forme d'un point vierge ! Bleu lui avait dit que la carte se comparait au présent. Elle représentait l'énergie en présence au cours d'un déplacement sacré et reflétait un type de vibration particulier. Devant lui se trouvait un élément qui ne relevait pas du présent, quelque chose au détour du chemin que la puissante vibration de la carte ne pouvait lire. Ce point vierge résultait d'une vibration non conforme à celle de la terre sacrée qui l'entourait.

Mike sentait que ses conclusions étaient justes. Quelque chose l'attendait au détour du chemin. Il aurait dû se montrer plus alerte. Que serait-il advenu si sa nouvelle intuition ne l'avait pas prévenu ? Il maudit faiblement son esprit romantique en apparence démuni et se concentra plutôt sur le nouveau guerrier en lui. Il anima chacune de ses cellules avec le message d'un événement imminent, de quelque chose d'important.

– Réveillez-vous ! Mike souriait à la pensée de s'adresser à son système biologique et crut encore une fois entendre le rire de Vert. Ce dernier lui manquait. L'humour s'avérait un excellent remède en ce temps de préparation. Préparation ? À quoi ? Au combat ?

Soudain, Mike eut une révélation. Comme une énorme vague de compréhension, un amas de pensées et d'images l'envahirent, entraînant avec elles tout le poids d'une terrible prise de conscience. Il était figé. Il verbalisa sa peur pour quiconque pouvait l'entendre.

– MON DIEU ! ET SI J'AVAIS EFFECTIVEMENT À ME SERVIR DE CES ARMES ?

Il en tremblait. Il sentait l'anxiété lui traverser le corps. Ça n'avait aucun sens.

– Ce sont des symboles des Guerriers de la Lumière du Nouvel Âge. DES SYMBOLES ! cria-t-il en regardant vers le ciel tout en pivotant sur lui-même, s'attendant peut-être à voir ses amis angéliques tapis sur les parois de la gorge à peine éclairée. Sa voix se fit entendre encore une fois :

– Orange, tu ne m'as pas appris à me battre ! J'ai cru que les armes ne serviraient à rien... il s'arrêta au milieu de sa phrase en se rendant compte qu'il criait. Il entendit le rebondissement de sa voix sur les murs du canyon. D'autres pensées traversaient son esprit. Les paroles de ceux qu'il avait rencontrés le long de son parcours lui revenaient en tête. Il se rappela les propos de Rouge à l'effet que certaines épreuves l'effraieraient, mais il avait alors présumé que celui-ci faisait allusion à la tempête croisée sur sa route. Il se rendait maintenant compte que Rouge parlait des événements à venir et non de ceux du passé. Qu'est-ce qui l'attendait ? Il se souvint des paroles récentes de Blanc, qui décrivait Marie dans la chambre d'hôpital.

– *Ne te laisse pas tromper par les apparences, Michaël. Elle est une Guerrière de la Lumière. Elle a vaincu le géant et elle est toute puissante.*

Vaincu le géant ? Puis il se rappela les paroles de Blanc au moment où il quittait la maison blanche.

– *Ce n'est pas terminé mon ami.*

Tant d'avertissements et de nuances. *Y a-t-il une bataille à l'horizon ? Une vraie ? Une où je devrai effectivement UTILISER l'épée ?* Mike s'assit sur le chemin. Ses genoux tremblaient tellement il avait peur. Il ne se sentait pas guerrier, en tout cas pas dans le véritable sens du terme.

– Hé ! les anges ! Vous ne m'avez pas préparé à ça ! lança-t-il au ciel gris et aux parois menaçantes du canyon. Je ne me bats pas. Ça n'a aucun sens. Les batailles et les armes correspondent à des anciennes vibrations. Voilà une façon désuète de penser. Ce n'est pas de cette terre.

Un calme étrange s'installa. Le vent tomba. Un silence de mort régnait. Puis des voix se firent entendre.

– *Sauf si tu combats une ancienne énergie.* Il avait entendu clairement la voix d'Orange. Mike se leva brusquement et regarda autour de lui, cherchant à déceler l'origine de la voix.

– *Et sauf si tu te prépares à combattre un élément biologique qui n'a pas une vibration aussi élevée que la tienne.* C'était la voix de Vert. Les voix angéliques émanaient de son propre intérieur.

– *Et sauf si ce que tu t'apprêtes à rencontrer ne fait pas réellement partie de ta famille*, Michaël. C'était la voix de Rouge.

– *Et sauf s'il n'y a pas d'amour, Michaël,* dit la voix douce et rassurante de Blanc.

– JE N'AVAIS PAS CONSCIENCE DE TOUT ÇA ! dit Mike d'un ton anxieux. Blanc, je ne suis pas un véritable guerrier !

– *Marie ne l'était pas non plus*, dit Blanc d'une voix réconfortante.

– *L'énergie ancienne réagit à un vieux paradigme. C'est ce qu'elle comprend,* dit la charmante voix de Violette.

– Orange, apprends-moi à combattre, implora Mike d'un ton laissant percer le découragement.

– *Je l'ai déjà fait. Tu es prêt, Michaël Thomas de l'Intention pure, tu es prêt,* lui dit Orange d'une voix encourageante.

– Que dois-je faire ? hurla Mike aux parois du canyon.

Silence. Puis il entendit la voix de Bleu.

– *N'oublie pas, Michaël Thomas, les apparences sont parfois trompeuses !*

Les mots résonnèrent comme jamais auparavant. Ils portaient un avertissement et des conseils qui pouvaient se révéler utiles sur-le-champ. Tous les anges l'entouraient. *Pour qu'une telle puissance soit en place, il doit y avoir un danger réel au prochain détour !*

Mike était nerveux. Il savait qu'il ne possédait aucune qualité de guerrier. Pourtant, les anges lui affirmaient le contraire. Il devait leur faire confiance. De toute façon, il n'avait pas le choix. Il était au front. Il regarda autour de lui et acquiesça de manière sarcastique. *Aucune échappée.* La chose ou la personne qui l'attendait avait vraiment bien choisi son point d'attaque. Les parois étaient trop hautes et la fuite n'était possible que par un canal étroit où la poursuite serait un jeu d'enfant. Tout avait été bien calculé. Michaël savait au moins où se trouvait l'horrible créature. Il n'y aurait pas d'effet surprise.

Plus il examinait la situation, plus il devenait confiant devant la menace. Sa nouvelle vibration l'aidait ; il en était conscient. Une paix l'envahit, illogique mais spirituelle. Il sentait son habileté augmenter, même s'il ne savait pas trop ce qu'il allait affronter ni comment il allait le faire. *C'était bien ainsi,* pensa-t-il. *Après tout, ce sont les règles du jeu de l'endroit. Je n'ai pas accès au futur mais il s'est déjà produit dans l'esprit de Dieu. La solution à ma situation s'est donc déjà manifestée, même si je ne la connais pas encore. Je le saurai en temps voulu. Je détiens la connaissance, le pouvoir, et je suis en terrain connu. J'ai l'avantage d'être* chez moi !

– D'accord, dit Mike à haute voix. J'ai été attaqué par une tempête, piétiné par un ange ; j'ai perdu tous mes biens personnels; mes émotions ont été passées au crible ; mon système biologique a été modifié et élevé ; et mon cœur a été brisé et examiné avant de m'être rendu. Quoi d'autre ? J'ai les outils, je suis prêt. Mais, j'aimerais bien savoir me battre, ajouta-t-il en soupirant et en regardant dans la direction du défi qui s'annonçait.

Mike décida de faire quelque chose qui lui aurait semblé ridicule quelques semaines auparavant. Il s'agenouilla et fit une courte cérémonie à l'égard des événements qui se préparaient. Il toucha chacune de ses armes et mentionna leur utilité. Il se rappela les mouvements d'équilibre qu'Orange lui avait appris. Il passa vingt minutes en état de gratitude, remerciant d'avoir été choisi pour le combat présagé. Il loua le sol sur lequel il se trouvait. Il remémora sa place au sein de sa famille spirituelle. Puis il se leva, prêt à combattre, dans toute la mesure du possible.

Mike reprit sa route. Il franchit un bout de sentier après lequel apparut un long chemin devant lui. Les murs escarpés du canyon lui donnaient l'impression d'être au seuil du sombre tunnel du destin. Il savait que l'entité malveillante se trouvait devant lui. La carte l'indiquait clairement. Le corps de Mike aurait normalement dû entrer en état de choc. Son système d'alarme intérieur aurait dû se déclencher et il aurait dû être une masse tremblante. Après tout, il n'était qu'un vendeur et non un guerrier sur le point de rencontrer un énorme vampire noir ! Mais tous ses sens étaient en alerte et il était rempli de détermination et non pas de crainte. Tous ses pouvoirs de vibration et ses nouveaux présents entraient graduellement en jeu. Son intuition se faisait rassurante et il l'écoutait à chaque instant, sachant qu'elle ne le trahirait pas.

Rien.

Puis, un mouvement sur la gauche !

Michaël se retourna rapidement et vit un immense arbre à trente mètres devant lui sur la gauche. D'où venait le mouvement ? Bon sang ! et toute cette noirceur en plein jour ! Cela faisait-il partie du test ? Pourquoi pas plus de lumière à cette heure du jour ?

Un autre mouvement ! Mike réalisa qu'il provenait du dessous des branches de l'arbre.

– QUI EST LÀ ? MONTRE-TOI ! La voix de Mike était puissante et autoritaire. SI TU NE TE MONTRES PAS, J'APPRO-CHE ! Il se tenait en attente, toutes les cellules de son corps en éveil.

Lentement, un homme à l'air tout à fait normal s'avança et s'arrêta sous les branches extérieures. Il était vêtu comme un fermier, excepté qu'il ne portait pas de chaussures. Il leva les mains en signe d'arrêt, les paumes tournées vers Mike.

– Mike, je t'en prie, ne me frappe pas. Je vais me montrer.

L'homme se dégagea lentement des branches de l'arbre et se dirigea vers Michaël. Comme il avançait, Mike crut reconnaître sa démarche. Non ! Pas possible ! Maintenant, il voyait clairement son visage.

– Papa ? Le père de Mike s'avança vers le sentier. Il se tenait à deux mètres de Mike. Celui-ci aurait juré qu'il pouvait sentir l'odeur de la ferme émerger de l'homme.

– Oui, Mike. C'est moi. Je t'en prie, ne me frappe pas. Mike ne se leurrait pas. Il savait parfaitement que tout ça pouvait être faux. Après tout, *les apparences sont parfois trompeuses*. L'homme qui se présentait sous les traits de son père pouvait très bien être quelqu'un d'autre. En fait, il y avait de fortes chances que ce soit le cas. Mike restait sur ses gardes et en état d'alerte.

– Monsieur, vous êtes exactement à l'endroit où je m'attendais à rencontrer un ennemi. Ne vous approchez pas.

– Je sais Mike. C'est droit devant toi. Ne te laisse pas tromper. La chose qui t'attend compte capturer ton âme. Je t'en prie, crois-moi.

Mais Mike n'y arrivait pas.

– Que fais-tu ici ?

– Par la grâce de Dieu, je suis ici pour t'arrêter avant qu'il ne soit trop tard. On m'a permis d'être ici pour t'avertir. Je t'attends depuis plusieurs jours, sachant que tu finirais par passer. Tout ce qui s'aventurera plus avant sera anéanti par la bête. Plusieurs sont venus et ils ont tous péri. C'est une terre maudite et on te trompe.

Mike ne croyait toujours pas être en présence de son père. C'était trop facile.

– Pardonne-moi, mais il me faut des preuves. Dis-moi quel était mon surnom quand j'étais enfant.

L'homme répondit sur-le-champ.

– Mykee-Wykee.

Mike grimaça à la vérité.

– Que s'est-il passé dans la grange des Connell en 1964 ?

– Une grande fête pour célébrer la naissance des jumelles Sarah et Helen.

Mike scrutait à la loupe les paroles de l'homme. La voix et le corps étaient parfaitement ressemblants. Il continua son interrogatoire et lui demanda des détails sur son enfance – ses écoles, ses amis, ses vêtements et certains événements. Les deux hommes se faisaient face sur la route. Là le père débita pendant une demi-heure des fragments du passé de Mike avec une précision parfaitement rigoureuse. Mike commençait à se détendre. Cet homme savait tout. Aucune entité maligne n'aurait pu mémoriser tous ces détails connus de Mike seulement. Son intuition était toujours en alerte mais il se tenait vraiment devant son père. Celui-ci commençait à transpirer abondamment.

– Papa, qu'est-ce qui se passe ?

– Oh ! Michaël, je t'aime tellement ! Présentement, tu reposes sur un lit d'hôpital et tu as de graves blessures au cou. Rappelle-toi. Tu te souviens de ce qui s'est passé dans ton appartement ? Depuis cet instant, tu flottes dans un coma, sensible aux manipulations du démon lui-même. Et tout ce que tu vois ici... Le père de Mike montra de la main les montagnes qui les encerclaient... « tout ça est un conte de fée. C'est irréel. Tout ce qu'on t'a appris et toutes les mignonnes maisons que tu as visitées, tout est faux, c'est un truc pour s'emparer de ton âme ! » La respiration de l'homme devenait laborieuse.

Mike savait que les paroles de son père ne pouvaient être vraies. Quelle confusion ! Il savait qui il était et ce qu'il avait expérimenté. Pourtant les paroles de son père étaient pleines d'autorité. Et cet homme en savait long ! Mais pourquoi expérimentait-il des difficultés respiratoires tout à coup ? N'était-il pas lui-même un esprit ? Après tout, il était mort et venait d'un autre monde. Il n'aurait pas dû éprouver de problèmes physiques.

– Papa, est-ce que ça va ?

– Oui, mon fils, mais je ne peux pas rester encore très longtemps. Cette place est maudite et je viens d'une terre céleste. Les deux ne sont pas compatibles, tu sais.

– Oui, c'est ce qu'on m'a dit.

– Mike, viens avec moi. Cet arbre abrite un portail céleste. Je peux te ramener. Tu reprendras conscience sur la terre et sortira de ton coma. Ta vie et ton âme seront sauves. Je t'en prie, accompagne-moi ! L'homme s'affaiblissait à vue d'œil et Mike crut voir s'embrouiller la silhouette devant lui.

Mike était torturé par l'indécision. Il devait se montrer avisé. Tout dans son corps le mettait en garde mais il se trouvait confronté à un père aimant aux paroles crédibles. Et si ce pays était faux ? NON. Il ne l'était pas. Son être intérieur en était convaincu. Il voulut essayer autre chose. Quel était le nom ? Il avait fait un effort pour le retenir. Le nom lui revint en mémoire et il le prononça.

– Anneehu ! dit Mike en dévisageant son père. Celui-ci le regarda droit dans les yeux.

– Que dis-tu ?

– Anneehu, répéta-t-il, en commençant à reculer.

– Est-ce là un terme de fée que tu as appris ici, mon fils ? L'homme se montrait de plus en plus nerveux. Ses vêtements se mouillaient de sueur.

Mike demeura immobile. Un frisson lui parcourut l'échine. Son père ne l'avait jamais appelé « mon fils ». Mike se redressa. L'heure était venue. Il commença à sentir la vibration de son armure. Son bouclier commençait à osciller, comme s'il avait voulu qu'on le saisisse. Il donna la réponse qu'il fallait.

– Non, pas du tout. Anneehu est ton nom céleste, et tu ne le savais pas.

Les deux regards s'affrontèrent dans un éclair qui sembla durer une éternité mais qui, en réalité, n'avait pris qu'une seconde. Le jeu était fini. Le truc n'avait pas marché et la masse difforme et répugnante n'était plus capable de maintenir l'énergie pour le prolonger. Elle se préparait à combattre.

– ASSEZ ! Dans un cri qui semblait avoir été poussé par dix hommes, la silhouette qui avait été le père de Mike se transforma peu à peu. Le fermier en sueur se modifia graduellement en une énorme forme vampirique et menaçante. Mike recula au fur et à mesure de la transformation ; il demeurait alerte et prêt. L'horrible entité avait au moins cinq mètres de hauteur ; ses yeux étaient rouges et agressifs. Sa peau, couverte de verrues, était d'un vert repoussant. On aurait dit une créature qui ne s'était pas lavée depuis des milliards de siècles. Elle avait des mains énormes aux ongles sales et des bras beaucoup trop longs, disproportionnés par rapport au reste du corps, et... cette épouvantable odeur ! Des jambes trapues et arquées venaient ajouter à l'étrangeté de l'apparence mais Mike savait combien elle pouvait être agile. Il l'avait vu plusieurs fois se dissiper derrière lui. La distance entre Mike et la créature hideuse devait atteindre environ six mètres et Michaël essayerait de la maintenir ainsi sinon de l'agrandir.

Mike trouvait repoussante la chose qui se développait devant ses yeux. La forme malveillante n'était ni un humain ni une bête. Elle n'était pas naturelle et ne relevait d'aucune réalité connue de Mike. L'odeur que cette entité négative dégageait était infecte. Le visage de l'énorme tête chauve passait constamment d'une forme horrible à une autre. Lorsqu'elle ouvrait la bouche, Mike pouvait voir ses terribles dents aiguisées. Lorsqu'elle la refermait, la cavité menaçante disparaissait sous un amas de verrues et de peau. La masse verte avait un gros nez manifestement incapable de sentir, sinon il n'aurait pu vivre avec soi-même. Tout ce qu'un humain pouvait imaginer de plus répugnant et de plus repoussant se manifestait dans cette créature. Était-ce réel ou une illusion ? Mike ne le savait pas. Chose certaine, elle représentait une expression révoltante d'énergie anciennes. Cette bête sombre et laide représentait l'antithèse de la paix et de l'amour et sentait la mort. La haine et la méchanceté de sa conscience envahissaient l'espace. Elle regardait Mike avec satisfaction comme s'il avait été une fourmi qu'on se préparait à faire disparaître sans pensée ni remords. La haine du monde auquel Mike appartenait animait cette créature. Elle projetait directement son énergie sur Michaël qui était devenu le point de convergence de son courroux.

Mike supportait mal cette créature qui le révoltait et le rebutait. Il sentait la haine qu'elle projetait. Mais lorsqu'il se rendit compte que sa réaction correspondait à ce que la créature attendait de lui, il étouffa ses vagues de nausée. *Les apparences sont parfois trompeuses,* se répéta-t-il. Il constata soudain que la forme dégoûtante jouait un jeu, qu'elle créait l'illusion d'un ogre malin dans le seul but de produire un certain effet.

Le corps de Mike réagit instinctivement à la situation. Le niveau vibratoire de son nouvel être était en plein éveil. Tel un soldat aguerri ou un vétéran de nombreuses batailles, Mike se sentait prêt à réagir au moindre mouvement de l'horreur verte devant lui. Même si son corps vibrait de force et de vitalité, Mike demeurait immobile. Son épée commençait à vibrer. Il l'entendait! Il entendait un bourdonnement subtil. Même là, il ne bougeait pas. Il était trop curieux. Il voulait en savoir davantage. C'était à lui maintenant d'user de ruse.

– Tu es tellement gigantesque. Mike feignait la peur. Il leva les bras pour protéger son visage et fit trembler sa voix de façon convaincante. « Es-tu la bête venue s'emparer de mon âme ? »

Des plis de peau verte et de verrues s'écartèrent pour permettre à la créature d'ouvrir la bouche et de parler. Mike entendit sa véritable voix pour la première fois.

– Tellement faible, cracha la voix. Je m'en doutais bien. La voix caverneuse rappelait à Mike celles que l'on entendait dans les mauvais films d'horreur.

– S'il te plaît, je ferai tout ce que tu voudras, risqua Mike. Veux-tu que j'aille à l'arbre, sous le portail ?

Mike sentait son épée bouger dans le fourreau. Il espérait que la créature n'entendrait pas le bruit du métal.

– Ne sois pas ridicule : je suis venu te tuer. La forme semblait continuer de grandir ! Mike pensa qu'elle avait sans doute la faculté de prendre la taille qu'elle voulait.

– Qui es-tu ? demanda Mike dans un cri aigu. Il espérait que son jeu n'était pas trop gauche mais la créature malveillante semblait le croire complètement. Quel ego !

– **Mykee-Wykee, je suis la partie de toi, qui est le véritable Michaël Thomas ! Je suis la partie forte ! Regarde ton pouvoir ! Je suis l'essence de ton intellect et la base de ta logique. La forme de ton père était peut-être un déguisement mais les paroles prononcées étaient vraies. Tu es présentement dans un lit d'hôpital, dans le coma, et je suis venu te tirer de cette fausse terre peuplée d'entités insensées et de bons sorciers pour te ramener à la vie. Mais pour cela, je dois détruire le petit esprit ridicule que tu es devenu !**

Mike savait que, dans une certaine mesure, l'horrible créature n'avait pas tout à fait tort. Elle faisait partie de lui ; c'était la partie dont il voulait se débarrasser pour toujours, un aspect vieilli, détestable, qu'il ne souhaitait montrer à personne. Il se recroquevilla un peu. *Tout de même, n'exagère pas !* lui dit une voix intérieure.

– Et tu dois me tuer ? Son épée bougeait violemment contre le fourreau, mais Mike estimait que ce tremblement s'ajoutait à l'illusion qu'il voulait créer.

– Au sens figuré, oui. Ton départ de cette terre de bêtises mettra fin à ton illusion et te ramènera directement dans le monde réel. J'ai pris conscience de ta stupidité dès que tu as franchi la porte d'entrée. Heureusement, je suis parvenu à me glisser à l'intérieur à ta suite. Depuis lors, j'essaie de te ramener à la réalité.

La chose se déplaçait tranquillement vers lui.

– Suis-je si mauvais ? *Fais-le parler. Épée, continue à bouger ! L'illusion est parfaite.*

– Dans ta faiblesse physique, tu t'es fait prendre à leur verbiage, à leur discours creux. Il n'y a rien de réel ici. Tu es tellement pris par l'illusion que je dois complètement détruire une partie de toi pour sauver ton esprit et ton âme. Je déteste tout ce que tu es devenu !

Mike devait agir rapidement.

– Avant de me tuer, peux-tu prouver que tu dis la vérité ? Si tu es logique et intellectuel, aide-moi à voir la logique de la situation.

Mike savait que l'horrible chose passerait bientôt à l'action. En faisant appel à son ego monstrueux, il pensait gagner un peu de temps. Mike fit la poule mouillée encore en peu, y ajoutant un peu de tremblements. La vibration de son épée ajoutait à l'image.

- Bien sûr ! Elle savait qu'elle avait la maîtrise de la situation et qu'elle allait anéantir cette terre de Nouvel Âge pour toujours. L'horrible silhouette détestait cet endroit et toutes ses prétentions. Elle provenait d'un monde réel où il n'y avait pas de ces faibles et pathétiques créatures comme Michaël Thomas. La masse sombre et répugnante prônait la logique et le pragmatisme, un système de croyances reposant sur l'expérience et la justification d'historiens et de scientifiques réputés.

La créature se leva et déclara :

– CELUI QUI EST CONFORME DÉTIENT UN POUVOIR ABSOLU. SEULES LA LOGIQUE ET LA RAISON CONSTITUENT LA VÉRITÉ. VOILÀ POURQUOI JE PEUX EXISTER DANS CE MONDE SANS SUBSTANCE. PARCE QUE JE SUIS LA VÉRITÉ. RIEN NE PEUT AVOIR D'EMPRISE SUR MOI !

Elle laissa sortir un cri qui perça les oreilles de Mike et qui coucha l'herbe à ses pieds, la rendant brun-vert et l'assortissant à la peau de l'horrible créature.

– Vraiment ! dit Mike avec un sourire affecté. Puis, il laissa tomber son rôle et se planta bien droit devant le monstre.

– Eh bien, que la preuve soit faite ! hurla-t-il.

Mike n'avait jamais cru qu'il pouvait se déplacer si vite. Grâce à l'équilibre et à l'expérience qu'il avait acquis dans la maison d'Orange, il se retrouva rapidement sur un rocher de deux mètres à moins de cinq mètres du monstre. Il était déjà en position de supériorité. Son épée s'échappa littéralement de son fourreau et commença à chantonner la note *fa,* émettant même des accords d'accompagnement. Mike l'avait empoignée solidement. Elle lançait un son mystérieux mais rempli de force et de promesses. Mike pointait l'épée vers le ciel et non vers l'entité négative. Il se rendit compte qu'il tenait son bouclier dans la main gauche. Dès l'instant où il s'était élancé vers le rocher, le bouclier s'était retrouvé dans sa main. Il le brandissait et ses incrustations d'argent faisaient face à la sombre masse. Le guerrier Michaël Thomas était prêt.

Il serait bien au-dessous de la vérité d'affirmer que la créature fut surprise. Elle examinait la situation lorsque soudain la proie frivole et craintive devint une menace au comportement transformé. Michaël se préparait-il à attaquer ? C'était d'un ridicule. Elle pouvait l'écraser comme une mouche ; c'était presque trop facile.

La proximité de Mike obligea l'horrible forme à reculer pour être en mesure d'utiliser ses longs bras monstrueux. Elle recula, refermant ses poings puissants, prête au combat.

Alors que la créature se mettait en position d'attaque, la voix de Mike résonna :

– VOICI L'ÉPÉE DE LA VÉRITÉ. QU'ELLE DÉTERMINE QUI POSSÈDE LE POUVOIR !

Mike n'avait pas fini de parler lorsque la bête attaqua. Michaël avait l'impression de se trouver devant un navire s'approchant à toute vapeur. Il dut faire un effort pour ne pas fermer les yeux. À l'instant même, une lumière d'une intensité incroyable sembla émerger de l'épée de Mike et frapper le monstre d'une force indicible. La portée de l'éclair n'arrêta pas le mouvement de la bête mais fit dévier son attaque sur le côté et servit à la déséquilibrer. Malgré tout, le monstre parvint à lancer un poing dans la direction de Mike mais celui-ci éleva son bouclier pour se protéger, craignant toutefois que le coup ne l'emporte avec son bouclier.

Mais encore une fois, le bouclier et l'armure jouèrent leur rôle tout comme ils l'avaient fait durant la tempête, à l'insu de Michaël Thomas. L'armure entourait instantanément Michaël Thomas d'une bulle de lumière protectrice. Le bouclier lança une série d'intenses pulsations vers le bras du monstre. Une sorte de lumière surgissait de Mike et volait dans toutes les directions. L'odeur d'ozone émanant de l'air ionisé et de l'interaction de la matière et de l'antimatière était saisissante. Au lieu de recevoir un coup asséné par le bras monstrueux, Mike vit l'extrémité aussitôt repoussée par la lumière protectrice. La force en était tellement puissante qu'elle souleva la créature pour la faire retomber à une certaine distance, vers l'arrière. Sain et sauf, Mike se tenait toujours au même endroit.

La lumière était magnifique. Michaël Thomas était ébahi par les présents qu'il tenait dans ses mains. Ils avaient travaillé de concert pour repousser l'attaque du géant. Mike constata que la lumière de la bataille lui était agréable, mais que la monstrueuse bête devait se protéger les yeux contre son intensité. Elle continuait à jouer en sa faveur. Habitué à l'éclat atténué du jour gris, le monstre avait peine à s'adapter à la lumière. Mike souriait de reconnaissance envers ce cadeau de la nature. Il se sentait chez lui ! Il s'adressa en toute confiance à la bête, lui répétant des paroles d'Orange.

— Est-ce que le bouclier de la connaissance t'irrite, mon ennemi verdâtre ? La noirceur ne peut cohabiter avec la connaissance. Les secrets ne résistent pas à la lumière et celle-ci jaillit lorsque la vérité se manifeste !

Sur ces mots, le monstre se redressa sur ses pieds et attaqua Mike encore une fois, avec une détermination encore plus menaçante. Mike ne croyait pas pouvoir résister à l'attaque cette fois-ci. Il avait pu tenir à un bras, mais que pouvait-il faire contre toute cette masse ? Il attendit jusqu'à la dernière minute puis s'élança en bas de son rocher au moment où la créature l'atteignait. Encore une fois, il avançait au lieu de reculer et encore une fois, il créa une situation imprévue où il se trouvait trop près pour être saisi ou maîtrisé facilement. La taille et le poids de la bête jouaient contre elle.

Mike se retrouva entre les jambes énormes du géant. Se glissant vers l'arrière, il étendit son bras et planta son épée dans l'entrejambe de la bête dans un éclat de lumière resplendissante. En même temps, il balança son bouclier pour qu'il frappe une des jambes, et encore une fois, une forte puissance repoussa la masse de peau verdâtre dans un mouvement semblable à celui de deux aimants de polarités contraires. Un autre éclat de lumière provenant du bouclier projeta la bête dans les airs. Le bond qu'il fit aurait pu se comparer au mouvement d'un plongeur effectuant une double boucle. L'horrible créature se retrouva au sol, en état d'agonie et dépourvue de dignité. Elle roula sur le sol dans un cri de protestation, et la fumée s'échappait de cette blessure grouillante. Des étincelles jaillissaient entre ses jambes, là où l'épée de Mike avait frappé.

– Pas de descendants pour toi ! Mike avait prononcé sa phrase d'un ton calme et détaché. Il avança vers la forme hideuse et éleva son épée dans les airs en s'approchant lentement et avec précaution de la bête monstrueuse étendue au sol. Il s'arrêta, hors d'atteinte de son bras maléfique.

– Vas-tu capituler ? Qui détient la vérité ? Qui a le pouvoir ?

– **PLUTÔT MOURIR !** marmonna la vile créature. Sa voix ébréchée était à peine audible.

– Qu'il en soit ainsi ! proclama Mike sans peur, sans tenir compte de la puanteur de la bête blessée.

Mais la créature malodorante allait frapper un autre coup. Elle n'était pas un être spirituel. Comme Mike, c'était une entité biologique circulant au pays des anges colorés et des épées foudroyantes. Elle saignait des suites de ses blessures. Mike voyait très bien la plaie que lui avait infligée son épée magique pendant la dernière altercation et il grimaça à sa vue. Une substance noire et collante s'échappait de la blessure et souillait la peau déjà vilaine. Ses jambes devenaient toutes noires et Mike croyait que la créature souffrait terriblement, mais voilà qu'elle se relevait ! Une fois debout, elle vacilla légèrement. Ses yeux étaient devenus des fentes étroites, la lumière qui l'entourait étant trop forte. Mike savait qu'il avait gagné.

Tuer n'entrait pas dans ses intentions de Mike. Il n'avait jamais tué personne ou quoi que ce soit intentionnellement. Même à la ferme, il refusait de tuer les poulets. Mais il savait que tout assassinat sur cette terre était symbolique. La chose détestable qui se trouvait devant lui n'allait pas mourir. Elle serait tout simplement et douloureusement vaincue.

La scène créée par les deux combattants était classique. L'éclat continuait à jaillir des armes de Mike. Les étincelles surgissaient du corps fumant du monstre blessé alors qu'il se redressait pour se préparer à une nouvelle attaque. Mais l'armure de Mike commençait à chanter une mélodie de victoire. Les ombres parfaitement délimitées provenant de la lumière, de la vérité, de la connaissance et de la sagesse laissaient voir le corps blessé massif, mais vacillant, de la vile créature qui s'apprêtait désespérément à se sacrifier au pouvoir des armes menues de Mike. David et Goliath dans une mise en scène surréaliste avec, pour décor, les parois d'un étroit canyon sans issue. Les deux guerriers de force inégale se tenaient à six mètres l'un de l'autre, chacun défendant ardemment son territoire. Une fois de plus, Mike fit le premier mouvement.

Michaël était beaucoup trop agile pour cette masse blessée. Il se concentra sur ses parties les plus faibles et avant que la bête puisse réagir, l'éclair de l'épée et la polarité inversée de son bouclier faisaient leur travail. Dans une tentative ridicule et désespérée pour éliminer son agresseur, la bête commença à agiter vigoureusement les bras, ce qui lui attira d'autres difficultés de la part des armes invincibles de la lumière, de la vérité et de la connaissance. Le spectacle en valait la peine. Non seulement les éclats de lumière présentaient-ils des proportions incroyables, mais les effets sonores étaient surprenants. Les armes spirituelles unirent leurs voix en un chant de victoire éclatant et harmonieux. Orange n'avait jamais dit que toutes les armes pouvaient chanter !

Le combat prit fin en peu de temps. L'énergie lancée par l'épée et le bouclier eurent rapidement raison de l'ennemi. L'entité négative s'étendit dans toute sa longueur nauséabonde devant le regard de Mike en une masse putride et écoeurante. La puanteur du sang qui jaillissait des blessures envahit les narines de Mike. Puis tout à coup, les armes mirent fin à leurs chants. La chose puante et verdâtre étendue sur le sol commença à se dissiper !

– **Je n'en ai pas terminé avec toi, Michaël Thomas. Nous nous reverrons un jour !** La créature grognait en disparaissant.

– Je sais, répondit Mike en regardant dans les yeux rouges du géant repoussant. Il savait que sa mort était symbolique, mais il savait aussi que la bataille avait été réelle. Il trembla à la pensée que le combat aurait pu résulter en une issue différente. Michaël aurait pu être blessé et périr. Il aurait pu se dissiper dans l'obscurité, n'eut été de ses armes spirituelles.

Il était heureux que ce soit terminé. Il rengaina sa magnifique épée de vérité mais pas avant de l'avoir remerciée à haute voix. Il en fit de même avec le bouclier avant de le replacer sur son dos. Il serra son armure et loua son bon travail. Et puis, un phénomène étrange se produisit !

Mike sentit que les trois présents le quittaient. Ils disparaissaient, tout comme le monstre.

– NON ! hurla-t-il. Ne partez pas. J'ai besoin de vous.

Mais les armes de Michaël Thomas étaient absorbées par sa biologie. Une fusion se produisait qui n'était rendue possible que par l'intention de sa propre cérémonie et à cause de la victoire qu'elles venaient d'accomplir. Ébahi, Mike exigea une explication:

– Qu'est-ce qui se passe ? Pourquoi partez-vous ?

– *Michaël Thomas de l'Intention pure, tes présents merveilleux sont toujours là mais, dorénavant, ils sont à l'intérieur !* lui dit la voix rassurante d'Orange. C'est Orange qui lui avait d'abord offert ces présents. L'ange continua : « *Tu t'es mérité le droit de les assimiler. Ils font maintenant partie de toi, Michaël Thomas, et sont intégrés à même tes cellules.*»

Mike s'assit sur une roche à proximité.

– Et le prochain combat ?

– *Tu le remporteras de la même manière, mais sans la présence tangibles des armes. La vérité se trouve maintenant à l'intérieur de toi, tout comme le pouvoir de la connaissance et de la sagesse. Aucun monstre ne pourra te les enlever.*

Mike réfléchit aux propos d'Orange puis invoqua un autre ange :

– Vert, ai-je subi une autre transformation ?

– *Oui, Michaël. L'absorption des présents t'a rendu complet. Tu n'as plus que l'un de nous à rencontrer.* Quel réconfort d'entendre la voix de Vert encore une fois !

– Qui est-ce ? demanda Mike, ne pouvant supporter d'attendre à la prochaine maison.

– *Le plus grand de nous tous, tu verras,* répondit Vert.

Mike se leva. Il se sentait étrange. Tout s'était passé si vite ; la rencontre de la forme de son père, la constatation du combat qui se préparait, la victoire sur le monstre et enfin, l'apparente disparition des présents auxquels il était devenu si habitué. Il se rassit et repassa dans sa mémoire les événements des vingt dernières minutes.

– Blanc, qui était vraiment cette bête ?

Mike s'adressa à Blanc parce qu'il sentait que sa réponse serait la plus inspirante. Il ne fut pas déçu.

– *C'était la partie de toi dépourvue d'amour, Michaël. C'était la partie humaine qui est toujours là et dont il faut toujours tenir compte. L'humanité sans amour crée la noirceur.* La voix de Blanc était magnifique et elle mit immédiatement Mike à l'aise.

– Reviendra-t-elle ?

– *Tant et aussi longtemps que tu seras humain, elle sera toujours en arrière-plan, prête à bondir. Mais l'amour la tiendra à distance.*

Mike devint songeur. *Il me reste une seule leçon à apprendre et je pourrai me départir de mon enveloppe humaine.* Mike était impatient d'arriver *chez lui.* La porte magique qui l'y mènerait était son but ultime. Il essayait d'imaginer à quoi l'existence ressemblerait alors : paisible, remplie d'amour et de spiritualité. Mike se rendit soudain compte que le temps s'était complètement éclairci. Il regarda le champ de bataille éclairé par les chauds rayons du soleil. Il pouvait encore voir les marques laissées par ses armes puissantes. Il porta la main à sa taille, là où l'épée avait été suspendue, puis à sa poitrine, où il avait porté l'armure. Ses outils lui manquaient, mais il savait que les anges lui avaient dit la vérité. Il ne se sentait ni différent ni plus léger. Il portait sa puissance à l'intérieur, ce qui faisait de lui un guerrier accompli de l'amour, tout comme Marie. Il sourit en pensant à la force qu'elle dégageait et la remercia mentalement pour la vision. Puis il porta de nouveau la main à sa poitrine et constata que la carte était disparue, elle aussi !

– La carte ! s'écria-t-il déçu.

– *Elle est aussi en toi,* lui dit Bleu. *Ton intuition sera tout aussi valable.*

Mike se sentit dépouillé. *Ça va,* pensa-t-il, *je ne serai pas humain encore longtemps. Je n'aurai pas besoin de ces outils lorsque j'irai au paradis. Il ne me reste plus qu'une seule maison !*

Il ne mit pas longtemps à sortir du canyon et une vue grandiose l'attendait à la sortie du sentier escarpé. Il vit soudain un paysage serein au loin devant lui. Un arc-en-ciel glorieux était suspendu au-dessus du ravin. Il brillait clairement sur un fond de ciel bleu clair. Il marquait à la fois la limite du canyon et la fin de son périple. Michaël avança, figé par la majesté de l'arc-en-ciel, regardant le sol de temps à autre avant d'y poser le pied.

Puis il vit l'origine de l'arc-en-ciel. Ses six énormes amis resplendissants de lumière se tenaient dans les cieux devant lui. Dans leur magnificence et leur grandeur, ils se tenaient par la main et formaient un arc-en-ciel pour célébrer l'être humain qu'ils avaient appelé Michaël Thomas de l'Intention pure. Il passa devant eux, mentionnant chacun de leurs noms et les remerciant avec émotion. Il vit Bleu, qui lui avait remis sa carte et lui avait indiqué la route à suivre ; Orange, responsable des présents qui lui avaient permis d'abattre le géant ; Vert, son ami au sens de l'humour, qui lui avait enseigné la biologie, écrasé l'orteil et fait expérimenter sa première transformation de vibration ; Violette, la mère, qui lui avait fait revivre sa vie et lui avait appris la responsabilité qu'il détenait dans chaque cas ; Rouge et ses mauvaises manières à table, qui lui avait présenté sa famille spirituelle et enfin, l'aimable Blanc, l'essence de la pureté, de qui Mike avait appris l'amour véritable en observant une femme d'une force extraordinaire et avec lequel il avait ressenti la brisure produite par une occasion ratée. Mike savait que tous célébraient sa victoire à leur façon puisqu'il se rendait à la dernière maison et qu'il n'aurait désormais plus besoin d'eux. Sa formation était presque terminée. Il avait bien appris et avait réussi un grand test en conquérant lui-même la bête monstrueuse. Il savait qu'ils lui disaient adieu.

– Je vous bénis mes amis, leur cria Mike. Et il regarda les glorieuses couleurs s'estomper lentement pour faire place de nouveau au ciel tout bleu.

***

Mike n'eut pas à marcher bien longtemps avant d'apercevoir la prochaine maison. Mais cette fois, il ne s'agissait pas d'une maison ; c'était plutôt un énorme manoir ! En s'approchant davantage. Mike réalisa qu'en plus de sa taille inhabituelle, la demeure qui lui avait d'abord semblé brune était en réalité dorée !

Puis, de plus près encore, ce qui lui avait paru une vaste résidence à un seul étage se révéla être une habitation gigantesque à plusieurs étages. Et elle n'était pas seulement dorée, elle avait l'air faite d'or !

La demeure surplombait des pelouses bien entretenues et l'on pouvait voir plusieurs ruisseaux et fontaines qui coulaient ou lançaient leur jet dans un décor splendide. On avait semé des fleurs d'espèces variées disposées par couleurs dans un effet à couper le souffle. Puis Mike remarqua autre chose qui le laissa momentanément bouche bée. Le sentier prenait fin à la porte de la demeure ! Le but doit être à l'intérieur. Ce n'était pas simplement une maison ; c'était le portail des cieux. C'était la porte qui le menait *chez lui* !

Mike se rendit compte de son anxiété et du fait qu'il respirait difficilement lorsqu'il quitta le sentier pour prendre la petite allée qui ondulait vers la porte du palais doré. Lorsqu'il se trouva finalement devant l'imposante porte ouvragée d'or, il se demanda comment il allait parvenir à l'ouvrir tant elle semblait lourde. Il s'arrêta pour retirer ses chaussures et les placer dans l'endroit qui leur était manifestement réservé, puis il attendit. Il savait qu'il ne les reverrait plus jamais.

Aucun ange ne se montra.

Il se demanda s'il était convenable d'essayer d'ouvrir la porte et d'entrer en se souvenant que ça s'était passé ainsi dans la sixième maison puisque Blanc ne sortait jamais à l'extérieur. Il décida donc d'entrer et lorsqu'il tira l'immense porte dorée, inutilement vaste, elle s'ouvrit d'un mouvement léger.

Il franchit le seuil et demeura immobile de stupeur. Tout était fait d'or : les murs, les colonnes, les planchers ! Un décor grandiose ! Époustouflant ! Et puis, encore cette odeur de fleurs. L'odeur de milliers de lilas chatouilla ses narines, portant avec elle un merveilleux sentiment d'amour ! Il venait indéniablement de franchir le seuil d'en endroit sacré.

Tout à coup, il perçut l'ironie de la situation. Alors que les autres maisons de l'endroit lui avaient paru petites de l'extérieur et s'étaient révélées immenses à l'intérieur, celle-ci présentait un intérieur restreint. Elle ne comportait pas de corridors sans fin comme les autres maisons. Tous les corridors et les portes menaient à un seul point. Elle n'offrait aucun autre choix que de se diriger vers une seule pièce. Elle était la sobriété même : élégante, grandiose, magnifique et superbe, mais simple. Elle ne comportait aucune annexe ; aucune pièce n'était réservée à Mike. Rien ici n'était semblable à ce que l'on pouvait voir dans les maisons précédentes. Même l'atmosphère était différente. Mike essayait de qualifier l'impression que la demeure dégageait tout en se dirigeant là où elle le conduisait. Et puis, il comprit : c'était le sentiment qui régnait dans les grands lieux du culte. Il se sentit envahi de respect par ce lieu majestueux qui lui rappelait les endroits sacrés.

Il ne savait à quoi s'attendre. Il n'avait pas encore rencontré d'ange. C'était la première fois qu'il franchissait le seuil d'une maison sans être accueilli par l'un d'eux. Après son important combat et toute l'agitation qui l'avait entouré, il aurait dû avoir faim, mais il n'en était rien. Il était trop agité.

Michaël continua à circuler dans la maison et se trouva soudain devant une porte différente des autres. Elle portait un nom. Toujours cet étrange caractère de style arabe qu'il avait vu dans la maison des cartes puis dans les diagrammes de Violette. Il se dit que ce devait être le nom de l'ange doré. Mike ouvrit la porte et en franchit le seuil.

Ce qu'il y trouva ne pourrait s'oublier. Il se retrouva dans une pièce d'un éclat majestueux. C'était une véritable salle de dévotion ou quelque chose d'approchant. On aurait dit une cathédrale aux verrières lumineuses laissant pénétrer la lumière extérieure dont les rayons aux couleurs d'arc-en-ciel ondulaient sur le plancher d'or. En portant le regard plus haut, Mike put distinguer un espace d'or qui s'étirait sans fin. La pièce était circulaire et la porte qu'il avait traversée était la seule issue qui en permettait l'accès. Un léger nuage d'or régnait dans la pièce, produisant une atmosphère qui rappelait celle d'un étang au petit matin, quand la fraîcheur embaume encore l'air. La rencontre du nuage et de la lumière créait une ambiance unique. Chaque fois que le nuage bougeait sur l'éclat de lumière, il l'absorbait et transformait l'air humide en un autre arc-en-ciel qui venait se mêler à toutes les couleurs du spectre déjà en place. Mike dut faire un effort pour reprendre son souffle.

Puis, il se rendit compte que la lumière et le décor de la pièce étaient centrés sur le cœur du sanctuaire ovale. Des grands escaliers limitaient l'espace ovale mais ils menaient à des balcons qui surplombaient le centre de la pièce. Mike se concentra sur la pièce. Le centre en était rempli de brouillard d'or, mais il y avait là quelque chose d'autre. Mike s'avança avec la certitude que son périple achevait.

Lorsqu'il fut plus près du centre de la pièce, il constata que celle-ci était beaucoup plus vaste qu'il ne l'avait d'abord cru. L'or et la configuration de la pièce se prêtaient au jeu de l'illusion pour l'œil humain. Michaël se dirigeait toujours vers le centre, constatant qu'il fallait beaucoup plus de temps que prévu. Puis, il fut à quelques centimètres du centre et s'arrêta. Qu'y avait-il là, à travers le nuage ? Une autre structure ?

Il était presque au centre lorsqu'il se sentit frappé par un immense éclat d'énergie. Il se retrouva sur ses genoux. Un incroyable sentiment de sacré et de sainteté l'avait atteint et sa puissance le forçait à s'agenouiller. Il avait le souffle coupé et gardait les yeux baissés, de peur de violer une règle sacrée non exprimée. Son corps tremblait au rythme d'une vibration animée qui ne pouvait que surgir de la présence de Dieu. Ça y était : il approchait de la dernière porte qui le mènerait *chez lui,* au paradis. Peut-être qu'il ne rencontrerait pas d'ange. Mais pourtant, tous les autres anges lui avaient dit qu'il allait rencontrer la plus importante entité de tous. Mike sentait une présence majestueuse, la présence bénie et miraculeuse de Dieu lui-même. Il respirait de plus en plus difficilement.

Michaël leva les yeux et vit le nuage se dissiper. Il resta à genoux, mais se redressa pour observer ce qui se déroulait. La disparition du nuage laissa voir une imposante structure massive et dorée. Puis il vit que le bloc comportait des marches. Cet escalier menait peut-être vers... la porte du paradis ? L'énergie croissait et Mike ne se sentait pas digne d'être là. En tant qu'être humain et malgré toutes les expériences qu'il avait vécues, il ne se trouvait pas à la hauteur de la sainteté et de la grandeur de ce qui l'entourait. Il était à la porte du paradis et se sentait telle une marionnette. Il se sentait immobilisé par le pouvoir de l'esprit et le resplendissement de Dieu. Il savait qu'à quelques pas de lui se trouvait la plus grande puissance qu'il ait jamais rencontrée, un élément d'amour si intense et d'une beauté si spectaculaire qu'on y décelait la création même !

Mike manquait d'oxygène, mais gardait la tête haute. Il voulait bien voir. Il comprit qu'il lui restait bien une entité à rencontrer, la plus imposante d'entre toutes. Ce devait être vrai sinon, comment expliquer toute l'énergie qui se dégageait de ces lieux ? Il espérait pouvoir résister à l'intensité de la vibration suffisamment longtemps pour rencontrer l'entité. Même s'il pouvait, d'un instant à l'autre, être vaporisé dans un éclat de lumière paradisiaque multidimensionnelle, il tenait à cette rencontre ! Il se rappelait ce qui était advenu à ceux qui avaient touché l'arche d'alliance. Ils s'étaient évanouis dans un nuage de vapeur puisqu'ils avaient touché Dieu. Il avait l'impression que le même phénomène pouvait se reproduire ici, si l'énergie continuait à augmenter. Il pensait que ses cellules allaient éclater tant elles voulaient toutes célébrer à la fois. Il ressentait un sentiment d'expansion provenant de l'intérieur. Mike commençait à s'inquiéter non pas pour sa vie, mais de peur de ne pas rencontrer l'entité qui régnait dans cette incroyable demeure. Le brouillard continuait à se dissiper.

Le bloc d'or qui se manifestait à sa vue ne comportait pas seulement des marches mais... un trône ! Magnifiquement ouvré, d'une splendeur indescriptible, majestueusement conçu et tout en or, il irradiait de son propre caractère sacré. L'ange devait s'y trouver. *Qui pouvait-il être ?*

Mike s'aperçut soudain qu'il sanglotait. Toute sa biologie éclatait sous l'effet de la magnitude de cette énergie sainte et il sentait des vagues de gratitude et d'amour émerger de son cœur. Il ne parvenait pas à maîtriser ses émotions. Une énergie dense se déversait sur lui et il savait que l'entité d'or qu'il attendait était en train de descendre les marches. Le plus grand ange de tous allait bientôt émerger du brouillard doré qui masquait le trône. Il en était sûr. Il allait sans doute rencontrer le gardien de la porte qui menait *chez lui*, celui qu'il souhaitait voir depuis le début, celui qui savait tout !

Mike se sentait terriblement mal. Il ne voulait pas qu'on le voie ainsi. Il aurait voulu être fort, mais il ne pouvait même pas se tenir debout. Il voulait que l'être d'or sache qu'il avait réussi toutes les épreuves et qu'il avait vaincu le géant mais il ne parvenait même pas à ouvrir la bouche. Il se sentait tel un enfant incapable de maîtriser ses émotions. Sa poitrine vibrait de gratitude et... d'un manque d'oxygène. Sa tête lui faisait mal. *Qui pouvait donc manifester tant de pouvoir ? Quelle entité de l'univers représentait la force divine d'une façon si intense ?*

– Ne crains rien, Michaël Thomas de l'Intention pure, nous t'attendions, dit le grand ange dont le torse commençait à poindre alors qu'il descendait les marches.

. Cette voix lui était familière. Qui était-ce ? La voix, même si elle portait un caractère immensément sacré, était douce et paisible. L'entité qui se présentait était peut-être la plus élevée de toutes mais la rencontre s'amorçait doucement et sobrement par un mot rassurant. Malgré tout, Mike ne parvenait pas à parler et l'émotion qu'il ressentait ne semblait pas vouloir s'apaiser. En observant la scène, il plaça sa main sur son cœur pour éviter qu'il sorte de sa poitrine devant le maître doré de l'amour qui lui adressait la parole. Michaël ne voulait rien rater et espérait ne pas s'évanouir, mais sa vue s'embrouillait peu à peu.

Le magnifique ange céleste flotta au-dessus des marches d'or, s'approchant doucement de Michaël Thomas toujours tremblant et agenouillé. Même dans son état de ravissement, Mike parvint à s'interroger sur l'utilité des marches pour une entité qui n'en avait aucunement besoin.

Mike vit d'abord l'imposant corps brillant. Sa tête était toujours voilée par le brouillard d'or. L'ange s'arrêta. Mike vit qu'il était énorme, plus grand que tous les autres rencontrés précédemment. La couleur d'or de ses vêtements était tellement brillante que les plis en semblaient électrifiés. Il pouvait voir le bas de ses ailes. Il savait qu'il aurait des ailes ! Elles vibraient comme dix mille papillons, mais sans émettre un son. Mike était certain que, lorsqu'il verrait sa tête, elle serait coiffée d'un somptueux halo, élément approprié à une si magnifique créature.

Mike ne s'habituait pas vraiment à cette énergie, mais il réalisa qu'une transformation s'opérait en lui lorsque l'ange s'arrêta. On lui offrait un présent, il en était certain. Il se formait autour de lui une bulle de lumière douce, blanche et caressante qui lui procurait un sentiment de paix intérieure. Il soupira de soulagement car il savait qu'il n'aurait pu supporter cette énergie intense beaucoup plus longtemps. Il recommença peu à peu à respirer normalement, toujours agenouillé sur le plancher. La vague envahissante d'amour qui l'avait submergé devint une vague de paix et il recouvra lentement son équilibre humain normal. Dix minutes s'écoulèrent sans que l'ange bouge. Mike retrouvait ses forces. Il savait que l'ange lui avait ménagé de l'espace en le protégeant par cette bulle de lumière. Ainsi, sa vibration pourrait exister auprès de la vibration divine d'une prodigieuse créature du paradis. Puis, il parla sans toutefois se lever.

– Merci magnifique ange d'or, dit-il en reprenant son souffle. Je n'ai pas peur.

– Je sais exactement ce que tu ressens, Michaël, et je sais que tu n'as pas peur.

L'ange ne bougeait toujours pas. Mike essayait encore d'identifier cette voix. Elle avait la même énergie paisible que celle de Blanc et elle se faisait rassurante pour l'âme. La voix était pleine, nourrissant tout l'espace, mais elle était aussi calme. Il savait qu'il l'avait déjà entendue, mais où ? En quel autre coin de cette terre spirituelle l'avait-il entendue ? Lorsqu'il fut certain de pouvoir parler, il se risqua.

– Est-ce que je te connais, Ô! Être sacré ?

– Oh oui ! répondit l'ange partiellement caché ! Nous nous connaissons bien. La majesté de la voix était puissante, remplie de gloire et de splendeur. Mike ne comprenait pas, mais n'insista aucunement. La situation était cérémonieuse. Elle exigeait que l'on se soumette et qu'on attende d'être invité à parler. Mike respectait la différence de vibration entre son hôte et lui. Celui-ci parla de nouveau.

– Le temps que nous passerons ensemble dans cette maison sera de très courte durée, Michaël Thomas. Il sera rempli de révélations et de grands accomplissements. La différence de vibration entre nous est tellement grande que nous ne pourrons pas supporter la présence l'un de l'autre très longtemps, mais ce sera suffisant.

Suffisant pour quoi ? s'interrogea Mike. L'ange poursuivit et, encore une fois, la force glorieuse de sa voix adoucit les molécules du corps de Mike.

– Michaël Thomas de l'Intention pure, est-ce que tu aimes Dieu ?

Les cellules de Mike s'animèrent. Toujours cette question ! Des frissons de clarté parcoururent son échine. Il avait cru que Blanc était le dernier à lui poser cette question, mais il s'était trompé. On la lui posait encore une fois. *Cette fois devait être la bonne !* Toutes ses cellules voulaient répondre en même temps. *Dis-lui OUI !* La réponse qu'il donnerait à l'ange d'or constituerait la clé de la porte le menant *chez lui.* C'était la dernière fois qu'on lui posait la question et sûrement la plus importante. Il voulait que ce moment soit intense. Il fit une pause mais ne put trouver de réponse éloquente. Son esprit ne vibrait à rien d'autre qu'à l'honneur de se trouver dans un tel endroit, devant cette entité divine.

– Oui, j'aime Dieu, dit-il d'une voix directe et claire, sans tremblement.

– Et Michaël Thomas de l'Intention pure, ajouta la merveilleuse voix émergeant du visage toujours dans l'ombre dansante, désires-tu voir le visage de Dieu, celui que tu déclares aimer ?

Mike était figé par les possibilités qui jaillissaient de ces paroles. *Qu'est-ce que ça signifiait ? Qu'est-ce qui serait révélé ? Où cela le mènerait-il ?* Encore une fois, les cellules de Mike le pressaient de répondre dans l'affirmative, ce qu'il fit spontanément et simplement.

– Oui, je le veux. Cette fois-ci, sa voix tremblait et il savait que l'ange s'en était aperçu.

– Alors, Michaël Thomas de l'Intention pure, poursuivit l'ange en reprenant sa descente des marches, voici le visage de Dieu, celui que tu nous as dit aimer – à huit reprises.

Dans sa brillante magnificence, l'entité la plus sacrée d'entre toutes s'approcha de Mike. Malgré la bulle de protection qu'on lui avait fournie, Mike sentit monter le niveau d'énergie au moment où l'entité commença à émerger de l'épais nuage d'or et à descendre l'escalier doré pour rejoindre Mike. Lorsqu'il fut enfin près de celui-ci, le nuage qui entourait son visage n'était pas encore tout à fait dissipé.

– Lève-toi, Michaël, tu dois être debout dans les circonstances.

Michaël savait que quelque chose de grand se préparait. Il se leva avec peine, ses jambes le portant difficilement, et fouilla le nuage d'or de tous ses yeux et de tout son esprit, fixant l'endroit d'où le visage devait surgir. Lorsqu'il le vit enfin, Michaël Thomas de l'Intention pure, l'être humain qui avait presque tout expérimenté sur sa route, qui avait rencontré et vaincu l'entité négative, qui avait réalisé la transition mieux que tout autre humain ne l'avait fait jusqu'à présent dans cet endroit spirituel, se retrouva dépourvu de tous ses moyens devant la révélation qui lui fut faite. L'abasourdissement se lisait dans ses yeux remplis de larmes. La compréhension basculait entre la logique et la spiritualité de son esprit tout en essayant de distinguer ce qu'il voyait et sa signification. Ses émotions étaient suspendues et ne pouvaient l'aider à traiter l'information que ses yeux lui révélaient subitement. Ses jambes faiblirent et il se retrouva involontairement sur ses genoux pour la deuxième fois depuis son entrée dans cet enceinte d'or sacré.

Le visage de la grande entité spirituelle qui avait descendu les marches ciselées du trône imposant était celui de Michaël Thomas ! Et ce n'était pas une illusion. Le visage appartenait à l'ange. C'était l'ange. L'ange était Michaël !

– Donc, si tu aimes Dieu, tu m'aimes. L'être doré savait que Mike n'écoutait pas vraiment. Son esprit était trop confus. Un état de choc avait envahi l'ensemble de ses cellules et Mike faisait encore des efforts de compréhension. *Qu'est-ce que ça signifiait ? Tout cela est-il réel ?* Pendant que Mike demeurait immobile sur le plancher, toujours figé, l'ange poursuivit :

– Voici un autre présent, dit-il d'une voix qui se voulait rassurante et apaisante et qui imprégnait Mike de paix et d'intelligence. Je t'offre le présent du discernement pendant que tu écoutes mes explications.

L'esprit de Mike commença à s'éclaircir. Il s'aperçut encore une fois que l'ange lui apportait une aide directe. Cette fois, ce soutien lui permettait de libérer son esprit humain de tout préjugé. L'ange reprit la parole.

– Chez tout être humain, un élément existe qui lui permet de combattre de façon acharnée – en utilisant jusqu'à la dernière synapse de son cerveau – l'idée qu'il puisse être autre chose qu'un être humain.

L'ange sourit et Mike crut se voir dans un miroir, s'adressant l'ébauche d'un sourire. La voix était la sienne, mais il ne l'avait pas reconnue. La seule occasion qu'ont les humains d'entendre leur propre voix avec précision est lorsqu'elle provient d'un enregistrement. Dans son cas, l'occasion s'était rarement présentée. Il devait écouter ce que l'ange avait à dire et son esprit s'y préparait.

– JE SUIS ton moi supérieur, Michaël Thomas, le fragment de toi qui réside en toi pendant ton séjour sur la planète terre. Ceci est ta dernière leçon et ta dernière révélation avant que tu n'atteignes ton but. C'est la dernière pièce d'information que tu dois absorber. C'est la vérité la plus élevée et la plus puissante pour l'humanité, celle qui est la mieux préservée et la plus difficile à accepter.

Les paroles de l'ange s'avéraient fascinantes, mais Mike trouvait très difficile de se concentrer parce qu'il avait son visage ! Mike était tout de même attiré par l'information et souhaitait en comprendre la portée. Il devait progresser. Il devait en savoir davantage. L'ange flotta un peu sur le côté, révélant une plus grande part du décor qui s'était jusque-là trouvé derrière lui.

– Tu es dans la MAISON D'OR DE LA CONFIANCE, Michaël. Rien ne peut t'arrêter plus sûrement sur le chemin de l'illumination que le sentiment que tu ne la mérites pas. Voilà pourquoi nous avons choisi de te révéler qui tu es vraiment. TU es une partie de moi, Michaël. Tu es un ange de niveau supérieur, comme tous les humains. Nous faisons partie de ceux qui ont choisi de visiter la terre, de faire l'expérience de la vie humaine et d'élever la vibration de la planète par les leçons et les expériences de notre séjour. Nous sommes ceux qui peuvent transformer l'humanité et même l'univers. Crois-moi, Michaël Thomas, tes actions sur terre ont modifié fortement d'autres secteurs.

– Mais je ne suis pas resté ! Mike avait presque hurlé ce qu'il avait à l'esprit et, en entendant ses paroles, il sentit qu'encore une fois il avait abandonné trop facilement. « En plus, je n'ai rien appris ! »

– Ça n'a aucune importance, lui dit l'ange. C'est l'intention d'entreprendre le voyage et l'acceptation première de participer au sacrifice qui sont les plus précieuses. Ta seule présence sur la planète est respectée et appropriée. Tu ne t'es jamais rendu compte de cela ? As-tu déjà entendu l'histoire de l'enfant prodigue. Elle fait partie de toutes les cultures, tu sais.

Mike la connaissait, bien sûr, mais il n'y avait vu aucun lien avec sa situation. Il se souvenait que le fils de l'histoire avait été aimé et accueilli par son père même s'il n'avait pas respecté les traditions familiales. L'ange se déplaça encore avant de poursuivre ses explications.

– Michaël, les autres anges t'aimaient beaucoup. Ne t'es-tu jamais demandé ce que tu avais fait pour mériter un tel amour ? Maintenant, tu le sais. Nous – toi et moi – faisons partie d'une élite. Nous sommes partie intégrante de ceux qui sont chèrement aimés et respectés parce qu'ils ont choisi de venir sur la terre, de vivre avec un système biologique inférieur, alors que toute cette réalité leur est cachée. TU es en fait un fragment de Dieu circulant sur la planète dans un objectif de grandeur et tu vois cette manifestation devant toi à l'instant même.

Totalement impressionné, Mike fit un survol de ses dernières semaines. Tout ce qu'il avait découvert sur la famille et les contrats dans la maison de Violette l'avait laissé atterré. Mais là, la révélation que lui, l'être humain Michaël Thomas, comptait parmi les anges les plus évolués ! Et les autres humains également ! *Se pouvait-il qu'il soit si grand ?*

– Oui, Michaël, tu l'es. NOUS le sommes tous. Il est maintenant temps que tu comprennes et que tu te rendes compte que tu as mérité ton passage sur terre. Tu l'as même planifié et tu as dû attendre ton tour ! Tu es une entité respectée pour l'avoir fait et tu es maintenant prêt à franchir une autre étape. Dans la même mesure où tu as affirmé aimer Dieu à plusieurs reprises durant ton voyage, TU DOIS DORÉNAVANT T'AIMER TOI-MÊME. Penses-y bien, Michaël Thomas, parce que cette vérité doit changer ta perspective et l'essence même de ton objectif en tant qu'être humain.

Mike était maintenant plus ouvert à l'information puisque l'ange lui avait accordé la paix et le discernement. Il avait l'esprit clair. L'information n'était pas facile à assimiler. L'ange allait ajouter autre chose.

– L'étape finale – et elle aurait été la même si tu étais resté sur terre – consiste à assumer ce « partenariat ». Il faut que tu saches qu'il est réel. Ressens la valeur et la divinité de ton humanité. Sache que tu es une entité sacrée du paradis. Sache aussi que tu relèves de ce monde et que tu es éternel ! Assume l'insigne d'or qui te revient, Michaël Thomas.

Mike se remémora son séjour dans la maison blanche, alors que Blanc lui avait montré l'image de Marie dans la chambre d'hôpital. Il réalisa un point qui lui avait jusque-là échappé. Blanc avait prononcé des paroles qu'il n'avait pas comprises à ce moment-là. Selon lui Marie avait accepté l'insigne d'or.

– Marie te connaissait-elle ? demanda Mike.

– Marie connaissait le grand Soi, Michaël, si c'est ce que tu veux dire. Elle y était associée tout ce temps où tu l'observais. C'est cela que tu ressentais. Elle savait qui elle était. Elle connaissait la salle d'or et son trône. Elle savait qu'elle était sacrée et qu'elle avait mérité son passage sur terre. Elle maîtrisait son caractère sacré.

Mike ressentit une nouvelle fois une immense admiration à l'égard de Marie, cette petite femme qui lui avait tant appris sans même qu'il la rencontre.

– Et puis, elle te connaît, Michaël.

– Vraiment ? Comment est-ce possible ?

– Tout comme nous nous connaissons tous, répondit l'ange. Elle était très consciente des effets profonds que produisait sur les autres le présent qu'elle offrait à son père au moment de sa mort. Elle le savait par intuition. Elle savait même qu'on l'observait. Comme toi, elle avait tous les présents, les outils et les cartes à l'intérieur d'elle-même et elle avait le don précieux du discernement divin que je te transmets maintenant. Tel est le pouvoir d'un être humain illuminé sur terre.

– Merveilleux !

Michaël en apprenait toujours plus et son respect pour Marie dépassait tout ce qu'il avait été jusqu'à présent. Elle savait ! Son intuition lui disait que son geste était observé et qu'il m'aidait.

– Le moment de l'épreuve est arrivé, Michaël Thomas.

L'ange passait aux choses sérieuses. Michaël savait qu'il devait subir une épreuve quelconque. *Qu'est-ce que ça pouvait bien être ? Comment l'entité, avec son visage et son âme, pouvait-elle savoir si l'être humain Michaël Thomas avait accepté la réalité de sa valeur personnelle ou non ?*

– Il n'y a qu'une seule façon de le savoir, dit l'ange en se déplaçant de côté. Ne crains rien, Michaël, mais je dois enlever la bulle qui te mets à l'abri des vibrations pour le temps qu'il nous reste à passer ensemble. Tu as absorbé la vérité ou non. Le test est simple, mais il est impossible de le réussir sans être pur et sans avoir accepté la vérité du partenariat.

– Je l'ai acceptée, dit Mike d'un ton anxieux. *Qu'allait faire l'ange d'or ?* La bulle blanche qui l'entourait se dissipait peu à peu et Michaël se sentait de nouveau envahi par la vibration de sainteté de la force divine qui l'entourait. Il ressentait la présence d'un grand amour, d'une forte énergie et l'attention de millions d'entités. Mais un élément nouveau s'ajouta. Il avait le sentiment, quoique très mince, de faire partie de l'ensemble. *Peut-être était-ce là l'épreuve ?*

– Oui, je vois, dit Michaël. Il espérait avoir réussi. L'épreuve était-elle terminée ? Pas de chance puisque l'immense ange d'or au visage de Michaël Thomas s'approchait.

– Michaël Thomas de l'Intention pure, viens t'asseoir sur la troisième marche. Mike recommençait à respirer difficilement. Ses cellules ne saisissaient pas la forte vibration qui l'entourait. Mike s'adressa à haute voix à son corps, ayant oublié la présence de l'ange d'or. Il devait reprendre la maîtrise de sa biologie, sans plus attendre !

– NOUS sommes en sécurité, dit-il à ses cellules. N'ayez pas peur ! NOUS avons mérité ce qui nous arrive.

Mike s'exprimait à très haute voix et il le savait. Il suivait spontanément l'enseignement de Vert et les résultats étaient immédiats. Il s'assit sur la troisième marche du grand trône d'or et commença à se calmer. Puis, il se rendit compte que le grand ange d'or l'observait attentivement, affichant un sourire des plus radieux !

– Tu sais vraiment comment agir, mon frère humain. Ce sont là des éléments que je ne pouvais pas t'enseigner, mais tu les as bien appris des autres. Voyons maintenant si tu as assimilé de la même façon ce que je t'ai remis.

Ce qui se produisit alors surprit Mike d'une manière encore plus importante que le dévoilement du visage de l'ange quelques instants plus tôt. Le grand ange d'or qui, jusque-là, avait représenté l'incarnation de la force divine, s'agenouilla devant Michaël Thomas. Ses superbes ailes d'or se déployèrent dans un mouve-ment royal, telles une cape accompagnant l'ange vers le sol. Leurs extrémités magnifiques s'étalèrent, sans toutefois toucher le sol pour permettre au corps majestueux de se pencher gracieusement.

Le corps de Mike réagit fortement encore une fois mais, cette fois-ci, il n'en fut pas désemparé. Mike fut plutôt envahi d'amour et il put continuer à observer les mouvements de l'ange.

En s'agenouillant, le grand ange fit apparaître un bol doré qu'il déposa cérémonieusement devant lui. Il regarda Mike directement et lui prononça des paroles où se lisait un grand amour.

– Ce bol contient le symbole des larmes de joie que je ressens pour TOI, Michaël Thomas. Je veux oindre et laver tes pieds puisque tu as grandement mérité cet honneur.

Oh non ! Cette entité divine se prépare effectivement à me toucher ! Maintenant, Michaël comprenait l'épreuve. Le contact avec l'ange d'or allait déterminer si les cellules de Mike avaient vraiment compris la valeur de l'enjeu et si son corps avait pris conscience de son origine sacrée. Les résultats ne pouvaient tromper. C'était l'épreuve véritable. L'ange fit une pause avant de toucher le pied gauche de Michaël Thomas et de répondre aux questions que ce dernier avait à l'esprit.

– Ce n'est pas là un test de changement vibratoire, Michaël. Toi et moi n'aurons la même vibration que lorsque nous nous fusionnerons de nouveau à la fin. L'épreuve s'adresse à ta croyance humaine. NOUS devons *posséder* le fait que NOUS, en tant que Dieu, avons mérité de devenir humains. Le geste que je m'apprête à poser vérifiera si tu comprends vraiment que tu mérites d'avoir les pieds lavés par l'Esprit même et si ton amour de Dieu se reflète dans ton amour de toi-même.

Mike soupira d'aise. Il connaissait son esprit et savait qu'il avait accepté cette notion et cet enseignement de la Grandeur même. Il se rendait compte que l'épreuve communiquerait cette certitude à l'ange. Il se sentait prêt. Il se trouvait devant le grand des grands. L'ange, malgré son rang, s'était placé en deçà du regard de Mike. Mike avait perçu cet écart au protocole et se sentit immensément ému devant ce qui se préparait.

La noble entité prit délicatement son pied et une sensation de chatouillement incroyable parcourut le corps de Mike et atteignit même son cœur et son esprit. Il débordait de compassion et des larmes coulaient sur son visage. Il ne dit rien pendant que l'ange lavait doucement son pied. Mike se sentit aimé au-delà de tout. Il ne disparut pas. Il ne s'évanouit pas dans un éclat d'énergie. Même s'il sentait la pression de l'énergie qui vibrait entre eux et qu'il la supportait avec peine, il savait en être digne. Mais il restait silencieux, sachant que l'amour est silencieux. Il savait que l'amour véritable n'a pas d'exigences et que l'ange glorieux n'allait rien lui demander en retour. Il savait que l'amour ne s'enorgueillit pas et que l'ange n'allait pas subitement se trouver entouré par une légion d'habitants du paradis. L'échange était personnel et l'ange demandait silencieusement à Michaël Thomas de simplement accepter l'honneur et d'ÊTRE. Aucun mot n'aurait pu décrire ce que Michaël Thomas ressentait. Des larmes de joie et de gratitude coulaient toujours sur son visage, mais il n'en éprouvait aucune honte. Il savait que l'ange comprenait que c'était là la façon humaine d'exprimer les remerciements, aussi étrange que cela puisse paraître. Puis, l'ange s'exprima encore une fois, dans une voix remplie de fierté à l'égard de Michaël.

– Michaël Thomas de l'Intention pure, tu as réussi cette grande épreuve, une des plus grandes. Je vais te montrer quelque chose de plus grand encore. Même si tu as réussi toutes les épreuves et même si tu te sens prêt à franchir la porte qui te mènera *chez toi*, je vais laver ton autre pied. Je considère ce geste comme un honneur et un témoignage de l'amour de Dieu pour toi. Les épreuves sont terminées. Je n'ai rien à en tirer. Je le fais parce que je t'aime. N'oublie jamais ce moment.

Mike ne se rappelait pas avoir vécu de moment plus sacré que celui-ci de toute sa vie. Ses larmes coulaient sans cesse et un flot d'amour circulait entre les deux entités dont les forces d'âme se rapprochaient pendant que le grand ange d'or lavait doucement le pied de Mike. Celui-ci avait l'air tout petit dans l'immense main de l'ange. Puis, le geste prit fin, le bol disparut comme par magie et l'ange se releva, ses ailes se repliant contre son corps.

– Si tu veux bien te lever, Michaël Thomas. Ton intention est manifestement pure et tu es prêt à rentrer *chez toi*.

Michaël se leva, promena son regard dans la pièce, puis de nouveau sur l'ange. Comme s'il lisait dans son esprit, l'ange prit sa main et lui indiqua la voie.

– Tu peux monter les marches, dit-il en souriant.

Mike se retourna et regarda le nuage d'or ondulant. Les marches vers le trône d'or l'invitaient vers un autre endroit inconnu. Il regarda de nouveau l'ange, cherchant son approbation avant de grimper l'escalier.

– La porte que tu cherches est là, Michaël. Et n'oublie pas : *les apparences sont parfois trompeuses.*

Cette fois, Mike ne s'interrogea pas sur le sens de la petite phrase. Elle était devenue le mantra de l'endroit. Il se rendait compte qu'il ne pouvait séjourner dans ce lieu plus longtemps. L'ange le savait aussi et c'est pourquoi il le poussa doucement, entourant cette fois ses épaules de son bras. D'une voix douce et rassurante, il prononça ces dernières paroles.

– J'arrive de là, moi aussi. Ça ira. Tu dois partir maintenant. Le but est à portée de ta main. Je t'y rejoindrai très bientôt. Nous ne disons jamais au revoir puisque nous ne formons qu'un.

Mike savait qu'il devait se soustraire à cette énergie puissante. Il se retourna et entreprit aussitôt l'ascension des marches. Il comprenait maintenant leur présence. Elles étaient destinées aux humains, et non pas aux anges et leur disposition était parfaitement adaptée aux pieds de Mike. Tout se reliait, mais Mike n'avait plus envie d'analyser les éléments. Il était temps de recevoir son diplôme ! Il était temps de franchir le seuil de sa demeure. Il continua à grimper les marches menant au grand trône ouvré. Il s'arrêta pour regarder une dernière fois le grand ange d'or, le fragment de Dieu qu'il était lui-même ; celui-ci se tenait majestueusement, les mains jointes, souriant à Michaël Thomas du pied de l'escalier. L'ange avait raison. Il n'y avait pas de sentiment d'adieu. Tout constituait une partie de lui-même. D'ailleurs, au cours de la dernière journée, il avait rencontré deux de ces parties: celle qui ne comportait pas d'amour et l'autre qui en était remplie. Entre les deux se situait la conscience humaine et il devait choisir entre les deux. *Tout un concept !*

Mike se retourna et poursuivit son ascension. Un brouillard épais obstruait ce qui se trouvait sur son chemin immédiat et il pouvait voir seulement dix marches à la fois. Il montait avec précaution. Il ne voulait surtout pas chuter alors qu'il se trouvait si près du but de son périple sacré. Il s'amusait à la pensée d'une malencontreuse chute qui l'aurait stupidement ramené au pied de l'escalier et l'aurait amené à se confondre en excuses devant son grand Soi. Cet éclat d'humour l'aida à se détendre.

Il avait conscience d'avoir grimpé au moins deux étages et il entrevoyait un palier devant lui. *Quel magnifique trône,* se dit-il ! Et d'une immensité ! Et c'était le sien ! Une fois au sommet, Michaël ne fut pas déçu. Près d'un fauteuil d'or immense et somptueusement ouvragé, il trouva la porte qu'il avait imaginée durant toutes ces semaines. La vision se transformait en réalité devant ses yeux. Elle était bien éclairée et bien visible, tout près du fauteuil. Elle semblait suspendue, sans murs de soutien et les limites qui la distinguaient du trône d'or n'étaient pas bien déterminées. Mike constata qu'elle ne faisait pas partie de la Maison de la confiance ni de la structure dans laquelle il se tenait. C'était un portail présentant des attributs dimensionnels autres. La porte portait de nombreuses écritures, certaines que Michaël ne parvenait pas à lire, mais il vit aussi la mention ACCUEIL.

Mike attendait cet instant depuis si longtemps. Il avait vécu de nombreuses expériences, appris énormément et avait modifié sa structure cellulaire en préparation à ce qui l'attendait derrière cette porte. L'action était sur le point de se dénouer. Il se tenait sur le seuil se rappelant tout ce qui s'était passé et le magnifique ange d'or au pied de l'escalier. Il pensa de nouveau à ce qui venait de se produire quelques instants auparavant. En fait, cette dernière expérience l'avait encore une fois transformé. Mike regarda cérémonieusement la porte.

– Je mérite ce qui m'arrive, dit-il d'un ton confiant. Et je rends hommage à l'univers pour ce geste que je m'apprête à poser. Dans un amour total, j'entre là où j'ai demandé à être.

La cérémonie achevée, Michaël Thomas prit une grande respiration humaine et ouvrit courageusement la porte où le mot ACCUEIL était inscrit.

***

Mike vomissait.

CHAPITRE DOUZE

La Porte D'accueil

– Tiens-lui la tête sur le côté gauche, près du plateau ! ordonna l'infirmière au préposé. Il vomit. Le service des urgences était rempli à capacité, comme c'était bien souvent le cas le vendredi. Cette fois-ci, la pleine lune venait compliquer les choses.

– A-t-il repris conscience ? demanda le voisin qui l'avait amené à l'hôpital. Le préposé se pencha pour mieux examiner les yeux de Mike.

– Oui, il se réveille lentement, répondit-il. Lorsqu'il reviendra à lui complètement, ne le laissez pas se soulever. Il a une mauvaise blessure à la tête et quelques points de suture qui ne doivent pas se défaire.

Le préposé sortit de l'isoloir séparé de la grande salle par un rideau installé sur une tringle semi-circulaire. Ce système permettait d'offrir un peu d'intimité aux patients.

Mike ouvrit les yeux. Il sut immédiatement où il se trouvait. Il était de retour sur la terre, là où tout avait commencé. Les tubes fluorescents qui éclairaient la salle des urgences d'une forte lumière aseptisée firent grimacer Mike et le forcèrent à fermer les yeux. La pièce était fraîche et Mike souhaita avoir une couverture. Le préposé aux soins en amena une, comme s'il avait entendu la demande muette de Mike. Puis, il ressortit.

– Tu nous a perdus de vue pendant quelque temps, mon ami, dit le voisin, se sentant un peu mal à l'aise de ne pas connaître le nom de Mike. Ils t'ont recousu la tête. N'essaie pas de parler. Le voisin tapota nerveusement sur la poitrine de Michaël avant de se retirer dans la grande salle.

Mike se retrouva seul. La tête lui tournait au souvenir de tout ce qui s'était passé. Ce n'était qu'un rêve. La vilaine créature qu'il avait combattue avait bien raison. Il avait été sur la terre tout ce temps, dans un lit d'hôpital, en plein coma, et toutes ces expériences connues n'étaient pas réelles.

Mike avait l'impression qu'il allait vomir de nouveau, cette fois-ci à cause de la réalité de la situation. Il était de retour. Il n'avait vécu qu'un rêve illusoire et la terre des anges correspondait à la réalité décrite par l'entité négative – un conte de fées ! Il ne s'était vraiment rien passé et Mike était toujours à l'hôpital. Tout ce qu'il avait vu et tout ce qu'on lui avait appris n'avait ni substance ni fondement. Il referma les yeux ; il aurait voulu mourir.

L'infirmière-chef s'approcha de son lit et se pencha au-dessus de lui. Il sentait son parfum léger dominant l'odeur des désinfectants. Elle examina le pansement sur sa tête et le toucha légèrement.

– M. Thomas, êtes-vous éveillé ?

– Oui, dit-il d'une voix faible et déprimé.

– Vous pouvez partir. Nous avons soigné votre blessure et vous êtes guéri. Vous pouvez quitter l'hôpital. Mike sut qu'il y avait quelque chose de différent.

– Ma mâchoire, ma gorge ?

– Elles n'ont pas été touchées. Y a-t-il quelque chose que nous n'avons pas vu ? Mike bougea la mâchoire et passa la main sur son cou devant le regard inquiet de l'infirmière. Tout avait l'air en ordre.

– Non, je suppose que j'ai rêvé. Mike était de retour dans la réalité. À tel point qu'il demanda à l'infirmière : « Depuis combien de temps suis-je ici ? »

– Environ trois heures, M. Thomas.

– Et la facture ?

– Elle est couverte par un règlement quelconque provenant de votre assurance-habitation. Vous aurez des papiers à signer, mais rien à payer.

– Merci !

L'infirmière disparut derrière le rideau et Mike se retrouva de nouveau seul. Il y avait quelque chose de curieux. Même si, à ses yeux, l'événement semblait s'être produit deux mois auparavant au moins, Mike se rappelait que l'assaillant lui avait écrasé la gorge. Il avait subi des blessures avant sa vision ou son rêve ; vision ou rêve, ça n'avait certainement rien changé à cela. Et voilà que non seulement il n'avait pas de blessure à la gorge mais aucune à la mâchoire. *Rêvait-il encore ?* Mike ressentait un besoin pressant d'aller à la salle de toilettes ! C'était vraiment le retour à la réalité, celle qu'il connaissait comme être humain.

Mike se leva, sans tenir compte de ses douleurs à la tête. Il constata qu'il portait les mêmes vêtements qu'au moment de l'accident. Il partit à la recherche de la salle de toilettes qu'il trouva rapidement. Elle était conçue pour une seule personne, parfaitement désinfectée et extrêmement propre. Il soulagea sa vessie, un geste qui lui parut étrange, comme une action qu'on n'a pas exécutée depuis des mois. Il lui sembla que ça prenait des heures !

En se lavant les mains, il s'aperçut dans le miroir. Son visage avait changé. Il s'approcha un peu, se regarda longuement dans les yeux et s'interrogea sur ce qu'il voyait. Il se redressa. Il se sentait bien. Peut-être qu'un repos de trois heures dans un hôpital était ce dont il avait eu besoin !

Mike sortit lentement de la salle de traitement et se trouva nez à nez avec son voisin, qui l'attendait. Il lui serra la main.

– Merci Monsieur... euh ? Mike ne connaissait pas son nom.

– Je me nomme Hal ! Il était heureux de voir Mike debout et en forme.

– Hal, avez-vous attendu tout ce temps ? Mike était curieux.

– Ce n'est rien, Monsieur.... Mike l'interrompit.

– Appelez-moi Mike, je vous en prie.

– D'accord, Mike. Ma voiture est ici. Allons-nous-en chez nous. Mike réagit à l'expression *chez nous* et sentit comme un coup de poignard au creux de l'estomac, ce qui lui rappela combien il était déçu.

– Oui, d'accord, allons-y. Mike appréciait le service rendu.

Pendant que Hal allait chercher sa voiture, il signa les papiers puis sortit.

Sur le chemin du retour, Mike interrogea son voisin sur l'incident. Tout concordait avec ce dont il se souvenait, excepté les blessures. *Est-ce que j'ai imaginé tout cela ?* se demanda Mike.

Mike remercia Hal de son aide et se dirigea vers son appartement. Il ouvrit la porte comme d'habitude, alluma la lumière faible, entra et referma derrière lui. Il fut assailli par des odeurs et des images qui auraient dû lui être familières mais qui ne l'étaient pas. Même si les dégâts n'avaient pas été nettoyés et que le chaîne stéréo devait être replacée, l'aquarium ne s'était pas brisé comme dans ses souvenirs. Quelque chose n'allait vraiment pas. Il avait l'impression d'entrer dans le logis d'un être démuni à qui il avait offert son aide à remettre de l'ordre. Il promena son regard sur toute la pièce.

Cette place ne lui appartenait pas ! Comment avait-il pu le croire d'ailleurs ? Pourquoi était-ce si sombre et si défraîchi ? Il y a trois heures, ce logement était à lui et, maintenant, il avait l'impression qu'il appartenait à quelqu'un d'un autre monde. *Qu'est-ce qui se passait ?*

Mike se rendit compte que sa conscience ne correspondait pas à celle de l'homme qui vivait ici. Ça lui semblait même étranger et inapproprié de dormir ici. Il alla fouiller dans le premier tiroir de son bureau. Il y trouva une carte de crédit dont il n'avait jamais pensé avoir besoin. *Le crédit est trop dispendieux. Je n'ai pas besoin de choses luxueuses.* Mike inséra la carte dans son portefeuille, s'assura qu'il avait au moins quelques dollars en poche et réunit quelques affaires et des articles de toilette. Puis, il éteignit la lumière avant de partir. Il savait qu'il devrait revenir chercher ses choses et son poisson, mais il décida de donner son avis de départ immédiatement. Ensuite, il alla chez Hal et lui expliqua ce qu'il s'apprêtait à faire au cas où il y aurait ultérieurement un rapport de police.

Il prit un taxi et se fit conduire dans une plus belle partie de la ville, puis s'arrêta dans un bon hôtel. Il soupira d'aise en voyant le hall d'entrée luxueusement meublé et agréablement décoré.

Voilà qui était mieux ! Il se trouverait un autre appartement demain, après avoir obtenu l'emploi qu'il méritait. Lorsqu'il traversa le hall pour se diriger vers les ascenseurs, les têtes se tournèrent dans sa direction. Sa présence dégageait une vibration positive et attirait l'attention. Croyait-on qu'il était une personne connue, une vedette ?

Ce n'est qu'une fois étendu sur le lit de sa chambre qu'il commença à se demander ce qui s'était passé. Il se sentait très bien, en paix. Il était absolument certain de pouvoir se trouver un emploi extraordinaire le lendemain, en une seule journée, même à Los Angeles, parce qu'il excellait dans son métier. Il avait hâte d'entreprendre une nouvelle carrière et de donner aux autres et, qui sait, d'avoir beaucoup de succès.

Puis, un phénomène intéressant se produisit. Il pensa à Shirley, son amour perdu, sans éprouver de douleur. Il ne ressentait aucun remords concernant la perte d'une relation précieuse et ne se sentait pas non plus dans un état lamentable ni obligé de se cacher. Il fit une véritable grimace en se rappelant la personne qu'il avait été. *Pour l'amour du ciel ! À quoi est-ce que je pensais pour me conduire de la sorte ? Cette femme ne faisait que remplir son contrat. J'ai été aussi responsable qu'elle de toute la situation.*

À quoi tenait ce nouveau discours ? Mais c'était vrai ! Mike posa un geste qui l'aurait fait terriblement souffrir il y a quelques heures à peine. Il prit le combiné du téléphone et composa le numéro qu'il connaissait si bien. La sonnerie se fit entendre une fois, puis deux fois et une charmante voix féminine répondit.

– Allô !

– Shirley ! Mike était ravi d'entendre sa voix.

– Mike ? On ne pouvait en dire autant d'elle.

– Écoute, je voulais simplement m'assurer que tu allais bien et te dire que je suis très heureux de tout ce qui s'est passé.

– Mike, est-ce vraiment toi ? Tu sembles différent.

– Je veux simplement mettre un point final à notre relation et te souhaiter une belle vie. Tu le mérites bien. Et tu étais vraiment une bonne compagne.

– Mike ? Est-ce vraiment toi ?

– C'est moi.

– Tu as une autre amie ?

– Non, Shirley. Je suis vraiment sérieux. Je voulais simplement te dire que tout allait bien et te souhaiter bonne chance dans tout ce que tu entreprendras. Nous nous sommes bien amusés et j'espère que tu garderas un bon souvenir de moi.

– Mike, qu'est-ce qui s'est passé ?

– Je n'ai pas le temps de parler maintenant ; peut-être une autre fois. Au revoir.

– Mike, c'est une blague ou quoi ?

Mike raccrocha. Il éprouvait un agréable sentiment de sérénité. Il était heureux d'avoir mis un point final à cette partie de sa vie. Le son de sa voix n'avait pas suscité d'émotion négative, seulement un sentiment d'achèvement et de progrès.

Il se sentait étrange. Quelque chose était changé. Il posait des gestes qui n'appartenaient pas à l'ancien Mike. Il ressentait l'énergie du moment et ne s'inquiétait pas de se trouver dans une chambre hôtel qui lui coûterait cent dollars. Il était certain que son prochain emploi lui apporterait l'abondance lui permettant de payer sa note d'hôtel... emploi qu'il n'avait pas encore. Ce n'était certainement pas l'ancien Mike, mais bien plutôt le Mike « actuel » qui comprenait la confiance en soi et le fonctionnement universel des choses. Il avait l'impression d'avoir vécu une nouvelle naissance. La gamme des sentiments qui animent une homme heureux était en place. Des frissons traversaient son échine et il savait en quelque sorte ce que ça signifiait. Il se dirigea vers la porte de sa chambre et l'ouvrit. De l'autre côté, prêt à frapper, il trouva son ami John.

– Bonjour John, lui dit Mike en le serrant.

– Comment as-tu su que j'étais là ? lui demanda John d'un air perplexe.

– L'intuition, je suppose. Mais entre.

– Tu n'es pas facile à trouver. J'ai entendu parler de ce qui t'était arrivé à ton appartement et je suis venu aussi vite que j'ai pu. Ton voisin m'a dit que je te trouverais ici. Ça va ? Et ta tête ? Pourquoi n'es-tu pas chez toi ? Qu'est-ce donc cette histoire d'hôtel ?

Mike leva la main en signe d'interruption et sourit à John.

– John, ma tête est parfaite. Et je n'ai plus rien à faire dans ce trou. Ni au travail, d'ailleurs. Nous le savons tous les deux.

John était renversé. Il avait toujours cru que Mike s'en tirerait très bien, mais il ne s'attendait pas à une si rapide transformation à la Superman.

– Michaël, que s'est-il passé ? Tu es vraiment différent.

– Je sais. Je ne peux te dire pourquoi, mais j'ai appris tellement de choses ! Et je me sens bien, en paix et plein d'énergie.

John écoutait sans rien dire

– Je t'offrirais bien quelque chose à boire, mais je viens à peine d'arriver. Tu viens manger avec moi ?

– Tu veux dire au restaurant ?

– Oui, je t'invite.

– Bien sûr ! dit John en regardant Mike avec attention. Comme tu as changé !

Les deux hommes quittèrent la petite chambre et se rendirent dans un restaurant de l'hôtel. John écouta Mike l'entretenir de tout, excepté de son rêve. Il mentionna sa conversation avec Shirley, et causa de ses projets d'emploi et de sa nouvelle perspective de la vie. Mike parla avec animation du triomphe de la vérité et de l'établissement de la paix par le pardon et l'honnêteté. Les choses qu'il avait jusque-là critiquées, il en parlait maintenant avec douceur, tout en nuances. Il discourut sur le fait que l'être humain n'avait pas à accepter ce qui lui était transmis et qu'il pouvait créer sa propre réalité.

John ne disait rien. Pétrifié, il laissa Mike parler et parler tout au long du repas copieux suivi d'un dessert et d'un café. Il avait l'impression d'assister à une conférence sur le mieux-être qui, d'ailleurs, lui faisait beaucoup de bien. Tout ce qu'il entendait était bien inspiré. Il réussit enfin à placer un mot pendant que Mike avait la bouche pleine.

– Mike, as-tu vécu une expérience de vie après la mort ou quelque chose d'approchant ?

John était sérieux. La veille, Mike était lui-même prêt à devenir itinérant et à souffrir en toute connaissance de cause.

– Non, John, je crois que j'ai eu une expérience de VIE APRÈS LA VIE. Les deux hommes éclatèrent de rire, ce qui libéra la tension. Malgré l'aspect comique de la situation, Mike s'interrogeait aussi sur ce qui s'était vraiment passé. Il n'était pas convaincu de la réalité de sa vision mais il se sentait tellement bien !

John ne voulait pas partir. Il était conscient de profiter de l'énergie que dégageait Mike. Il avait maintenant le désir de chercher aussi un nouvel emploi. Mike l'avait convaincu de sa véritable valeur et John en avait convenu. Il était animé par l'enthousiasme de Mike et par sa nouvelle personnalité positive. C'était contagieux. Et ces nouvelles pensées élevées ? Là, John était moins certain mais il n'y avait sûrement pas de mal à les entendre. Il avait l'impression que sa valeur personnelle s'intensifiait.

En lui souhaitant une bonne nuit, Mike serra John affectueusement, et le geste surprit celui-ci, d'autant plus que c'était la deuxième fois au cours de la soirée. Que se passait-il ? On n'aurait pu souhaiter meilleur ami. Mike paraissait vivre dans un nouveau monde. Il semblait rempli de paix et d'amour pour l'humanité. Dans son bonheur nouveau, il ne portait aucun jugement. Décidément, il était transformé.

Michaël retourna à sa chambre et s'assit sur son lit. Pouvait-il croire un seul instant que son voyage de rêve avait été réel ? Dans l'affirmative pourquoi se trouvait-il de nouveau sur terre. Quelque chose clochait. Ce n'était pas comme il avait été prévu. *Alors, les apparences sont parfois trompeuses ?* Mike sentit une présence étrange mais familière. Son intuition agissait et son corps lui parlait.

Mike se leva et se dirigea vers un fauteuil, à l'autre bout de la pièce. Puis, dans un mouvement tout à fait spontané, il ferma les yeux et étendit les mains avant de parler cérémonieusement à haute voix.

– Au nom de l'Esprit, je demande qu'on m'apprenne ce que je dois savoir sur ma situation actuelle. Je la respecte, sans toutefois la comprendre. Mike resta silencieux, les yeux fermés. Puis, il se produisit une brillante explosion de lumière.

Il fut projeté à travers un portail, dans un endroit qui lui était strictement réservé. C'était le sanctuaire intérieur de la communication de Michaël Thomas avec l'Esprit, un lieu où il retournerait souvent durant ses méditations. Il y flotta dans l'espace, pleinement conscient de se trouver encore une fois dans son état de « rêve », sauf que ce n'était pas vraiment un rêve.

– *Non, ce n'est pas un rêve, Michaël Thomas !* Mike reconnut la voix de Blanc. Oserait-il ouvrir les yeux ? Il ne voulait pas quitter cet endroit et savait pertinemment qu'il n'y était que de passage. Il ne voulait pas se retrouver dans sa chambre d'hôtel avant d'être prêt. La voix du grand ange blanc se fit entendre de nouveau :

– *Tu es tout simplement dans un autre état de réalité altérée. Lequel est le plus réel à tes yeux, Michaël ?*

– Blanc ! S'écria Mike.

– *Oui, Michaël.*

– Je suis tellement heureux de t'entendre ! dit-il d'une voix remplie d'animation. Je savais que ce n'était pas un rêve !

– *Non, Michaël, ce n'était pas un rêve.*

– Que s'est-il passé ? Pourquoi ne suis-je pas au paradis ? Y a-t-il eu une erreur ? Mike était tellement heureux de lui parler encore une fois.

– *Ouvre les yeux, Michaël. Nous avons de la compagnie.*

Mike obéit et ouvrit lentement les yeux. Le portail était toujours là et Mike ne fut pas projeté hors de son état méditatif. Il flottait en position du lotus dans un espace d'une indicible blancheur lui rappelant la pièce blanche où il avait d'abord rencontré le grand ange d'amour. Mais il était maintenant entouré de sept entités réunies en cercle. Puis, sept couleurs différentes se mirent à bouger. Chaque groupe constituait une couleur estompée qui se manifestait peu à peu et prenait une forme définie. Michaël savait ce qui se passait et son cœur était rempli de joie.

Sous lui, les sept nuages de teintes subtiles s'intensifièrent pour créer une brillance étonnante. Il y avait là Bleu, Orange, Vert, Violette, Rouge, Blanc et même OR ! Espacés également, les petits nuages grossirent graduellement pour devenir les anges qu'il avait rencontrés et avec qui il avait passé du temps. Il lui semblait que c'était hier seulement. Mike était tout à fait ravi de les revoir. C'était ses amis. Il prit garde de ne pas rompre le lien spirituel qui le reliait à sa forme humaine demeurée dans la chambre d'hôtel. Il se trouvait à deux endroits en même temps.

Les sept entités angéliques formèrent un cercle dans le sanctuaire de Mike pendant quelque temps, les mains levées vers lui, dans un geste cérémonial. Mike célébra en leur compagnie et ressentit l'immense caractère sacré émanant du cercle, qu'il loua par son silence. C'est l'ange doré qui parla en premier :

– Salut à toi Michaël Thomas de l'Intention pure.

– Salut à toi, répondit Michaël, calme et confiant.

– Que désires-tu savoir ? L'ange d'or riait presque. Il savait ce que Mike savait et, par conséquent, que celui-ci se présentait à lui avec le désir de comprendre ce qui avait cloché. *Pourquoi était-il à nouveau sur terre ?* Puis Blanc intervint, pour répondre à la question non formulée de Mike.

– Michaël, il serait peut-être bon que tu entendes ton souhait original. Mike ne comprenait pas la signification de ces paroles, mais il continua d'écouter. On lui fit écouter, à la manière d'une bande audio, les paroles qu'il avait lui-même prononcées devant Blanc pour lui expliquer sa vision d'un *chez soi*. Mike reconnut sa propre voix :

– Je veux être aimé et côtoyer l'amour, répondit Mike. Je veux ressentir la paix dans mon existence... Je ne veux pas être assujetti aux préoccupations et aux poursuites futiles de ceux qui m'entourent. Je ne veux pas m'inquiéter à propos de l'argent. Je veux me sentir LIBÉRÉ. J'en ai assez d'être seul. Je veux me relier aux autres entités de l'Univers. Je veux connaître le sens de ma vie et jouer mon rôle au sein du paradis – si l'expression est bien choisie. Je veux être un fragment juste et pertinent du plan de Dieu. Je ne veux plus être un humain comme avant. Je veux être comme toi.

C'est ainsi que Mike avait décrit son *chez soi*. C'était les mots mêmes qu'il avait employés.

Puis, Bleu parla.

– Regarde ta vie, Michaël Thomas. Tu possèdes la carte de l'intuition qui t'accordera une existence paisible puisque tu comprends le fonctionnement de l'Esprit.

Mike sut que Bleu avait raison. Il ne s'inquiétait pas de sa recherche d'emploi du lendemain. Il avait sa carte et elle l'aiderait à se rendre au bon endroit. Puis la voix d'Orange se fit entendre.

– Les présents et les outils de vibration supérieure t'aideront à conserver ton équilibre et te garderont à l'abri des drames de ton entourage, si tu le souhaites. Et tout au long du chemin, tu auras le pouvoir d'anéantir toute négativité qui essaiera de faire obstacle à ton cheminement.

Mike savait qu'Orange disait la vérité. Il ne s'inquiétait plus des mauvaises expériences passées de sa vie. L'épisode avec Shirley était effacé de sa conscience, comme s'il n'avait jamais existé.

Puis, ce fut au tour de Vert avec son humour non équivoque.

– Ta physiologie te procurera la liberté nécessaire puisqu'elle repose sur la sagesse et la connaissance. Mike ne s'était jamais senti aussi bien et savait comment le demeurer. Les enseignements de Vert avaient fait des merveilles !

Ensuite, Violette parla. Sa voix mélodieuse flotta aux oreilles de Mike.

– Tu fais maintenant partie du plan divin de Dieu. Tu as un but et des responsabilités. Tu crées ta propre réalité et il n'y aura plus jamais lieu de t'inquiéter. Toute ta famille t'entoure.

Mike savait qu'elle avait raison. Il créerait effectivement son avenir sans s'inquiéter. Il savait que sa famille le protégeait et qu'il se trouverait toujours au bon endroit au bon moment.

La voix de Rouge se fit entendre.

– Tu ne seras plus jamais le même type d'être humain qu'auparavant, Michaël. Tu t'es transformé pour toujours, par ta propre intention.

Encore une fois, l'ange avait raison. Mike ne retournerait jamais en arrière. Il n'était plus le même homme. Son logis appartenait à une personne pitoyable et il devrait même donner ses vêtements. Il était un homme neuf !

Puis il entendit de nouveau la voix caractéristique de Blanc.

– Tu es une partie appropriée du plan d'amour, Michaël. Nous t'aimons immensément et tu as la capacité de communiquer le même amour aux autres. Mais il te reste à prendre conscience du présent qui t'attend. Que pouvait bien vouloir dire tout cela ? Pourquoi Blanc prononçait-il sans cesse des mots qui appelaient une question ?

Et enfin, ce fut la voix de l'ange doré, immense et puissant, mais sacré et... si doux.

– Tu voulais être un ange, Michaël ? Qu'as-tu appris dans ma maison ? Tu es une merveilleuse partie de Dieu qui existe sur la planète dans une vibration très élevée. Un ange déguisé, un des rares qui le sache et qui soit consacré par Dieu. En réalité, Mike avait demandé à être un ange, sans savoir qu'il en était déjà un.

Tout à coup, ils semblèrent tous parler à l'unisson et Mike entendit la pensée qu'ils émettaient.

– *Tu ES chez toi Michaël Thomas. Tu y es parce que tu l'as demandé. C'est ici que tu dois être si tu veux influencer la planète. Tout ce que tu as demandé est maintenant réalisé. Tu es un Guerrier de la Lumière. Comme Marie, ton homologue humain, tu résonnes de la vibration de Dieu. Tu as vaincu le géant, accepté l'insigne d'or et tu possèdes la sagesse de tous les temps.*

Mais ce n'était pas tout et Michaël Thomas le savait. Les êtres angéliques perdirent leur forme et redevinrent sept petits nuages de couleurs brillantes se réunissant en une seule lumière à l'éclat du diamant. Le chatoiement et la lumière de la nuée vibraient d'un éclat inégalé. Les anges se concertaient ! Mike le savait. Puis, il les sentit encore lui parler.

– *Michaël Thomas, nous te donnons une nouvelle appellation à l'instant même. Lorsque tu cheminais sur le sentier, nous t'appelions Michaël Thomas de l'Intention pure. Aujourd'hui, tu reçois ton diplôme ; tu deviens une entité à la vibration élevée qui n'est plus tout à fait humaine ni complètement angélique. Tu es Michaël l'ACTUEL. Ton nom symbolise la vibration du présent et l'un des plus beaux compliments que nous puissions te faire.*

Mike trouva la chose amusante tout en sachant que les anges rendaient sérieusement hommage à sa nouvelle vibration. Le nuage spectaculaire prit finalement la forme d'un véritable diamant et s'éleva pour flotter au-dessus de sa tête, ceignant tout l'espace qu'il occupait de sa lumière. Il fut immergé dans l'amour et se sentit encore une fois imprégné de la présence de Dieu. Chaque cellule de son corps était en état de célébration et toute sa biologie y répondait par un immense sentiment de gratitude, sentiment qui envahissait chaque parcelle de son corps. Il sut qu'il était temps de retourner dans le fauteuil de sa chambre d'hôtel. Les anges avaient un dernier message à lui communiquer. Il l'entendit une fois retourné à son fauteuil.

– *Michaël l'ACTUEL, NOUS T'AIMONS TENDREMENT.*

Mike demeura quelque temps dans son fauteuil, le temps de « revenir » de son état exaltant de méditation. Tout ce qu'il avait expérimenté dans les maisons de sa formation spirituelle était réel ! Tous les enseignements étaient précis et valides et il possédait encore toute la connaissance reçue alors qu'il se trouvait dans une simple chambre d'hôtel de Los Angeles. Cette pensée lui donnait le vertige et il se demanda combien il y en avait comme lui.

Mike était épuisé. Il s'endormit presque sous la douche, mais réussit enfin à se mettre au lit. Il était trop fatigué pour songer à la suite des événements. Il avait besoin de sommeil et il dormit très bien.

À son réveil, le lendemain, il était prêt à faire face à la vie. Il sortit sur son balcon et examina les environs. Il n'y avait aucune limite à ce qu'il pouvait faire. Il savait pouvoir changer tout ce qu'il toucherait. Mike était convaincu que de grandes réalisations l'attendaient, qu'il aurait beaucoup à faire et à apprendre, surtout en ce qui avait trait à l'intégration de sa nouvelle vibration à celle des humains qu'il côtoierait. Il n'était pas inquiet. Il possédait en son âme l'amour et la sagesse compréhensive des temps. Son ange intérieur prendrait soin de tout et lui-même saurait comment se comporter à chaque instant.

Il trouva un emploi beaucoup plus facilement qu'il ne l'avait cru. Les entreprises importantes recherchent constamment des vendeurs compétents et honnêtes et Mike sut exactement comment se présenter. Il s'était procuré de nouveaux habits et s'était fixé des objectifs élevés. Il s'était ensuite présenté dans la plus grande entreprise pouvant utiliser ses services sans tenir compte d'une affiche indiquant que le personnel était complet. Il avait décroché son emploi en quelques minutes et quitté l'édifice, prêt à accomplir une autre cérémonie centrée sur le fait que les humains pouvaient créer leur propre réalité.

Mike s'interrogeait sur son nouvel état. Le fait qu'il était maintenant *chez lui* commençait à pénétrer sa conscience. Son nouvel emploi était assuré et il décida de se chercher un autre appartement. Ce n'est qu'après trois jours qu'il fut frappé par une évidence, un matin, sous la douche.

Qu'est-ce que Blanc avait dit à propos de ce qu'il n'avait pas saisi ? *Il te reste encore à prendre conscience du présent qui t'attend !* Ses yeux s'emplirent de larmes parce qu'il en comprenait enfin le sens. C'était le plus grand présent de tous. Il ne pouvait lui être offert qu'à titre d'être humain et il lui avait été bien caché au cours des derniers événements vécus sur terre. Il détenait une portée profonde et Mike s'agenouilla pour rendre grâce à la vérité de la révélation. Il trembla à la pensée du potentiel qu'elle offrait et fouilla dans sa mémoire pour trouver l'information dont il avait besoin. Son cœur vibrait à la pensée de ce que cette révélation comportait.

***

C'est ici que nous nous séparons de Michaël Thomas. Il doit poursuivre sa quête. Sa nouvelle intuition et ses présents lui font savoir qu'il n'est pas achevé. Sa carte le guidera dans la direction appropriée et son épée éternelle de la vérité restera son phare dans la noirceur, une fréquence de vibration en *fa* qui proclamera sa joie au moment opportun. La vision que Mike a perçue lors de son séjour dans la maison de Blanc est clairement imprimée en lui.

Rien ne saura arrêter Michaël l'Actuel dans sa course vers le présent sacré qui l'attend dans cette mer humaine qui l'entoure. Son sourire se veut le plus radieux qu'un être humain puisse arborer lorsqu'il sait parfaitement que sa quête s'achèvera dans la réussite la plus totale et qu'il suffit pour lui de l'entreprendre.

Mike a compris qu'on vient de lui donner une seconde chance en lui offrant la possibilité de trouver sa perle, l'amour de sa vie, un contrat si puissant qu'ils seront irrésistiblement attirés l'un vers l'autre, sans aucune possibilité de vivre séparément sur cette planète.

Mike se met à la recherche d'une merveilleuse femme rousse au teint d'ivoire et aux yeux d'émeraude. Il ne connaît pas son nom terrestre mais c'est sans importance. L'énergie d'Anolee sera semblable à un phare dirigeant son âme dans la pénombre.

Il pensa aux enfants à venir et sa détermination à trouver son amour se décupla. L'air qui l'entourait était chargé d'électricité qui se mêlait à l'énergie de la volonté et de l'amour spirituels, le tout prêt à éclore et à s'épanouir. L'odeur de la victoire embaumait l'espace. La seule rose prévue à la vie de Mike allait être découverte, admirée et aimée pour sa beauté. Son parfum serait apprécié pendant toute une vie, conservé et adoré pour sa beauté parfaite et son élégance naturelle.

Elle vivait là, quelque part, et Mike allait la découvrir.

Les anges souriaient, sachant bien que Michaël atteindrait son but.

Michaël Thomas était enfin rentré *chez lui*.

******

Postface

Au cœur des pages de l'histoire de Michael Thomas et des sept anges se glissent plusieurs métaphores et vérités spirituelles du Nouvel Âge. Au fil des chapitres et dans la numérologie des prénoms spirituels, plusieurs leçons restent à tirer pour ceux qui désirent s'y attarder.

Les couleurs contiennent des énergies connues et des précisions sur ce qui est effectivement présenté, mais dans une plus grande mesure que le texte seul le laisse d'abord supposer.

Voici quelques questions pouvant animer les échanges au sein d'un groupe :

1. Quel véritable message se cache derrière la carte offerte à Michaël Thomas dans la maison bleue ?

2. Quelle est la signification de la nourriture qui pourrit en cours de route ? Quelle est la nourriture de l'Esprit, et pourquoi ne peut-elle exister au delà du plat dans lequel elle est servie ?

3. Pourquoi les anges ne s'opposent-ils pas à Michaël ou ne modifient pas sa conduite quand ils savent qu'il se dirige vers le danger ?

4. Quelle est le véritable sens du NOUS désignant la biologie ?

5. L'augmentation de la vibration de l'être humain représente-elle vraiment un défi ? Vous a-t-on déjà présenté cette réalité ailleurs ?

6. Pourquoi Michaël Thomas avait-il besoin d'armes d'une énergie ancienne dans une réalité d'ordre spirituelle ? Pourquoi est-il surnommé Guerrier de la Lumière ? N'est-ce pas là un concept d'énergie ancienne ?

7. Qui est l'horrible créature ? Qu'entend-on par le côté sombre ?

Je dois faire un aveu. Le véritable attribut métaphysique de l'histoire n'est jamais mentionné dans ce livre. Il s'agit d'un mot qui n'est pas utilisé dans le texte. De quoi s'agit-il ?

En terminant, une petite devinette amusante :

Regardez bien la couverture du livre.

1. Qui accompagne Michaël Thomas ?
2. Qui porte les ailes ?

En refermant le livre, demandez-vous si vous êtes *chez vous* comme Michaël Thomas.
Je souhaite ardemment que chacun d'entre vous trouve sa place.

Lee Carroll

P.S. : J'ai écrit ce livre dans des chambres d'hôtel des États-Unis et du Canada. Je remercie les énergies de Chicago, Washington (DC), Mesa (Arizona), Houston, Gainesville et Orlando (Floride), Indianapolis, Montréal, Milwaukee, Seattle, Atlanta, Tucson et Kansas City ainsi que tous les états que j'ai survolés en rédigeant ces pages avec mon ordinateur portatif.

ℒ'auteur

Ouvrez la télévision dans n'importe quel État américain, choisissez n'importe quelle chaîne, et en moins de trois heures vous êtes assuré d'entendre quelque chose ayant été produit au Studio West, fondé par Lee Carroll en 1971 et situé à San Diego en Californie.

Il a reçu son diplôme d'études commerciales et économiques de la *California Western University* en Californie.

Lee a créé le premier studio d'enregistrement de San Diego et s'est rapidement attiré une clientèle nationle. Vingt-six ans plus tard, Lee se retrouve avec 39 nominations Clio (dont trois trophées) et de nombreuses autres distinctions dont une nomination Grammy, catégorie studio, et le respect de ses clients pour le travail accompli par son studio pour le Walt Disney World de Floride.

Où Kryeon trouve-t-il sa place dans tout cela ? Comme Kryeon le dit, il a fallu que L'Esprit le frappe « entre les yeux » pour lui prouver que l'expérience de Kryeon était réelle. Mais il y eut un point tournant en 1989 lorsqu'un premier médium lui a parlé de Kryeon et qu'ensuite, trois ans plus tard, un second médium n'ayant aucun lien avec le premier lui dit la même chose (épelant même le nom de Kryeon en cours de séance !)

C'est avec une certaine timidité que les premiers écrits de Kryeon furent présentés à des métaphysiciens de Del Mar, et le reste est maintenant de l'histoire ancienne avec la parution du premier livre en anglais en 1992. Le deuxième livre de Kryeon suivit en 1994, le troisième en 1995 et le quatrième livre dans la série des enseignements en 1997. *Parabole de Kryeon* et le roman initiatique *Le Retour* ont été publiés chez Hay House en 1996 et

1997. Tous ces livres, sauf celui reproduisant les paraboles, ont été traduits par les Éditions Ariane.

Des groupes se sont d'abord réunis à Del Mar en 1991 et ils ont dû rapidement passer d'un salon à une église pouvant accueillir jusqu'à 300 personnes. À présent, les réunions se tiennent dans le monde entier avec certains auditoires allant jusqu'à 1000 personnes. Kryeon a la plus grande section sur le nouvel âge du toute l'histoire du serveur Web America Online, avec un flot ininterrompu de visiteurs venant bavarder en ligne et s'aider mutuellement pour mieux comprendre les principes présentés dans les écrits de Kryeon. Puis on lança en 1995 le magazine national *Kryon Quarterly*. Ce magnifique périodique couleur de 40 pages, sans la moindre publicité, rejoint maintenant plus de 3 500 abonnés dans plus de 12 pays différents.

En 1995, on demanda à Lee de présenter Kryeon aux Nations-Unis devant un groupe à charte de l'O.N.U. connu sous le nom de *Société pour l'Illumination et la Transformation*. Lee y reçut un accueil si favorable qu'on invita Kryeon pour une seconde visite en 1996 et une troisième visite est prévue à l'automne 1998. Kryeon est le seul *channel* à avoir été invité trois fois à l'O.N.U.

Son lien avec la maison Hay House est très étroit et ses prochaines publications sont à surveiller.

Lee continue d'écrire des œuvres inspirées dans sa demeure de San Diego.

Quelques exemples de livres d'éveil
publiés par ARIANE Éditions

La série Kryeon

Voyage au cœur de la création

Sur les ailes de la transformation

L'Éveil au point zéro

Anatomie de l'esprit

Terre

Conversations avec Dieu